D1695093

Deutschland und Afghanistan
Verwobene Geschichte(n)

Deutschland und Afghanistan

Verwobene Geschichte(n)

Herausgegeben von
Volker Bausch, Mathias Friedel und Alexander Jehn

DE GRUYTER
OLDENBOURG

ISBN 978-3-11-059596-3

Library of Congress Cataloging-in-Publication Data
Names: Bausch, Volker, editor | Friedel, Mathias, 1973- editor | Jehn,
 Alexander, editor
Title: Deutschland und Afghanistan–verwobene Geschichte(n) / herausgegeben
 von Volker Bausch, Mathias Friedel, Alexander Jehn.
Description: Berlin ; Boston : Walter de Gruyter GmbH, [2018] | Includes
 bibliographical references.
Identifiers: LCCN 2018025243 | ISBN 9783110595963 (print)
Subjects: LCSH: Germany–Relations–Afghanistan. |
 Afghanistan–Relations–Germany.
Classification: LCC DD120.A35 D48 2018 | DDC 327.430581–dc23 LC record available at
https://lccn.loc.gov/2018025243

Bibliografische Information der Deutschen Nationalbibliothek
Die Deutsche Nationalbibliothek verzeichnet diese Publikation in der
Deutschen Nationalbibliografie; detaillierte bibliografische Daten
sind im Internet über http://dnb.dnb.de abrufbar.

© 2018 Walter de Gruyter GmbH, Berlin/Boston
Hessische Landeszentrale für politische Bildung (HLZ), Wiesbaden
Textredaktion: Helena Hirschler (Frankfurt a.M.) und Michaela Bausch (Chemnitz)
Titelbild: „Colorful Life" der afghanischen Fotografin und Künstlerin Rada Akbar,
aufgenommen 2011 im Kabuler Stadtteil um den Darulaman-Palast
Satz: bsix information exchange GmbH, Braunschweig
Druck und Bindung: CPI books GmbH, Leck

www.degruyter.com

Inhaltsverzeichnis

Vorwort der Herausgeber —— VII

Vorwort von Rangin Dadfar Spanta —— IX

Alexander Jehn
Zur Einführung —— 1

Gunter Mulack
**Spielball in den Great Games der Jahrhunderte –
Die strategische Bedeutung der Region im Lauf der Geschichte** —— 9

Thomas Schmid
**Unter sengender Sonne: Heiliger Krieg für Deutschland.
Die Hentig-Niedermayer-Mission (1915/16)** —— 29

Volker Bausch
König Amanullah und die Deutschen (1920–1929) —— 61

       Kabul Airlift 1928/29 —— **95**

Volker Bausch
**Hentig und Niedermayer reloaded – Die strategische Bedeutung
Afghanistans für Nazideutschland (1933–1945)** —— 99

       Eine deutsch-afghanische Familiengeschichte –
       Episode 1 (1932–1940) —— **135**

Bildteil —— 139

Volker Bausch
**Die Bundesrepublik Deutschland und Afghanistan im Kalten Krieg
(1945–1979)** —— 155

Reinhard Schlagintweit
**Afghanistan in der Erinnerung eines deutschen Diplomaten
(1958–1961)** —— 169

Eine deutsch-afghanische Familiengeschichte –
Episode 2 (nach 1945) —— **183**

Mathias Friedel
Honecker am Hindukusch: Die DDR und Afghanistan (1973–1990) —— 187

Die Amani-Schule nach 1990 —— **209**

Sultan Karimi
**„Das Land von Maulana brennt." Wie die Mediothek Afghanistan
sich seit 1993 für Frieden am Hindukusch engagiert** —— 213

Afghanistan in Zahlen (2009–2017) —— **231**

Paul F. Glause
**Stärkung der von Deutschland geförderten Schulen in Kabul
Ein Projekt des Auswärtigen Amtes, durchgeführt von
der GIZ (2014–2018)** —— 233

Taqi Akhlaqi
**„Die Dinosaurier" – eine Kurzgeschichte über die Flucht aus Afghanistan
und ihre Motive** —— 239

Die Fluchtbewegungen aus Afghanistan nach Deutschland
(1977–2017) —— **245**

Hassan Ali Djan und Veronica Frenzel
Angekommen und außen vor? Afghanen in Deutschland —— 247

Bildnachweis —— 255

Autorenangaben —— 257

Vorwort der Herausgeber

Seit dem Ende des Taliban-Regimes 2002, mit dem der Einsatz der Bundeswehr und das Engagement vieler Hilfsorganisationen in Afghanistan begann, ist das Land am Hindukusch wieder in den Blick der deutschen Öffentlichkeit geraten.

Seit dieser Zeit prägen mehr und mehr Nachrichten über Selbstmordanschläge, Korruption und ein Wiedererstarken der Taliban das Bild eines „failed state", ein Bild, das durch den starken Zustrom von Asylsuchenden aus Afghanistan 2015–2016 verstärkt wurde.

Welche Gründe gibt es für das starke deutsche Engagement in dieser Region? Was macht Deutschland zu einem der großen Geberstaaten für den Wiederaufbau des Landes? Ist die Situation in Afghanistan wirklich so hoffnungslos, wie es scheint?

Im vorliegenden Sammelband beleuchten zehn deutsche und afghanische Journalisten, Experten, ehemalige Spitzendiplomaten und Schriftsteller in zwölf Beiträgen aus unterschiedlichen Blickwinkeln die langjährige, miteinander verwobene Geschichte der beiden Länder, die sich über einen zeitlichen Bogen vom Beginn des 20. Jahrhunderts bis zur Gegenwart spannt. Mit den Texten und der Vielfalt des zum Teil unveröffentlichten Bildmaterials erschließen sich den Leserinnen und Lesern neue Zugänge zum Verständnis dessen, was unsere gemeinsame Geschichte und Gegenwart prägt.

Unser besonderer Dank gilt Herrn Paul Bucherer-Dietschi von der Phototheca Afghanica für seine wertvollen Hinweise und die Nutzung des Archivs als Bildquelle, Dr. Broder Sax Fedders, der die Afghanistan-Diasammlung seines Vaters Wilhelm Fedders aus den 1930er Jahren digitalisierte und zur Verfügung stellte, Werner Müller, der die Fotos seines Urgroßvaters Wilhelm Rieck vom Bau des Darulaman-Palastes beisteuerte, Dr. Katharina Rogge-Balke für die Fotos ihres Großvaters Elias Balke, Said Farid Suma für die aktuellen Darulaman-Fotos, Fatema Nawaz-Kolbecher für den Hinweis und die Fotos zum „Guernica-Projekt" sowie Prof. Dr. Jack Nasher, der uns auf seine deutsch-afghanische Familiengeschichte aufmerksam machte und den Text dazu redigierte.

Volker Bausch
Mathias Friedel
Dr. Alexander Jehn

Vorwort

Deutschland und Afghanistan haben eine lange und vielfältig verwobene gemeinsame Geschichte, deren Beginn bis zum Anfang des 20. Jahrhunderts zurückverfolgt werden kann.

Gern unterstütze ich daher das Vorhaben, die lange Geschichte deutsch-afghanischer Freundschaft und Zusammenarbeit, insbesondere auf dem Gebiet der Bildung, zu dokumentieren. Gerade die von Deutschland seit vielen Jahren geförderten Schulen in Kabul zeigen, dass diese Zusammenarbeit lebendig fortdauert – und dies selbst über dunkle Zeiten des Bürgerkriegs und der Gewaltherrschaft hinweg.

Besonders gilt dies natürlich für die Amani-Schule. Ihre Geschichte reicht bis in die Zwanziger Jahre des letzten Jahrhunderts zurück, und viele, auch bedeutende Afghanen haben sie besucht und bis in die letzten Jahrzehnte jenes Jahrhunderts sogar deutsche Abschlüsse erwerben können. Im Jahr 2019 jährt sich die Gründung der Amani-Schule zum 95. Mal; sie existiert damit fast so lange wie das unabhängige Afghanistan, das im Jahr 1919 entstand.

Heute findet die Bildungszusammenarbeit und die Förderung „deutscher" Schulen in Kabul unter deutlich veränderten, oft schwierigen Bedingungen statt. Noch einmal deutsche Abschlüsse anbieten zu können, muss wohl ein Traum für eine fernere Zukunft sein. Zukunftsfähige Bildungsangebote für die jungen afghanischen Absolventinnen und Absolventen müssen auch die Studien- und Berufschancen in der Region, mit Nachbarländern wie Iran, Pakistan und Indien, im Blick haben; unvermeidlich tritt etwa neben der Fremdsprache Deutsch das Englische mit seiner großen Bedeutung in den Vordergrund.

Gemeinsam mit meinen Kollegen im Vorstand der „Afghan Excellence for Education Org. (AEFEO)" bemühe ich mich, die von Deutschland geförderten Schulen – das sind neben der Amani-Schule die Mädchenschulen Aische-i-Durani und das Lycée Jamhuriat – weiter im Bewusstsein der afghanischen Öffentlichkeit zu halten und ihre Entwicklung zu unterstützen. Ich würde mich freuen, wenn dazu in Deutschland auch diese Buchveröffentlichung beitragen kann.

Dr. Rangin Dadfar Spanta
Ehemaliger Außenminister der
Islamischen Republik Afghanistan

Alexander Jehn
Zur Einführung

Das Licht flackert. Karl Mays Augen schmerzen. Seit Stunden grübelt er an seinem Schreibtisch in Oberlößnitz, wohin er im April 1891 erst verzogen war, über einen neuen Reiseroman. Ihm will nichts einfallen. Nach Tunesien, zum Nil, ans Rote Meer, nach Mekka, an den Tigris, zu den Jesiden, zu den Kurden, nach Bagdad und nach Damaskus, sogar auf den Balkan und in die Tiefen des Sudan hatte er seinen Helden Kara Ben Nemsi nebst seinem Freund Hadschi Halef Omar bereits geschickt, um spannende Abenteuer zu erleben. Die Blätter fallen aus seinem zerfledderten Atlas. Wie oft hatte er bereits darin geblättert, um Ziele zu erspähen, damit er dorthin seine Leser entführen kann. May bückt sich, hebt das Blätterbündel auf, stiert dabei mit dem Schlaf ringend auf das obenliegende Blatt. Warum nicht, denkt er sich. Der Landesname, den er fixiert hat, klingt bereits nach Geheimnis. Fix kramt er in den hinteren Schubladen seines Gedächtnisses. Afghanistan. Was weiß ich selbst über das Land? Nicht viel. May erinnert sich an seinen Geschichtsunterricht. In der Sparte „Große Schlachten und große Feldherren" hatte er natürlich von dem Makedonier Alexander dem Großen gehört, „333 bei Issos Keilerei". Das bleibt hängen. Natürlich wusste er auch, dass Alexander fast bis Indien kam. Fast. Jedenfalls verhakte er sich in Afghanistan. Oder war es ganz anders? Das Licht wird schwächer, Mays Augen sind rot wie der sächsische Sonnenuntergang. Doch aufgeben will er nicht. Noch ein schneller Blick in Johann Gustav Droysens Werk „Geschichte Alexanders des Großen", 1877 in Gotha erschienen, muss gelingen. Flugs hat er sich eingelesen. Im II. Halbband, Drittes Buch, auf Seite 36 bleiben seine schmerzenden Augen hängen:

> Alexander lagerte, das hohe Gebirg „zu seiner Linken", an einer Stelle, wo er den beschwerlichen Ostpässen, namentlich dem nach Andernab, näher war als dem bequemeren Westpass. Musste ihn Bessos nicht über diesem kommen zu sehen erwarten und demnach seine Maßregeln getroffen haben? Es war angemessen, die näheren Pässe zu wählen und lieber dem Heere eine längere Rast zu gewähren, um so mehr, da die Pferde des Heeres durch die Wintermärsche schwer mitgenommen waren. Es kam noch ein anderer Umstand hinzu; was der König im Kabullande hörte und sah, musste ihn erkennen lassen, daß hier die Eingangspforte zu einer neuen Welt sei, voll kleiner und großer Staaten, voll kriegerischer Volksstämme, bei denen die Nachricht von der Nähe des Eroberers unzweifelhaft Aufregung genug veranlassen musste, vielleicht selbst Maaßregeln, ihm, wenn er nach Norden weitergezogen, die Rückkehr durch die Pässe, die er jetzt vor sich hatte, unmöglich zu machen.

Kräftiger Wind drückt gegen das Fenster, mogelt sich durch die Ritzen des Rahmens, um frech eine kleine Staubwolke vor sich her zu blasen. May denkt, mit Droysens akademisch-verknoteten Texten könne er bei seiner Leserschaft keinen Staub aufwirbeln. Er ist einer, der Texte liest, im Kopf kopiert, um sie dann als Wortgemälde blumenreich in einen anderen Rahmen zu setzen. Mit der „Eingangspforte zu einer neuen Welt" kann May nichts anfangen. Um seinen Helden Kara Ben Nemsi wirken zu lassen, braucht May ein konkretes Bühnenbild, das er selbst neu zusammenstellen kann. May beißt sich auf den gekrümmten rechten Zeigefinger. Wenigstens ein Nadelstich gegen die wuchernde Müdigkeit. Er blättert weiter auf Seite 38. Alexander „stand am Eingang eines Gebietes doch sehr anderer Art, als die er bisher leicht unterworfen hatte. Baktrien und Sogdiana waren Länder uralter Kultur, einst ein eigenes Reich, vielleicht die Heimat des Zarathustra und der Lehre, die sich über ganz Iran verbreitet hatte. Dann den Assyrern, den Medern, den Persern unterworfen, hatte dieß Land, im Norden und Westen von den turanischen Völkern umgeben und stets von ihren Einfällen bedroht, die hervorragende Bedeutung eines zum Schutz Irans wesentlichen, zur militärischen Vertheidigung organisierten Vorlandes bewahrt." Das klang für May nach Dauerkrieg, weniger nach kultureller Blüte. Blüten werden in Kriegen gemeinhin geknickt. Aber auch der Wind durchziehender, gierig nach Proviant suchender Heere, May blickt wieder auf das sturmbedrängte Fenster seiner Stube, vermag Blüten zu knicken. Wie ein Würgegriff legt sich die Müdigkeit erneut auf die Augenlider. Selbst ein Wüstensturm hätte das Brennen der Augen nicht weiter verstärken können. May beißt sich in den linken Zeigefinger, drückt sich vom Stuhl hoch und wankt kreuzschmerzgeplagt zur Bücherwand. Kultur. Kultur. Reisen bildet. Und Reiseberichte ohne Kultur bleiben ein Blitzlicht ohne Nachhall. So greift er zu dem Lederschinken „Asien. Eine allgemeine Landeskunde" von Wilhelm Sievers, vor kurzem erst 1893 in Leipzig und Wien erschienen. May strahlt. Diese Antike mit diesen göttergleichen, muskelbepackten und in Reimen sprechenden Helden ist nicht seine Welt; die Moderne liegt ihm viel mehr. Zwischen Seite 369 und 371 graben sich Mays blutunterlaufene Augen ein:

> Wenn schon die Perser nicht mehr ganz reinen arischen Blutes sind, so gilt dies in noch höherem Maße von den Belutschen und am meisten von den Afghanen, denn in Afghanistan hat sich über eine arisch-iranische Grundlage, die sogenannten Tadschik, eine turanische Schicht ausgebreitet, zu welcher die Kisibaschen, selbst ein persisch-türkisches Mischvolk, die Usbeken und Hazara gehören. Altiranische Völker von geringerer Kopfzahl sind ferner die Galtschen, die Siaposch in Kasiristan, die Darden, die Stämme von Tschitral und endlich auch die Bewohner der Pamir, meist helle Völker von größerer Kraft und Tapferkeit als die eigentlichen Tadschiken; auch die Belutschen sind reinere Iranier als die eigentlichen Afghanen.

Es sind halt viele Völker und Völkchen, Stämme und Stämmchen durch Afghanistan durchgezogen. Dabei wurde offenbar nicht nur Staub aufgewirbelt, sondern es hat sich auch anderes durchmischt. May fragt sich, ob seine Leser diese völkische Entmischung und Sortierung, deren Sinn einzig darin besteht, am Ende festzustellen, dass doch alles miteinander durchmischt ist, wirklich interessiert und fesselt oder eher überfordert und ermattet. Da beide Zeigefinger von seinen Wachhaltebissen noch schmerzen, schiebt er nun den gekrümmten rechten Mittelfinger zwischen Ober- und Unterkiefer. Während er dosiert zubeißt, liest er weiter:

> Während die Tadschik hauptsächlich Kaufleute, Städtebewohner, Handwerker, auch Landbauer sind, treiben die Afghanen weniger Ackerbau als Viehzucht, leben in Clangenossenschaften auf dem Hochlande zwischen dem Sulimangebirge und Herat und als Hirten in den umliegenden wilden Bergketten.

Doch wie soll ich mir diesen Viehzüchter nun vorstellen? Als waffenbepackten, muskulösen, vollbärtigen Hünen oder als abgerissenes, halbnacktes, schmutziges Männlein, welches die gleiche Ausdünstung versprüht wie seine gezüchteten Ziegen? Mays Afghanenbild bleibt unscharf. Und neben Schlaf sucht May immer noch die Kultur. Weiß Wilhelm Sievers mehr?

> Die Afghanen zeichnen sich durch hohen Wuchs, magere Gestalt, starken Knochenbau, lange Gesichter und energische Züge aus und erfreuen sich eines sehr starken schwarzen Haar- und Bartwuchses; braunes und seltener rotes Haar finden sich ebenfalls. Im Westen pflegt die Hautfarbe der Afghanen heller zu sein als im Osten, wo unzweifelhaft Mischung mit Hindu vorliegt, auch sind die westlichen Stämme weniger schlank und nicht so kräftig gebaut wie die östlichen. Da die Frauen oft als schön gepriesen, von anderen Reisenden aber als hässlich bezeichnet worden sind, werden sich wohl die Bewohnerinnen der verschiedenen Landesteile nicht gleichartig verhalten; aber im Allgemeinen sind beide Geschlechter von kräftiger Haltung und von achtunggebietendem Äußeren.

Haltung, Achtung, Kraft: Das sind wohlklingende Begriffe in Mays aussichtsloser Abwehrschlacht gegen die siegesgewisse Müdigkeit, die unbarmherzig den Schlaf einfordert. Auf welchen Finger soll May noch beißen? Er zwickt sich lieber in die Seite des Oberschenkels und liest weiter:

> Obwohl die Afghanen sämtlich Mohammedaner, und zwar Sunniten sind, pflegen die Frauen doch weniger abgeschlossen zu werden als bei den übrigen islamitischen Völkern, auch scheint der Verkehr der Geschlechter im Allgemeinen ein edlerer zu sein als in Persien, Zentralasien und Indien, [...] aber es bestehen vielfach noch eigenartige und derbe Hochzeitsgebräuche, wie überhaupt die Sitten der afghanischen Bergstämme noch roh und gewaltthätig sind.

May wird durch die klamme Kälte in den Zehenspitzen abgelenkt. Ihn fröstelt es am ganzen Körper. Der kräftige Wind in Oberlößnitz hätte mittlerweile selbst einen rohen afghanischen Bergstamm in die Defensive gedrängt. Aus allen Fugen der Hauswand bläst es durch und lässt das unruhige Licht der Öllampe einen Tanz aufführen. Über die Kultur der Afghanen hat May noch kaum etwas erfahren. Was soll sein Held Kara Ben Nemsi mit derben Hochzeitsgebräuchen anfangen, zumal May für ihn sicher keine Bräutigam-Rolle vorsieht, einem afghanischen, stark behaarten, kräftigen Viehzüchter-Schwiegervater, umringt von seinem rohen Familienclan, am Lagerfeuer gegenübersitzend. Diese Rolle des Ehemanns an der Seite einer Frau ist nichts für Helden, denkt sich May und liest weiter:

> Der Afghane wird als zeremoniell und misstrauisch, aber gastfreundlich, sowie als sehr neugierig und lerneifrig beschrieben; im Übrigen ist er gesellig, ein Freund von Festen, Tänzen, Spielen, Musik und von Tierkämpfen, zu denen besonders Widder, Kamele, Hähne und Wachteln abgerichtet werden. Jagd und Schießübungen sind beliebt, wobei als Waffen lange Flinten, mehrere Dolchmesser, die in den Gürtel gesteckt werden, und Bogen und Pfeile dienen. Die Afghanen sind im Wesentlichen ein Reitervolk, stellen im Kriege eine vorzüglich ausgebildete Reiterei, haben sich, unterstützt durch die Wildheit ihrer Gebirge [...] als gefürchtete Gegner der Engländer erwiesen und sind im Allgemeinen ritterlich und tüchtig in ihrer Kriegführung, wenn auch häufig grausam und wild.

Was kann es Grausameres als eine aggressive Müdigkeit geben, die jeden Anflug von Literatentum durch Gähnanfälle bekämpft? May erschauert ob dieser wilden Grausamkeit. Sein Held wird beim Leser erst zum richtigen Helden, wenn er mutig aus dem Wilden das Edle herausschält. Was aber, wenn hinter dem Rohen und Wilden nichts Edles herauszuschälen ist? May zögert. Ist er mit seiner Länderauswahl als Bühnenbild für Kara Ben Nemsi auf der richtigen Fährte? Ist das Land politisch in keinem Hexenkessel zum Garkochen zu finden? Leser lieben die Schwächen, das Unfertige, das Unreife, während sie das Faule, das Desolate verachten. Ein wenig Sonne braucht jedes Land, keine Neugierde des Lesers ohne Liebreiz. Kann wenigstens die afghanische Landesgeschichte diesen Liebreiz erzeugen, fragt sich May und liest auf Seite 461:

> Die Stellung Afghanistans zwischen Rußland und England hat dem Lande bereits manche Einbuße gebracht, denn während die Russen bemüht sind, sich den Schlüssel zu Indien zu sichern, streben die Engländer nach der Erwerbung einer festen Verteidigungslinie.

Das klingt nach ganz großem Rad, nach Weltpolitik, Einflusssphären und Kanonenbootpolitik. Nun besitzt Afghanistan keinen Zugang zum Meer, so dass wenigstens die Kanonenbootpolitik entfällt. Ein schwacher Trost für den übermüdeten May. Nun will er wenigstens zur Absicherung seines ersten zögerlichen

Eindrucks einen Blick in Mayers Konversations-Lexikon werfen, das 1888 in 4. Auflage in die Bücherregale gekommen war. Aber Mays Bühnenbild stürzt ein, als er liest:

> Die Bevölkerung von Afghanistan ist gemischt aus Afghanen, Pathen, Ghilzai, Tadschik und Hazara; an den Grenzen wohnen im Nordwesen Aimak und Uzbeken, im Nordosten Kasir. [...] Unter den zahllosen afghanischen Stämmen spielen politisch die bedeutendste Rolle die Durani, deren Stamm auch den Landesherrn gibt. Einflußreich und in den Tälern südlich der Hauptstadt Kabul tonangebend sind sodann die Ghilzai.

So viel Mischmasch verwirrt. Durch jedes Buch zieht sich ein Handlungsfaden, der nicht allzu komplex angelegt sein sollte; Mays Bücher sollen unterhalten, sollen abends unter der Bettdecke junge Abenteurer mit auf eine angstfreie, aber doch kitzelnde Weltreise entführen, und sollen natürlich das Gute siegen lassen. Zu viel Mix verwässert das Rezept. May reicht es, will bereits das Lexikon zuklappen, liest dann noch:

> Die politische Situation des Emirs *[von Afghanistan]* ist eine äußerst schwierige in Rücksicht auf das gegenseitige Verhältnis Englands und Rußlands in Innerasien. Es ist daran zu zweifeln, ob er im Stande sein wird, das strategische Dreieck Kabul – Herat – Kandahar als neutrale Zone zwischen den Machtsphären jener beiden Reiche intakt zu erhalten [...].

May klappt ermattet das Buch zu. Afghanistan ist raus. May will keine hohe Politik, beladen mit konfliktträchtigen Strategieüberlegungen, verarbeiten. Hier kann sein Held nichts gewinnen, aber alles verlieren.

Dieser Abend am Schreibtisch von Karl May ist frei erfunden. Wahr ist, dass Afghanistan für Karl Mays literarisches Schaffen ein weißer Fleck blieb.

Karl May ist am Ende des 19. Jahrhunderts im Deutschen Reich so etwas wie rund 100 Jahre später in Großbritannien Joanne K. Rowling mit ihrem siebenteiligen Opus über den Zauberinternatsschüler Harry Potter. Rowling beschreibt die Auseinandersetzungen Potters mit dem bösen Lord Voldemort, in Mays Romanen gab es statt des fiesen Lords den Schut und viele andere Halunken. Auch Mays Romane waren eine zündende Mischung aus Fantasy-Literatur, Kriminalroman, volkskundlicher Bildung und Reiseliteratur, jugendgerecht zwischen Buchdeckeln gebracht. Um Afghanistan machte May einen Bogen, so dass ein echter Fast-Held des Ersten Weltkriegs, Oskar Ritter von Niedermayer, drei Jahre nach dem Tod Mays im sächsischen Radebeul ohne ein Karl-May-Buch im Tornister 1915 nach Kabul kam, sozusagen als echter Kara Ben Nemsi. Niedermayer gilt als der Türöffner, der innere Entdecker Afghanistans, dessen geheime Militärmission an den Hof des Emirs Habibullah zwar glattweg scheiterte, aber durch das Scheitern das Land Afghanistan von Seiten der Deutschen erstmals die Rolle eines wahrgenommenen Akteurs in der Staatenwelt zugewiesen bekam. Mit Niedermayer begannen die diplomatischen Beziehungen Deutschlands zu Afghanistan. Eine Fußnote des Ersten Weltkriegs, verbunden mit den Namen Niedermayer und Hentig, brachte Afghanistan in den Blick der deutschen Öffentlichkeit, keine schillernd-süße Geschichte aus tausendundeiner Nacht, aber auch kein militärisches Fiasko. Vielleicht stellt die Niedermayer-Mission nur ein gescheitertes Märchen dar, ein naiver Versuch der deutschen Militärs, in den Weiten Asiens Verbündete gegen die Entente zu gewinnen. ‚Lawrence von Arabien' gab es tatsächlich, ‚Niedermayer vom Hindukusch' blieb ein Wunschtraum.

30 Jahre vor dem Putsch der Kommunisten und linksgerichteten Teilen der Armee, unterstützt vom KGB und dem sowjetischen Militärgeheimdienst GRU, gegen die reformorientierte, konservativ neutralistisch ausgerichtete Kabuler Regierung Daoud, der fünf Jahre zuvor die afghanische Monarchie unter König Zahir Schah stürzte, stirbt der zum Generalmajor aufgestiegene Niedermayer 1948 schwer erkrankt in einer sowjetischen Strafanstalt bei Moskau, nachdem er von den Sowjets zu 25 Jahren Haft verurteilt wurde. Es ist fast ein Treppenwitz der Geschichte, dass der studierte Geograf und Geologe Niedermayer, nach dem Ersten Weltkrieg die Doktorwürde erlangend mit dem Dissertationsthema „Binnenbecken der iranischen Hochebene", noch einmal, diesmal im Zweiten Weltkrieg, sich als ‚Lawrence von Arabien' versuchen sollte: Er erhielt den Befehl über die 162. (Turk.) Division, die überwiegend aus kriegsgefangenen Freiwilligen der nordkaukasischen Völker bestand. Statt „zur Befreiung Rußlands vom Bolschewismus", wie man ursprünglich vorhatte, setzte man diese Division zur Partisanenbekämpfung auf dem Balkan ein. So wurde es für Niedermayer wieder nichts mit der Rolle als historischer Held zur Vorlage eines Hollywood-Streifens.

Oskar Ritter von Niedermayer und Werner Otto von Hentig sind heute im wiedervereinigten Deutschland vergessen. Nicht zu vergessen ist, dass im Jahr 2017 über 250.000 Afghanen nach offiziellen Angaben gemeldet in Deutschland leben. Im Jahr 2010 waren es noch 51.000 Afghanen gewesen. So ist Afghanistan nicht mehr nur der Begriff für einen großen Einsatz der Bundeswehr. Der Einsatz ist zu uns gekommen, hinein in die bundesdeutsche Gesellschaft. Grund genug, sich intensiver mit Afghanistan auseinanderzusetzen. Genau das will das vorliegende Buch erreichen.

Literaturhinweise

Adamec, Ludwig W.: Dictionary of Afghan Wars. London 1996
Barnett, Rubin: Fragmentation of Afghanistan. New Haven 2002
Bucherer-Dietschi, Paul/*Jentsch*, Christoph (Hrsg.): Afghanistan. Ländermonographie. Liestal 1986
Klimburg, Max: Afghanistan. Das Land im historischen Spannungsfeld Mittelasiens. Wien 1966
Schetter, Conrad: Ethnizität und ethnische Konflikte in Afghanistan. Bonn 2003
– *ders.*: Kleine Geschichte Afghanistans. München [u.a.] 2017

Gunter Mulack
Spielball in den Great Games der Jahrhunderte – Die strategische Bedeutung der Region im Lauf der Geschichte

Die Anfänge der Geschichte Afghanistans

Das heutige Afghanistan hat im Laufe seiner langjährigen Geschichte schon in der vorislamischen Zeit eine wichtige Rolle als Sperrriegel und Durchgangsland für verschiedene Eroberer gespielt. Schon 4.000 v. Chr. gab es Siedlungen, wie die archäologischen Grabungen bestätigten. Aber über diese ganz alten Zeiten wissen wir wenig. Ein gebirgiges Binnenland mit schwierigem Zugang und hohen Gebirgspässen war Afghanistan in seiner dramatischen und auch blutigen Geschichte das bedeutendste Transitland auf dem Wege nach Indien. Geografisch sowohl zu Zentralasien als auch zu Südasien und Westasien gehörend, war es für alle auf dem Wege zu den Reichtümern Indiens unumgänglich und hatte deswegen schon immer eine wichtige geostrategische Position.

Der mächtige Hindukusch mit seinen bis über 7.000 m aufragenden hohen Bergen und die Nebenbergketten schützten das Land vor Einfällen aus dem indischen Subkontinent, die Flanke nach Persien und auch Zentralasien war relativ offen. Durch Afghanistan verlief auch seit alten Zeiten einer der Seitenwege der berühmten Seidenstraße aus China. Viele Völker durchzogen das Land, manche ließen sich auch nieder, aber keine auswärtige Macht konnte sich auf Dauer als Herrscher in Afghanistan behaupten. Zu unwirtlich war das Land und zu misstrauisch und xenophob die dort angesiedelten Stämme.

Afghanistan, in der Antike als Ariana bekannt, wurde vom Iran aus besiedelt, die ältesten Stämme der Paschtunen berufen sich auf Syrien als Urheimat.

In Baktrien, dem heutigen Nordafghanistan, kam es zur Gründung eines griechischen Königreichs nach dem Untergang der Herrschaft der Seleukiden. Die vorherrschende zoroastrische Religion im Norden und Osten wurde von Zarathustra eingeführt, der in Balkh gestorben sein soll, eine der wichtigsten Städte des Altertums in der Region. Der Süden und die Mitte waren Teile buddhistischer Reiche wie beispielsweise Gandhara. Bis in das 7. Jahrhundert hat sich der Buddhismus auch noch in manchen Teilen Afghanistans erhalten.

In der Antike fand durch Afghanistan die große Transmigration arischer Stämme nach Indien statt, in das Gebiet des heutigen Punjab. Unter Darius dem Ersten (522–486 v. Chr.) kam es dann zu den ersten nachweislichen Feldzügen des persischen Großreichs der Achämeniden zum Industal. Es folgte Alexander der Große, der nach seinem Sieg über die Achämeniden als erster europäischer Eroberer nach Indien eindrang (327 v. Chr.).

Er gründete auf seinem Wege auch die Städte Herat und Kandahar. Noch heute hält sich die romantische Behauptung, dass es unter den Bewohnern von Kafiristan, dem heutigen Nuristan, die letzten Nachkommen der griechischen Heerscharen Alexander des Großen gäbe. Bewiesen ist dies jedoch nicht und einzeln vorkommende blauäugige Blondschöpfe sind zwar Indizien für die vielen ethnischen Verschiebungen durch Völkerwanderungen, jedoch nicht nachweislich auf Alexander den Großen zu beziehen.

Die Feldzüge Alexander des Großen gegen die Achämeniden in Persien waren von harten Kämpfen gekennzeichnet. In einer durchzechten Nacht ließ er Persepolis niederbrennen. Die griechischen Kolonisten im Perserreich blieben auf der Seite der Achämeniden und unterstützten den mazedonischen Feldherrn keinesfalls. In der Schlacht von Gaugemela (331 v.Chr.) besiegte Alexander dann König Darius den III. endgültig und rückte 330 v.Chr. weiter nach Indien durch Afghanistan vor.

Er überquerte verschneite Pässe, reißende Flüsse wie den Oxus, den heutigen Amu-Darja, auf dem Weg nach Samarkand und dann den Indus, konnte sich aber in Nordindien nicht lange halten. Krankheit und Meutereien seiner Truppen, die der Taktik der nomadischen Reiter unterlegen waren, zwangen ihn zur Umkehr. Bis heute erhält sich auch in Afghanistan die romantisierte Geschichte der Liebe zwischen Alexander und der wunderschönen baktrischen Prinzessin Roxana.

Die nachfolgende Herrschaft der Parther wurde durch einfallende Horden aus Zentralasien zerstört, die ebenfalls die letzten Reste von griechischen Ansiedlungen vernichteten. Das Königreich Kuschan unter dem großen König Kanischka etablierte den Buddhismus und hatte eine hohe Kulturstufe. Aber auch dieses Reich zerfiel bald nach seinem Tode. Überall in Afghanistan finden sich noch heute archäologische Spuren dieser reichen Vergangenheit.

Das Land war in unterschiedliche Herrschaftsbereiche eingeteilt und niemals vereint. Kabul gehörte zeitweilig auch zum indischen Königreich der Maurya, das von Chandragupta, dem Großvater von Aschoka gegründet wurde.

Seleukiden, Parther und Sassaniden beherrschten West-Afghanistan, bis es zur Eroberung des Iran durch die Araber kam (Schlacht von Nehawand 642). Damit war das Schicksal der Sassaniden besiegelt. Herat wurde zu einer der wichtigsten Städte des damaligen islamischen Reiches. In Kabul herrschten weiterhin die buddhistischen Turki Shahis und leisteten der arabischen Eroberung erfolgreich Widerstand. Sie wurden von den Hindu Shahis abgelöst, die sich bis etwa 900 n. Chr. halten konnten.

Trotz aller Hindernisse durch die Topographie und die feindseligen Stämme setzte sich der Islam bis zum 10. Jahrhundert in Afghanistan durch. Auch Zentralasien wurde islamisiert. Die persischen Saffariden beherrschten für kurze Zeit Herat und Balkh, bevor sie durch Turkstämme besiegt wurden, die Ghazni zum Zentrum ihres Reiches machten.

Der Bedeutendste der Ghaznawiden war Mahmud der Bilderstürmer, dessen Herrschaft sich über Afghanistan, Transoxanien, West-Persien und den Punjab erstreckte. Viele Raubzüge wurden bis nach Delhi durchgeführt.

Dennoch war Mahmud mehr als nur ein asiatischer Kriegsherr, der auf Landgewinn und Raub aus war. Er begründete eine glänzende Architektur in Ghazni, deren Spuren man noch heute dort bewundern kann. Die Stadt bekam auch eine Universität und sein Hof wurde zum Anziehungspunkt für Künstler und Dichter wie Firdausi, dem Verfasser des persischen Nationalepos Schahnahme, des ‚Buches der Könige'.

Nach dem Tod Mahmuds konnten die Nachfolger das ghaznawidische Reich in seiner großen Ausdehnung nicht weiter zusammenhalten. Die Seldschuken übernahmen die Herrschaft über den westlichen Teil, während im Gebiet des heutigen Afghanistans die Ghoriden nachfolgten (Shahab-ud-Din Muhammad 1173–1206). Diese eroberten ganz Nordindien und gründeten das erste islamische Reich in Delhi.

Afghanistan sollte auch nicht von den Mongolen verschont bleiben, die Horden des Dschingis Khan fielen ein, verwüsteten das Land und teilten die Herrschaft unter sich auf.

Timur der Lahme zog durch Afghanistan bis Delhi, das seine Horden 1398 verwüsteten. In Afghanistan herrschten nach seinem Tode Abkömmlinge in Herat, Balkh, Ghazni und Kabul sowie in Kandahar, ohne dass jedoch diese regionalen Herrschaften vereinigt wurden. Durch die gebirgige Topographie und die ethnisch unterschiedlichen Stämme gab es immer wieder Kämpfe zwischen den einzelnen Stämmen.

In Samarkand entstand das Reich der Timuriden. Strahlender Ableger des Timuridenreiches wurde die Stadt Herat unter Schah Rukh, dem Sohn von Tamerlan (1405–1447). Zur Hauptstadt und zum kulturellen Mittelpunkt des Reiches wurde Herat unter Husain Baiqara (1470–1506). Noch heute erinnern die Reste zahlreicher Bauten in Herat an diese Blütezeit der Kultur und Architektur.

Afghanistan wurde in der Folgezeit immer mehr zum Spielball zwischen Persien, Zentralasien und Indien. Verschiedene Mächte aus Zentralasien versuchten, ihren Einfluss auszuweiten.

Einer von ihnen war Babur, der König von Badakhschan, der selbst aus dem Ferghanatal im heutigen Usbekistan stammte. Er eroberte Kabul und Kandahar. Aus dem Buch des Babur, dem „Babur-Name", wissen wir, wie angenehm er das Leben in Kabul empfand. Dort legte er auch den Babur Bagh an, dessen Gartenanlage nach den vielen Zerstörungen von den Deutschen und der Aga Khan Stiftung ab 2002 wieder in Stand gesetzt wurde und heute zu den wenigen schönen Gartenanlagen in Kabul gehört. Baburs Grab in diesem Garten erinnert an den großen Herrscher.

Er fiel mit seiner Armee 1525 in Indien ein und besiegte 1526 den Sultan Ibrahim Lodi von Delhi, der Afghane war. Babur begründete das Mogulreich in Indien, das aber erst von seinem Enkelsohn Akbar (1556–1605) zur wahren Blüte entwickelt wurde.

In Afghanistan verblieben unter der Mogulherrschaft nur die Provinzen Ghazni und Kabul, während die übrigen Landesteile unter persische oder auch usbekische Herrschaft fielen.

Niemand bezeichnete dieses untereinander zerstrittene Land als Afghanistan.

Die Entstehung Afghanistans

Erst zu Beginn des 18. Jahrhunderts sollte sich die Lage ändern, als im Jahr 1708 die Ghilzais von Kandahar sich unter Mir Wais gegen die persische Herrschaft erhoben und die Perser vertrieben. Es gelang ihnen sogar, einige Jahre später die Safawiden in Persien selbst zu besiegen. Sie wurden jedoch wiederum vom persischen Herrscher und Feldherrn Nadir Schah besiegt, der auf seinen Feldzügen sogar Delhi unterwarf.

Danach kämpften auch die Abdalis (später Durranis) unter Ahmad Schah gegen die Perser. In einer Loya Jirga mit den anderen paschtunischen Stämmen konnte sich der siegreiche Ahmad Schah Durrani im Jahre 1747 die Anerkennung als Herrscher verschaffen. Dies war die Geburtsstunde des modernen Afghanistan und zugleich die Begründung der Vorherrschaft der Paschtunen, die als kriegerische und räuberische Stämme die Mehrheit der afghanischen Bevölkerung darstellte.

Ahmad Schah Durrani war zwar jung, aber dennoch ein charismatischer Führer von edler Herkunft. Da sein Stamm relativ klein war und er nur ein Heer von 4.000 Reitern befehligte, stimmten die großen Stämme seiner Herrschaft in der Überzeugung zu, dass sie zusammen schon diesen jungen Herrscher kontrollieren könnten. Er hatte bei seiner Eroberung von Kandahar auch noch das Glück, dass ihm eine reich beladene persische Karawane in die Hände fiel. Großzügig verteilte er die Beute unter den Bewohnern von Kandahar und gewann so deren Sympathie. Zugleich liefen die Begleiter der Karawane vom

Stamm der Qizilbasch zu ihm über und erhöhten deutlich seine Kapazität für Verwaltung.

Mit einer Armee von 25.000 Mann zog Ahmad Schah nach Westen und eroberte Herat nach neun Monaten Belagerung. Sodann zog er weiter bis Maschhad in Persien, das er eroberte, aber nicht halten konnte. Nach der Zerstörung von Nischapur zog er sich nach Herat zurück.

Aber auch in Indien blieb er nicht untätig. Als der Punjab ihm keine Steuern mehr entrichtete, zog er wiederum hier ein, unterwarf die Feinde und gliederte den Punjab in sein Reich ein. Auch Teile von Sindh und Beluchistan gehörten zu den beherrschten Gebieten. Nebenbei griff er noch Kashmir an und fügte es seinem Herrschaftsgebiet hinzu. Alle lokalen Herrscher in Maimana, Balkh, Kunduz sowie Badakhschan erkannten bald darauf seine Oberhoheit an. Dem folgten auch die Hazaras und die Turkmenen von Astarabad.

So wurde Ahmad Schah Durrani zum ersten Herrscher über das gesamte Afghanistan, das sich damals auch auf Nordindien erstreckte. Zwar wurde Afghanistan auch unter ihm kein straff organisierter zentraler Staat, sondern eher ein Herrschaftssystem ad personam, in dem er die regionalen Fürsten und Machthaber auf sich persönlich eingeschworen hatte.

Sieben Mal zog Ahmad Schah siegreich nach Indien und drang bis Agra vor. In vielen Schlachten zerstörte er die Armeen der Mahratten, entscheidend war die Schlacht von Panipat (1761). Er stabilisierte so die schwach gewordene Herrschaft der Moguln und ebnete letztlich der englischen Kolonialherrschaft über ganz Indien den Weg. Immer problematischer wurde allerdings die gestärkte Kampfkraft der Sikhs im Punjab. Bei seinem achten Feldzug besetzte er Lahore und brandschatzte Amritsar, die heilige Stadt der Sikhs.

Es gelang ihm aber nicht, die Provinz Punjab auf Dauer zu unterwerfen. Er trat daher aus taktischen Gründen den Rückzug nach Kandahar an. Die Sikhs etablierten sich als Herrscher des Punjabs unter Ranjit Singh und blieben dies, bis die Briten sie 1849 besiegten und selbst die Macht übernahmen.

Das Problem Afghanistans waren die Beziehungen zu den Nachbarn, aber vor allem die Beziehungen unter den Stämmen. Hinzu kam, dass sich seit dem Ende des 18. Jahrhunderts in Indien die Engländer als Kolonialherren festgesetzt hatten. Mit der Eroberung des Punjab und des Sindh wurden sie zu direkten Nachbarn Afghanistans und bezogen diesen jungen und fragilen Vielvölkerstaat in ihre strategische Planung zur Sicherung der Herrschaft über Indien ein. Das Prinzip der strategischen Tiefe fand damit erstmalig seine Anwendung. Die Kontrolle über die auswärtigen Beziehungen Afghanistans rückte in den Vordergrund.

Nach dem Tode Ahmad Schahs übernahm sein Sohn Timur die Herrschaft, verlor allerdings schon bald die Herrschaft über die Provinz Sindh. 1793 folgte dessen fünfter Sohn Zaman Schah auf den Thron, der aber eher als schwacher Herrscher galt. Er residierte anfangs in Lahore, bis er wiederum die Provinz Punjab an die kampfkräftigeren Sikhs verlor und sich dann nach Kabul zurückzog und dies zum Zentrum seiner Herrschaft machte. Ohne die Unterstützung durch den Stamm der Barakzais in Kandarhar hätte er sich nicht lange halten können. Auch er war auf die Unterstützung der Stämme angewiesen.

Als Timur unter den Einfluss des Popalzai-Stammes gelangte und die Führer der Mohammadzai umbringen ließ, war es allerdings auch bald um ihn geschehen. Sein Bruder, der Gouverneur von Herat, Schah Mahmud, stürzte ihn vom Thron und ließ ihn blenden. Er irrte durch Zentralasien und fand dann Aufnahme bei den Briten in Ludhiana. Das Timur-Mausoleum in Kabul erinnert noch heute an diese Herrschaftsperiode.

Die Herrschaft seines Bruders, Mahmud Schah, dauerte allerdings nur von 1799 bis 1803: Nach einer Verschwörung übernahm ein weiterer Bruder, Schah Schuja-al-Mulk, die Macht.

Unter der Herrschaft Schujas kam es zu den ersten intensiven Kontakten mit den Engländern. Angesichts der französischen Intrigen in Persien wollte man sich seitens der Briten der Loyalität der Afghanen versichern und entsandte im Jahr 1809 Mountstuart Elphinstone als britischen Gesandten nach Peschawar, das damals noch afghanisch war.

Die Herrschaft Schah Schujas war aber zwischenzeitlich in Afghanistan zunehmend unpopulär geworden und es gab mehrere kleine Aufstände gegen ihn, als die Elite seiner Armee damit beschäftigt war, einen Aufstand in Kaschmir niederzuschlagen.

Sein Bruder und Ex-König Mahmud nutzte die Unruhen, um 1810 wieder die Herrschaft und den Thron zurück zu gewinnen. Die wahre Macht wurde jedoch von dem sehr fähigen, aber intriganten Premierminister Fateh Khan ausgeübt. Als dieser zu mächtig wurde, ließ ihn Mahmud absetzen und blenden. Die Brüder von Fateh Khan, darunter auch Dost Mohammed rächten sich dafür am König und vertrieben ihn 1818 vom Thron. Schah Schuja hatte sich in der Folge nach Ludhiana in Britisch-Indien abgesetzt.

In den Jahren nach 1818 gab es keinen König, der das ganze Reich beherrschte und es bildeten sich mehrere lokale Fürstentümer. Die Herrschaft zerfiel, auch Peschawar wurde 1823 von den Sikhs nach ihrem Sieg über die afghanische Armee in der Schlacht von Nowshehra übernommen

Afghanistan verlor so nach und nach alle indischen Gebiete, auch Herat spaltete sich ab und ein Zerfall des von Schah Ahmad Durrani gegründeten Reiches erschien sicher. Versuche von Schah Schuja, den Thron wieder zu besetzen scheiterten 1835. Das Blatt wendete sich erst, als Dost Mohammed, der Kabul, Ghazni und Jalalabad beherrschte, 1835 als Amir den Thron bestieg und gezielte Anstrengungen unternahm, das Land wieder zu vereinigen.

Diese Kämpfe um den Thron, auch zwischen Brüdern, vor allem aber Sippen und Stämmen, zeigten leider die tiefe Grausamkeit der Afghanen, die weder vor Brudermorden noch grausamen Bestrafungen und inneren Kämpfen zurückschreckten, wenn es um die Frage der Macht ging.

Die Epoche der Great Games

Und jetzt kommen wir zu einer Epoche, die man als Anfang des Great Game bezeichnen kann. Das zaristische Russland hatte weite Teile Zentralasiens besetzt und war dadurch zum Nachbarn Afghanistans geworden. Uralter Traum der Russen war es, den Zugang zu einem Warmwasser-Hafen zu gewinnen. In Persien betrieben die Franzosen eine aktive Politik der Unterstützung einer Expansion Richtung Afghanistan. Die Engländer in Indien verfolgten das russische Vordringen in Zentralasien mit großem Misstrauen und wollten auf jeden Fall eine Einflussnahme Russlands auf Afghanistan und auf die indischen Grenzgebiete verhindern, die von den russischen Kolonien in Turkestan ausgehen könnte.

Auch eine mögliche persisch-französisch-russische Zusammenarbeit mit dem Ziel nach Indien vorzudringen, dem alten Traum Napoleons folgend, sah man als latente Bedrohung an. Afghanistan wurde daher ein unverzichtbarer Faktor englischer Politik zur Verteidigung Indiens. Daher entsandte der britische Vizekönig Sir Alexander Burnes als Gesandten nach Kabul, der Dost Mohammed entsprechend auf die englische Politik einschwören sollte. Er galt zu seiner Zeit als politischer Experte im Umgang mit Afghanen.

Der Begriff des „Great Game" wird dem englischen Geheimdienstoffizier Arthur Conolly zugeschrieben, der zwischen 1835–1840 in Zentralasien als Spion aktiv war. Aber auch literarisch fand dieser Begriff Niederschlag in dem 1901 erschienenen Roman „KIM" von Rudyard Kipling.

Die Mission von Sir Alexander Burnes hatte zum Ziel, die Loyalität Dost Mohammeds zu gewinnen und ihn zum Friedensschluss mit den Sikhs zu überreden. Dafür versprach man, Peschawar wieder den Afghanen zu übergeben. Des Weiteren sollte Herat gegen Vorstöße der Perser abgesichert werden.

1838 kam es zu einer Belagerung Herats durch die weit überlegenen Perser, die zudem noch von russischen Militärs unterstützt wurde. Ein junger englischer Offizier, Eldred Pottinger, war zufällig in Herat und beriet die Afghanen, wie sie der Belagerung standhalten konnten.

Die Engländer griffen außerdem persische Städte am Golf an, um den Druck auf die Perser zu erhöhen. Die Kriegsführung war auf beiden Seiten brutal, der führende afghanische Verteidiger Herats, Yar Mohamad ließ Prämien auf abgeschnittene Perserköpfe aussetzen, die bald die Stadtmauer von Herat verunzierten. Aufgrund des energischen Widerstandes und des englischen Drucks auf Persien gaben die Perser schließlich auf und zogen wieder ab.

Dost Mohammed verlangte derweil von Burnes eine schriftliche Zusicherung bezüglich Peschawar und eine englische Unterstützung gegen die Sikhs, die ihm aber nicht gewährt wurde. Während dieser Verhandlungen traf in Kabul ein russischer Vertreter ein, ein gewisser Kapitän Vikovitsch, angeblich um über Handelsbeziehungen zu verhandeln. Die Engländer reagierten empört darauf, indem sie Dost Mohamad ultimativ aufforderten, keine Kontakte zu Russland zu etablieren. Zwar trafen sich Burnes und Vikovitsch zu einem harmonisch verlaufenen Abendessen und verstanden sich recht gut im persönlichen Bereich. Kategorisch lehnte aber der britische Vizekönig von Indien, Lord Auckland, nochmals jegliche afghanisch-russische Annäherung ab und natürlich auch jegliche Unterstützung bezüglich der Rückerlangung Peschawars, das er für die Zukunft als eine wichtige Garnison für anglo-indische Truppen ansah. Die Standhaftigkeit von Dost Muhammad und seine Ablehnung der englischen Vorschläge ließen bei den Engländern den Plan reifen, wieder Schah Schuja auf den afghanischen Thron zu setzen, der als Flüchtling in Ludhiana zum willfährigen Erfüllungsgehilfen der Engländer prädestiniert erschien.

Man schloss nun einen Vertrag mit Ranjit Singh, in dem Schah Schuja offiziell auf alle Gebietsansprüche Afghanistans im Punjab und Sindh verzichtete und plante eine militärische Expedition nach Kabul, um Dost Mohammed vom Thron zu vertreiben.

Die Indus-Armee, 21.000 Mann stark, versammelte sich im Norden von Sindh, denn der kürzere Weg über den Khyberpass wurde ihr von ihren Bundesgenossen, den Sikhs, verweigert. Man machte sich unter dem Kommando von General Sir John Keane auf den Marsch über den Bolanpass nach Kandahar, das im April 1839 besetzt wurde. Schah Schuja wurde dort feierlich in der Moschee seines Großvaters gekrönt und die Armee zog über Ghazni weiter nach Kabul. Am 7. August hielt Schah Schuja dort seinen feierlichen Einzug. In der Zwischenzeit musste Dost Mohammad über den Hindukusch nach Osten fliehen, da Teile seiner Armee sich dem Befehl zum Widerstand widersetzt hatten. Die siegessicheren Engländer hinterließen in Kabul nur 8.000 Mann und eine Gesandtschaft unter Sir William Macnaghten, assistiert von Burnes. Sie konnten ihre Standorte in Afghanistan ausbauen und schienen in ihrer Macht gesichert. Im November 1840 ergab sich schließlich Dost Mohammad und wurde nach Indien deportiert.

Abb. 1a – 1e: Der britische Militärarzt James Atkinson begleitete die Expedition der Engländer und veröffentlichte 1842 in London den Band „Sketches in Afghaunistan" mit eigenen Zeichnungen aus seiner Dienstzeit
Abb. 1a: Basar in Kabul

Abb. 1b: Kabul wie James Atkinson es sah

Abb. 1c: Schah Schuja-al-Mulk

Abb. 1d: Der Pass von Siri Kajoor

Abb. 1e: Balutschenkrieger

Für zwei Jahre lang schienen die Engländer in voller Kontrolle zu sein. Aber es rumorte gewaltig unter den Afghanen, die mit dieser Vorherrschaft der Engländer immer unzufriedener wurden. Bei gewalttätigen Tumulten im November 1841 brachte man Burnes und eine Reihe britischer Offiziere nach Erstürmung der Residenz kurzerhand um. Die Stimmung wurde immer schlechter und die aufgebrachten Massen der Afghanen verloren zusehends die Furcht vor den Engländern. Bei Verhandlungen mit dem Sohn von Dost Mohammed, Akbar Khan, ermordete dieser dann eigenhändig den britischen Gesandten Sir William Macnaghten.

Die Briten waren zutiefst schockiert und sahen ihre weitere Anwesenheit als gefährdet an. Sie verhandelten dann einen Abzug mit freiem Geleit im Vertrag vom 6. Januar 1842. Die britische Garnison, 4.500 Soldaten, darunter fast 700 Engländer, und ein Gefolge von 12.000 Menschen, machten sich trotz hartem Winterklima zum Marsch zurück nach Indien auf. Die Afghanen hielten sich aber nicht an den Vertrag sondern, metzelten die abrückende Armee nieder und raubten sie aus.

Abb. 2: Das letzte Gefecht des 44. Infanterieregiments in Gandamak 1842, Gemälde von William Barnes Wollen

In Gandamak östlich von Kabul waren die Überlebenden bereits auf wenige Hundert dezimiert. Einzig Dr. Brydon, der Truppenarzt, erreichte schließlich im Februar 1842 alleine Jalalabad, zwar halbtot, aber dennoch wichtig als einziger Zeuge dieses desaströsen Rückzugs der Engländer.

Abb. 3: Das Gemälde „Remnants of an Army" von Elizabeth Thompson aus dem Jahr 1879 zeigt William Brydon bei seiner Ankunft in Jalalabad

92 Gefangene überlebten auch noch und wurden später freigelassen. Der Rest dieser großen Kolonne war getötet worden oder starb durch Krankheiten und Erfrieren. Die Briten hielten zwar noch Kandahar, mussten aber Ghazni aufgeben und konnten Jalalabad nur durch Verstärkung mit der Brigade Sale halten.

Diese dramatischen Ereignisse wurden auch in Europa mit Bestürzung verfolgt und gingen in die Geschichte als 1. Anglo-Afghanischer Krieg ein.

Theodor Fontane hat die Niederlage der Briten in seiner Ballade „Das Trauerspiel von Afghanistan" im Jahre 1859 verewigt: „Mit dreißigtausend der Zug begann, einer kam heim aus Afghanistan."

Die Schmach für die Engländer und der Ansehensverlust waren gerade auch in Indien groß. So sann man bald auf Rache und bereitete einen entsprechenden Straffeldzug vor. Bereits im April 1842 nahm General Pollock mit seinen neuen Truppen den Weg über den Khyberpass und verstärkte die Garnison in Jalalabad. Im September rückte Pollock in Kabul ein und setzte verschiedene Strafmaßnahmen durch, die Zitadelle und der zentrale Basar von Kabul wurden zerstört, verdächtige Afghanen festgenommen oder exekutiert. Schah Schuja, der Gefolgsmann der Engländer, wurde im April 1842 ermordet. Nachdem die Engländer die Festung Ghazni ebenfalls zerstört und die englischen Gefangenen aus Bamiyan in Empfang genommen hatten, rückten die britischen Truppen wieder aus Afghanistan ab. Im Dezember 1842 wurde Dost Mohammed von den Briten die Rückkehr nach Kabul erlaubt, wo er die Herrschaft wieder übernahm, die er bis zu seinem Tode im Jahre 1863 ausübte. Die Briten hatten eingesehen, dass sie nur mit einem starken und durchsetzungsfähigen Herrscher als Verhandlungsführer erfolgreich sein konnten.

Peschawar war für alle afghanischen Führer stets ein Teil von Afghanistan, eine Stadt, in der man gerne den Winter verbrachte. Auch ich staunte nicht schlecht, bei einem Besuch in der christlichen Altstadtkirche dort Gedenksteine und vor allem eine alte Bibel zu sehen, mit der in Silber gestochenen Aufschrift: Peschawar / Afghanistan.

Somit ist es auch nicht verwunderlich, dass im 2. Sikhkrieg gegen die Engländer 1848 Dost Mohammed dem Ruf von Sher Singh, dem Herrscher des Punjab folgte, der ihm die Restitution Peschawars versprach für militärische Unterstützung. Die Afghanen rückten wieder bis Attock vor und entsandten ihre Reiter noch weiter, bis sie im Februar 1849 in der Schlacht von Gujrat eine empfindliche Niederlage erlitten, die sie zu einem blamablen Rückzug zwang.

Dost Mohammad gewann die Herrschaft über Balkh wieder und ebenso über Kandahar. 1855 versöhnte er sich auch mit den Engländern und schloss in Peschawar einen Freundschaftsvertrag ab. 1856 wurde Herat von den Persern eingenommen. Nach Verhandlungen mit den Briten in Indien, versprachen diese Waffen und finanzielle Unterstützung und tatsächlich gelang es Dost Mohammed 1863 nach zehn Monate andauernder Belagerung Herat wieder einzunehmen.

Nur dreizehn Tage danach starb Dost Mohammed, der wohl durchsetzungsfähigste Herrscher nach Ahmad Schah Durrani. Ihm folgte auf den Thron sein Sohn Sher Ali Khan. Dieser musste aber mit Brüdern und Neffen um den Thron ringen und konnte erst 1868 als endgültiger Sieger in Kabul einziehen. Diese Streitereien um die Macht auch innerhalb der engeren Familie waren leider für Afghanistan typisch und haben das Land und den Zusammenhalt der Bevölkerung enorm geschwächt.

Sher Ali Khan war klug genug, ein friedliches Verhältnis zu den Engländern anzustreben und nahm 1869 Kontakt zum britischen Vizekönig in Indien, dem Earl of Mayo auf, wofür er mit großzügigen Finanzleistungen und Waffen belohnt wurde. Dieser auf Verständigung ausgerichtete Kurs der englischen Politik ist auch darauf zurückzuführen, dass sich Afghanistan während der indischen Meuterei 1859 neutral verhalten hatte und man inzwischen gelernt hatte, dass durch Diplomatie und finanzielle Unterstützungen mehr erreicht werden konnte als durch Kriegszüge und Strafexpeditionen.

Die Engländer hatten in den verschiedenen Kämpfen leidvoll erfahren, dass man ein Land wie Afghanistan mit seiner heterogenen, aber kampferprobten und freiheitsliebenden Bevölkerung nicht auf Dauer bezwingen konnte. Afghanistan war ein sehr armes Land und deswegen auf Geldmittel angewiesen. Hatten die Herrscher diese früher durch Raubzüge nach Indien eingetrieben, so war man nun so zivilisiert geworden, die von den Briten eingesetzten finanziellen Mittel gerne anzunehmen. Für die Afghanen war inzwischen auch klargeworden, dass sie militärisch nur vereint gegen die Engländer bestehen könnten.

Wichtig war es für die Engländer, Afghanistan von Beziehungen mit Russland abzuhalten und sich zumindest der wohlwollenden Neutralität des jeweiligen afghanischen Herrschers zu versichern.

Anfang 1873 kam es dann zu einem Notenwechsel zwischen England und Russland, in dem Russland den Fluss Oxus, den heutigen Amu-Darja, als Grenze anerkannte und versicherte, es habe keine Interessen an Einflussnahme in Afghanistan. Der Amir Sher Ali wollte des Weiteren eine britische Garantie für die Souveränität Afghanistans und die Anerkennung seiner Familie als rechtmäßige Herrscher. Lord Lytton, der amtierende Vizekönig von Indien, bestand im Gegenzug auf die Einrichtung verschiedener englischer Vertretungen in Afghanistan. Leider konnte man sich wieder einmal nicht einigen, was erneut zur politischen Verstimmung führte. Als dann im Juli 1878 eine russische Mission mit allen Ehren in Kabul empfangen wurde und gleichzeitig einer englischen Mission die Einreise schlicht verweigert wurde, war es mit dem Langmut der Engländer vorbei. Diese Provokation konnten sie nicht auf sich sitzen lassen.

Ultimatum nach Ultimatum verstrich ohne ein Einlenken des Amirs, und so beschlossen die Engländer im November 1878 einen erneuten Straffeldzug nach Afghanistan. Offensichtlich hatte man die Lehren des 1. Anglo-Afghanischen Krieges bereits vergessen.

Abb. 4: Englische Truppen im 2. Anglo-Afghanischen Krieg; fotografiert vom Angehörigen der britischen Kolonialverwaltung John Burke um 1878/80

Die anglo-indischen Truppen besetzten erfolgreich den Khyberpass und das Kurram-Tal und schlugen die Afghanen in mehreren Gefechten. Bereits im Januar 1879 wurde Kandahar besetzt und danach Kalat-i-Ghilzai und Girishk eingenommen. Der Amir setzte sich zusammen mit der russischen Mission von Kabul nach Norden ab und starb drei Monate später als Flüchtling in Mazar-i-Sharif. Sein zweiter Sohn Yakub Khan, der in Kabul vorsichtshalber inhaftiert war, wurde von den Paschtunen als neuer Amir ausgerufen.

Yakub Khan sah seine Chancen zur Fortführung des Widerstandes gegen die Engländer als gering an und begann mit den Engländern einen Frieden auszuhandeln, der im Mai 1879 zum Vertrag von Gandamak führte. Afghanistan verpflichtete sich zur Zulassung einer neuen englischen Residentur in Kabul und trat die Gebiete des Kurram-Tals, Pishin und Sibi an die Engländer ab. Des Weiteren kamen der Khyber- und der Michnipass unter englische Kontrolle.

Abb. 5: Afghanische Kriegstrophäen: Englische Waffen und Ausrüstung. Fotografiert von John Burke um 1878/80

Der Amir verzichtete auf eine unabhängige Außenpolitik und unterwarf die auswärtigen Beziehungen der englischen Kontrolle. Dass dieser Vertrag von vielen Afghanen als Demütigung und Schmach aufgefasst wurde, war beim Charakter der Afghanen kein Wunder. Lediglich die schiitischen Stämme im Kurram-Tal waren heilfroh, dem Schutz der Engländer unterstellt zu werden. Die Paschtunen hatten diese Minderheiten lediglich als Sklaven und Freiwild behandelt. Auch heute noch ist die Lage in der zu Pakistan gehörenden Kurram Agency durch blutige Auseinandersetzungen zwischen den sunnitischen und den schiitischen Stämmen gekennzeichnet.

Als die britische Mission unter Sir Louis Cavagnari im Sommer 1879 in Kabul eintraf, wurde sie vom Amir sehr freundlich empfangen. Cavagnari, Sohn eines italienischen Generals in französischen Diensten, hatte sich bereits in jungen Jahren als Leutnant in die Dienste der ostindischen Kompanie begeben. Als Major war er bei dem Guides-Regiment in Mardan stationiert und galt als Kenner der Paschtunen. Die Stimmung in Kabul schlug allerdings schnell um und die feindlichen Kräfte gewannen die Oberhand. Im September 1879 wurde die britische Residenz erstürmt und Cavagnari und seine Mitarbeiter im heftigen Kampf ermordet. Noch heute erinnert ein Triumphbogen in Mardan / Pakistan an Cavagnari.

Die Reaktion der Engländer ließ nicht lange auf sich warten. Eine Truppe unter General Roberts marschierte bereits im Oktober 1879 in Kabul ein und besiegte auf dem Wege mehrere afghanische Einheiten. Die Balar Hissar-Festung in Kabul wurde zerstört. Die Briten blieben für ein Jahr in Kabul und unterwarfen die Stadt einem strengen Regiment. Immer wieder gab es Aufstände der Stämme gegen die britische Anwesenheit.

Der nachfolgende Amir Abdur Rahman Khan, ein Enkelsohn von Dost Mohammed, wurde im Juli 1880 von den Briten anerkannt. Zuvor, im Mai 1880, hatten die Briten in Kandahar den Sardar Sher Ali Khan vom Barakzaistamm als unabhängigen Wali – eine Art Gouverneur –von Kandahar eingesetzt. Dies wurde jedoch von den anderen Stämmen nicht akzeptiert und bereits im Juli 1880 wurde Kandahar von Sardar Ayub Khan erobert und eine britische Brigade in der Schlacht von Maiwand fast völlig vernichtet.

Diese Schlacht und der Sieg über die technisch überlegenen Engländer gingen als heroische Sage in das nationale Gedächtnis der Afghanen ein. Das Schlachtglück hatte sich anfangs gegen die Afghanen gewendet und diese dachten schon an Rückzug, als eine junge Paschtunin, Malalai, die Fahne ergriff und gegen die Engländer voran stürmte. Sie riss die wankelmütigen Afghanen mit sich, der Sieg wurde errungen und Malalai ging als Heldin in die Geschichte ein. 1.757 Tote auf Seiten der Engländer, Verlust von Artillerie und Tross. Die Afghanen verloren auch über 1.200 Mann. Wenn sie nicht so gierig geplündert, sondern die Engländer weiterverfolgt hätten, wäre der Sieg noch großartiger ausgefallen.

General Roberts ließ diese Schmach nicht auf sich sitzen und entsandte eine Kampfbrigade in Eilmärschen von Kabul nach Kandahar, das bereits am 31. August 1880 wieder eingenommen wurde. Sardar Ayub Khan konnte entkommen, verlor aber seine Kanonen und den ganzen Tross an die siegreichen Engländer.

Die Lage entspannte sich und die Engländer zogen im April 1881 von Kandahar ab. Der von ihnen eingesetzte Wali Sher Ali zog es vor, mit ihnen nach Indien abzurücken. Schon drei Monate später konnte Ayub Khan Kandahar wiederbesetzen. Es gelang jedoch dem Amir Abdur Rahman Khan, die Stadt zurück zu erobern, auch Herat wurde von ihm eingenommen.

Abdur Rahman Khan wurde nach Unterwerfung weiterer kleiner Revolten der unumstrittene Herrscher Afghanistans. Die Engländer erkannten seine Stellung an, beharrten aber darauf, dass die Außenpolitik Afghanistans weiterhin von Britisch Indien kontrolliert wurde. Immerhin gewährten sie dem Amir eine großzügige finanzielle Zuwendung von 12 lakhs Rupien (entspricht heute etwa 1,2 Millionen Rupien), die dieser zur Bezahlung der Truppen und zur Grenzsicherung verwenden sollte.

Abdur Rahman organisierte Afghanistan, er gründete eine offizielle Loya Jirga und ein Ministerkabinett, außerdem ordnete er auch die Stellung der Provinzen und das Steuerrecht.

Die Stellung Afghanistans sah er recht nüchtern: Afghanistan sei wie ein Lamm zwischen zwei hungrigen Löwen – Britisch-Indien und dem zaristischen Russland.

Abb. 6: Eine Karikatur in der britischen Zeitschrift „Punch" aus dem Jahr 1878 zeigt Afghanistan umgeben von seinen „Freunden"

Die nächste bedrohliche Lage in den Augen der Engländer entstand Anfang 1884, als die Russen die Oase Merw (heute Mary in Turkmenistan) besetzen und man akut besorgt war über ein weiteres Vordringen der Russen in Richtung Afghanistan.

Man berief eine Grenzkommission zur Demarkierung der russisch-afghanischen Grenze am Oxus ein, die im Herbst 1884 begann, die Grenze zu demarkieren, was wegen mangelnder Mitarbeit der Russen aber nicht gelang. Als die Russen einen afghanischen Verband in Panjdeh im März 1885 angriffen, wäre es beinahe zu einem russisch-afghanischen Krieg gekommen, den die Engländer gerade noch verhindern konnten. Eine Einigung über den Verlauf der Grenze konnte erst im Juni 1886 erzielt werden. Die diplomatische Anerkennung erfolgte nach vielem Hin und Her erst im Juli 1888 durch ein Abkommen in St. Petersburg.

In der Zwischenzeit war es zu verschiedenen Aufständen insbesondere der Gilzai gegen den ‚eisernen' Amir Abdur Rahman gekommen, die dieser wieder mit harter Hand bewältigen konnte.

Die schwierigste Bewährungsprobe hatte der Amir 1888 zu bestehen, als sein Vetter, der Gouverneur von Afghanisch-Turkestan, Muhammad Ishak Khan, gegen ihn revoltierte und sich selbst zum Amir von Afghanistan ausrief. In mehreren blutigen Schlachten gelang es Abdur Rahman Khan, seinen Vetter zu besiegen, der schließlich Zuflucht in Bukhara fand.

Die so gewonnene Ruhe dauerte allerdings nicht lange. Bereits 1890 gab es einen Aufstand der Shinwaris und auch einen Feldzug gegen die aufmüpfigen Hazaras. Mit Mühe konnte Abdur Rahman Khan den Sieg erringen.

Die nächsten Jahre konzentrierten sich auf die Festlegung der Grenzen Afghanistans. 1891 wurde die Grenze zu Persien geregelt. 1893 regelten England und Russland die Grenzziehung im Pamirgebiet und die Afghanen mussten sich aus einigen Gebieten im oberen Oxus-Tal zurückziehen. Um den Amir zu besänftigen, wurde die Zuwendung an ihn auf 18 lakh Rupien (1,8 Millionen) erhöht.

Mit Geld ließ sich der Unwillen des Amirs beseitigen und er stimmte auch einer Regelung der Grenze zu Indien zu. Von 1894 bis 1896 wurde die sogenannte Durand-Linie durch Sir Mortimer Durand als Demarkation zwischen Afghanistan und Britisch-Indien etabliert, wobei sich die Engländer sehr generös einige afghanische Gebiete einverleibten.

Die Durand-Linie ist heute noch ein Streitobjekt zwischen Pakistan und Afghanistan. Kein afghanischer Herrscher wird jemals diese Linie als endgültige Grenze anerkennen, zumal sie wirklich sehr einseitig und willkürlich gezogen wurde. Das Gebiet um den Khyberpass und auch Mohmand wurden allerdings damals von der Demarkierung ausgelassen.

Der Verlauf der Grenzdemarkierung diente britischen Sicherheitsinteressen und sollte vor allem garantieren, dass Afghanistan nicht weiter nach Indien vordringen oder gemeinsame Aktionen mit den paschtunischen Stämmen, die ja auf beiden Seiten der Durand-Linie lebten, gegen die englische Herrschaft unternehmen würde. Afghanistan wurde ganz klar zur „chasse gardée", zum Interessengebiet der Briten, erklärt.

Abdur Rahman Khan starb im Oktober 1901 in Kabul. Mit eiserner Hand hat er erfolgreich Afghanistan regiert und alle Aufstände unterdrückt. Er muss als der erfolgreichste Herrscher Afghanistans im ausgehenden 19. Jahrhundert angesehen werden.

Er schaffte im Rahmen des Möglichen eine effektive Zentralregierung ebenso wie eine schlagkräftige Armee und hat die Herrschaft konsolidiert. Sein Sohn Habibullah Khan übernahm die Herrschaft und konnte ohne größere Aufstände regieren. Er erneuerte die Freundschaftsverträge mit Britisch-Indien im März 1905 und versuchte, eine neutrale Politik im Interesse des British Empire zu verfolgen.

Amir Habibullah besuchte 1907 Indien und war sehr beeindruckt von Glanz und Gloria Britisch-Indiens und erlaubte eine permanente diplomatische Präsenz Englands in Kabul. In die Geschichte ging er als reformfreudiger Herrscher ein, der weltoffen und anglophil sein Reich regierte. Versuche Deutschlands und der Türkei im 1. Weltkrieg, ihn zu einem Aufstand mit den Paschtunen in Britisch-Indien zu bewegen (,Hentig-Niedermayer-Expedition'), sind deswegen auch gescheitert. Vielleicht war er mit seinen Bestrebungen der Modernisierung und seiner Englandhörigkeit für die konservativen Afghanen zu weit gegangen. Im Frühjahr 1919 wurde er auf einem Jagdausflug in Laghman von Afghanen, die mit seiner Politik nicht einverstanden waren, ermordet.

Diese innere Zerrissenheit der afghanischen Stämme, ja selbst der Familien der Herrscher dauerte leider an. Friedliche Übergaben der Macht waren die Ausnahme, wie uns auch der weitere Verlauf der afghanischen Geschichte bis in die heutigen Tage zeigt. Es gibt wohl wenige Staaten, die in ihrer Entstehungsgeschichte so viele Brudermorde und blutige Streitereien in der Familie aufzuweisen haben wie Afghanistan.

Literaturhinweise

Atkinson, James: Sketches in Afghaunistan. London 1842
Dollot, René: L'Afghanistan. Paris 1937
Dupree, Louis: Afghanistan. Princeton 1973
Gazeteer of Afghanistan and Nepal. Kalkutta 1908
Hamilton, Angus: Afghanistan. London 1906
Tichy, Herbert: Afghanistan, das Tor nach Indien. Leipzig 1940

Thomas Schmid
Unter sengender Sonne: Heiliger Krieg für Deutschland. Die Hentig-Niedermayer-Mission (1915/16)

Heiliger Krieg, Dschihad: Schon die Worte allein verbreiten heute in vielen Staaten Europas Furcht und Schrecken. Die selbsternannten heiligen Krieger schlagen aus ihrer Deckung mit einfachen, aber sehr effektiven Mitteln zu, mit Sprengkörpern oder Lastwagen, die zu Mordwerkzeugen werden. Je mehr der sogenannte Islamische Staat (IS) im Mittleren Osten auf dem Rückzug ist, desto mehr versucht er, den Terror in die Metropolen Europas zu tragen. Und er hofft dabei, mit diesen Terroroperationen aus dem Nichts die europäischen Gesellschaften zu verunsichern und ihnen ihr westliches Selbstbewusstsein zu rauben. Die Frontlinie ist dabei sehr scharf gezogen: hier liberale, demokratische Gesellschaften, die den schwierigen Prozess der Aufklärung durchlaufen haben. Und in denen das Recht herrscht, in denen das Individuum als unantastbar gilt, Staat und Kirche getrennt sind und die Kirchen das auch akzeptiert haben. Und dort ein archaischer, barbarischer religiöser Furor im Namen eines mörderischen Islams, dessen Anhänger sich legitimiert sehen, ‚Ungläubige' zu verfolgen und bestialisch zu töten. Eine Welt, in der der Einzelne nichts zählt und in der eine grausame Theokratie errichtet werden soll. Der Westen und der IS verhalten sich zueinander wie Wasser und Feuer. Nichts scheint beide zu verbinden. Das durch und durch christlich geprägte Europa sieht sich vor der Aufgabe, seine zivilisatorischen Errungenschaften gegen den islamistischen Wahn zu verteidigen, mit dem es nichts verbindet. Und dessen entschlossener Gegner er angeblich seit eh und je ist.

Kaiser Wilhelm II. und das ‚Türkenfieber'

Doch so einfach verhält es sich keineswegs. Nicht immer sahen alle Staaten Europas den Islamismus als eine feindliche Kraft. Vor allem Deutschland konnte ihm vor einem Jahrhundert einiges abgewinnen. Ja, das Deutsche Reich versuchte ihn anzustacheln und für seine eigenen Zwecke zu benutzen. Die Gründe dafür waren vielfältig. Als Nation, die 1870/71 erst spät zur nationalen Einheit gefunden hatte, musste sich das Deutsche Reich in gewisser Weise in die Rolle eines Nachzüglers fügen. Es kam im imperialen Zeitalter zu spät, um noch ein Kolonialreich werden zu können, das es mit England oder Frankreich, ja auch nur mit Russland oder Spanien hätte aufnehmen können. Zwar gab es einige – meist wenig koordinierte und viel zu kostspielige – koloniale Unternehmungen in der Tiefe Afrikas. Doch anderswo, etwa im Mittleren Osten, in Nordafrika und vor allem in Asien hatte Deutschland kaum etwas zu bestellen. Denn fast alles war längst vergeben und aufgeteilt. Bismarck, der kühle Rechner, hatte kolonialen Ambitionen des jungen Reiches stets skeptisch gegenübergestanden. Sie würden, fürchtete er, nur das internationale Gleichgewicht gefährden und das erst im Aufstieg befindliche Deutschland würde bei kolonialen Konflikten oder gar Kriegen vermutlich den Kürzeren ziehen. Obgleich nach Bismarcks Abgang in Deutschland das ‚koloniale Fieber' doch noch ausbrach, war fast allen politischen Akteuren bald klar, dass koloniale Eroberungen nicht der Weg sein dürften, auf dem Deutschland seinen Einfluss in der Welt erweitert. Man versuchte vielmehr, den Nachteil in einen Vorteil umzudeuten.

Nicht Eroberung, sondern Einflussnahme wurde nun zur Devise. Das Deutsche Reich suchte nach neuen Bündnissen und nach Partnern, mit denen es gewissermaßen indirekt auf der weltpolitischen Bühne würde spielen können. Und es fand diesen Partner vor allem im Osmanischen Reich, das wenig später zur Türkei schrumpfen sollte. Das Osmanische Reich ging auf dieses Ansinnen am Vorabend des Ersten Weltkriegs freudig ein. Der Sultan und seine Bürokratie ahnten, dass die Tage des Osmanischen Reichs in seiner großen Ausdehnung wohl gezählt sein würden. Eingeklemmt vor allem zwischen dem zaristischen Russland und den Briten, die sich längst in der Region festgesetzt hatten, musste die Elite in Konstantinopel fürchten, den Begehrlichkeiten beider Seiten hilflos ausgeliefert zu sein. So gingen die reformerischen und schon bald nationalistischen Jungtürken, die 1913 endgültig die Macht in Konstantinopel übernommen hatten, auf dieses Angebot ein. Es schien sich eine Win-win-Situation abzuzeichnen. Die Türkei würde von dem mächtigen Verbündeten Deutschland geschützt werden. Und Deutschland bekäme die Möglichkeit, seinen Einflussbereich auszudehnen und weltpolitisch mitzuspielen. Außerdem würden sich durch ein deutsch-türkisches Bündnis ungeahnte Expansionsmöglichkeiten für die aufsteigende deutsche Wirtschaft ergeben. Schon Ende des 19. Jahrhunderts hatten deutsche Generäle die Armee des Osmanischen Reichs im Umgang mit modernen Waffen ausgebildet. Zu Beginn des 20. Jahrhunderts waren es neben Nationalisten auch Sozialdemokraten wie Alexander Parvus und Liberale wie der Schwabe Ernst Jäckh, die in Konstantinopel die wirtschaftliche und verwaltungstechnische Modernisierung des Landes zusammen mit den Jungtürken voranzubringen versuchten. Doch während des Ersten Weltkriegs, in dem das Osmanische Reich an der Seite Deutschlands stand, bekamen konservativ-nationalistische Einflüsterer aus Deutschland die Oberhand. Nicht an letzter Stelle sie waren dafür verantwortlich, dass die jungtürkische

Bewegung eine chauvinistische Wende nahm. Eine Folge davon war, dass nun – von deutschen Beratern unterstützt – eine geradezu rassistische Hetze gegen nicht-muslimische Minderheiten im Osmanischen Reich hoffähig wurde. Mit anderen Worten: Deutschland hat in einem entscheidenden Moment aktiv zur Radikalisierung des Islams beigetragen.

Das wirkt auf den ersten Blick widersinnig – sah sich Kaiser Wilhelm II. 1914 doch als Instrument des christlichen Gottes. Doch dies hatte ihn schon seit längerer Zeit nicht daran gehindert, mit großem Wohlwollen auf die islamische Welt zu blicken. Dreimal – 1889, 1898 und 1917 – besuchte er das Osmanische Reich; es ist nicht ohne Ironie, dass die Reise von 1898 vom ersten internationalen Reisebüro, nämlich ausgerechnet von „Thomas Cook & Son" mit Sitz in London, organisiert wurde. Der Kaiser brachte dem Islam, seiner Kultur und seiner Architektur große Achtung und Sympathie entgegen. 1898 versicherte er beim Galadiner Sultan Abul Hamid II., der deutsche Kaiser werde immer sein Freund sein. Und am Grab des Sultans Saladin in Damaskus erklärte er sich zum Freund der 300 Millionen ‚Mohammedaner'. Man sprach von einem allgemeinen ‚Türkenfieber', das die Deutschen erfasst habe. Es schwang dabei ein gutes Stück Schwärmerei für den Orient mit, die in Europa seit dem Ende des 18. Jahrhunderts aufgekommen war. Und zwar gerade auch in Deutschland, wo Dichter wie Johann Wolfgang von Goethe oder Friedrich Rückert dazu beitrugen, ein idealisiertes Bild eines Orients zu zeichnen, in dem die Menschen angeblich noch in Harmonie mit der Natur leben und nicht unter der Herrschaft kalter Vernunft stehen. Dass der Islam in Europa auf Neugier und Sympathie stieß, hat aber auch mit der – späten, aber dann doch vollzogenen – Modernisierung des Christentums zu tun. Es sei, wie Josef Ratzinger und viele andere christliche Denker immer wieder beschworen haben, ein Glaube, der mit der Vernunft, mit Geschichtlichkeit und mit der Idee der rationalen Verbesserung der Welt vereinbar sei. In dem Maße wie das Christentum in diesem Prozess an Zauber und Unergründlichkeit verlor, wurde der fremde Islam attraktiv. Und zwar als eine Religion, die angeblich ohne Ratio auskommt und ganz in ihrer pittoresken Unergründlichkeit ruht.

Noch wichtiger für die deutsche Faszination durch den Islam war etwas Anderes. Die Hinwendung zum Islam bedeutete zugleich eine Abkehr vom Westen und seiner Gedankenwelt. Von dem Westen, dem ein Großteil der Eliten des aufstrebenden Deutschlands zwar unbedingt angehören wollten, dem sie sich aber nicht gewachsen fühlten. Pointiert formuliert: Die Hinwendung zum angeblich ursprünglichen Islam wurde für viele zum Mittel, das notorische Unterlegenheitsgefühl gegenüber dem britischen Empire zu überwinden. Die islamische Welt schien zu zeigen, dass der britische Aktivismus und der britische Handelsgeist nicht das letzte Wort der Geschichte sind. Und Deutschland entdeckte seine Seelenverwandtschaft mit dem Osmanischen Reich. War eben noch vom ‚kranken Mann am Bosporus' die Rede gewesen, hatten nun Bücher wie Ernst Jäckhs 1909 erschienene Programmschrift „Der aufsteigende Halbmond" großen Erfolg.

Und paradoxerweise befeuerte die Begeisterung für den scheinbar so friedlichen Islam eine ausgesprochen kriegslüsterne Rhetorik. Dann allmählich schlug die Islam-Liebe in den Ruf zum Dschihad um. Als sich die große Unruhe der europäischen Mächte in den Ersten Weltkrieg entladen hatte, rief Wilhelm II., man solle die arabische Welt zu „wilden Aufständen"[1] gegen die Briten, „dieses verhasste, gewissenlose, verlogene Krämervolk"[2], anstacheln. Schon lange vor dem Beginn des Krieges hatte der Kaiser das Osmanische Reich als „den letzten Trumpf des Deutschen Reiches" bezeichnet. Bald nach Kriegsbeginn wandte sich Wilhelm II. an Enver Pascha, den Kriegsminister in Konstantinopel, mit der Bitte, er solle „zum heiligen Kampf für das Kalifat" mobilisieren. Der Glaube an die Islamisierung des Kaisers ging so weit, dass sich im Osmanischen Reich das Gerücht festsetzte, Wilhelm II. sei konvertiert, habe sich in Hadschi Mohammed Wilhelm umbenannt und damit im Deutschen Reich Massenkonversionen zum Islam bewirkt. Die deutsche Sehnsucht richtete sich auf den Osten. Unter dem Pseudonym Fritz Klopfer veröffentlichte der Orientalist Hans Stumme 1915 „Fünf Arabische Kriegslieder". Eines davon war das „Lied eines deutschen Kriegers an seine muhammedanischen Kameraden". Darin heißt es: „Ich bin Christ, und Du bist Muslim, / Doch das schadet kaum! Unser Sieg ist festbeschlossen, / Unser Glück kein Traum!"

Desinformation und Aufwiegelung

In dieser überhitzten Atmosphäre nahm die Idee Gestalt an, Deutschland könne den Kampf für das Kalifat mit dem eigenen Interesse verbinden, neue Einflusssphären zu erobern. Es entstand der abenteuerliche Plan, in Verbund mit dem Osmanischen Reich die muslimische Bevölkerung in Persien und vor allem in Afghanistan zum Widerstand gegen das britische Empire aufzurufen. Man wolle, hieß es in einem Dokument des Auswärtigen Amtes in Berlin, dass „unsere Konsuln in Persien und der Türkei die ganze mohammedanische Welt gegen die Krämernation England aufstacheln"[3]. Es gehe um einen panislamischen Aufstand.

Zu den vielen Merkwürdigkeiten dieser Geschichte gehört der Erfinder dieses Aufstandsplans. Die Idee hatte ein deutscher Bürger, ein Katholik mit jüdischen Wurzeln: Max von Oppenheim (1860–1945). Er stammte aus der angesehenen Kölner Bankiersfamilie Oppenheim, die zur Elite des Deutschen Reichs gehörte. Salomon Oppenheim, der Gründer des Bankhauses, war 1822 als erster Bürger jüdischen Glaubens Mitglied der Kölner Handelskammer geworden. Als erstes Familienmitglied schlug Max von Oppenheim die Banklaufbahn aus. Er unternahm, mit Unterstützung des Vaters, Forschungsreisen in den Nahen Osten und leitete bedeutende archäologische Ausgrabungen, vor allem in dem heute zu Syrien gehörenden Tell Halaf. Oppenheims Ausgrabungen sind, nach schweren Beschädigungen im Zweiten Weltkrieg, heute wieder im Vorderasiatischen Museum in Berlin zu sehen. Der Orient faszinierte Max von Oppenheim, er erlernte die arabische Sprache.

Abb. 7: Max von Oppenheim

Seine Orientbegeisterung war zum Teil auch zivilisationskritisch motiviert. Er schrieb: „Wie die Wüstensteppe seit Jahrtausenden dieselbe geblieben ist"[4], sei auch der Beduine „von Europas Kultur noch unbeleckt"[5] – was er als Positivum vermerkte. Wie er überhaupt von den Beduinen begeistert war: „Wie die Wüstensteppe seit Jahrtausenden dieselbe geblieben ist, so ist auch der Beduine: ein Herrenvolk, urwüchsig, primitiv, wild und kriegerisch. – In dem ungebundenen Beduinenleben gelten Überfälle und Raub als Heldentaten. – Von Kindheit an wird der Beduine zum Reiten und Kämpfen, zur Zähigkeit und Standhaftigkeit gegen alle Mühen, Leiden und Gefahren erzogen."[6] Oppenheim strebte den diplomatischen Dienst an und hoffte, in dieser Funktion dauerhaft im Orient leben zu können. Doch obwohl schon sein Vater zum Katholizismus konvertiert war, blieb Max von Oppenheim seiner jüdischen Wurzeln wegen der diplomatische Dienst versperrt. Herbert von Bismarck, ältester Sohn des Reichsgründers und Staatssekretär im Auswärtigen Amt, war strikt gegen die Übernahme von Oppenheims in den Diplomatischen Dienst und schrieb[7]:

> Ich bin einmal dagegen, weil Juden, selbst wenn sie Begabung haben, doch immer taktlos und aufdringlich werden, sobald sie in bevorzugte Stellungen kommen. Ferner ist der Name als gar zu semitisch bekannt und fordert Spott und Gelächter heraus. Außerdem würden die übrigen Mitglieder unseres diplomatischen Korps, auf dessen ausgesuchte Beschaffenheit ich stets große Mühe verwende, es peinlich empfinden, wenn man ihnen einen Judenbengel bloß deshalb zugesellt, weil sein Vater Geld zusammengejobbert hat. Wäre der Vater arm, so würde der Sohn niemals daran gedacht haben, sich in die Diplomatie einzudrängen.

Bismarck überging dabei geflissentlich, dass Max von Oppenheim Katholik war.[8] So schaffte dieser es nur in den konsularischen Dienst, der ihm aber einen langen Aufenthalt in Ägypten sowie ausgedehnte Forschungsreisen ermöglichte. Max von Oppenheim war einer der zahlreichen deutschen Gelehrten, die noch die Gelegenheit hatten, in ihrem Leben forscherisch-wissenschaftliches Interesse, Fernweh und Abenteuerlust zu verbinden.

Es war Oppenheim gewesen, der den Kaiser zu seiner großen Orientreise 1898 angeregt hatte. Das kam nicht von ungefähr. Schon gegen Ende des 19. Jahrhunderts informierte er das Auswärtige Amt regelmäßig über den Panislamismus, der immer mehr Anhänger fand. Früh gewann er die Überzeugung, diese Bewegung könne für deutsche Belange genutzt werden. Hinzu kam das Interesse am Raum, an großen Räumen, das im Zeitalter der Geopolitik zentrale Bedeutung bekam. Auf zwei Reisen nach Nordamerika hatte Max von Oppenheim die Wirtschaft der USA studiert. Er kam dabei zu der Einsicht, dass Amerikas Erfolg auch darin bestand, dass es über einen Großraum verfügte und ihn gestalten konnte. Nach seiner Rückkehr verfasste er schon 1904 für die Spitzen von Politik und Wirtschaft eine Denkschrift mit dem bezeichnenden Titel „Die Entwicklung des Bagdadbahngebiets und insbesondere Syriens und Mesopotamiens unter Nutzanwendung amerikanischer Erfahrungen". Wie viele andere, die sich damals als deutsche Patrioten fühlten, ging es ihm darum, dass Deutschland endlich seinen verdienten ‚Platz an der Sonne' erhalten müsse. Dazu müsse man, schrieb er, den Einfluss des britischen Empires vor allem im

Nahen Osten, besonders in Ägypten, sowie in Indien zurückdrängen – letztlich mit dem Ziel, die Briten aus ihren Kolonien und Hoheitsgebieten zu vertreiben. Und Oppenheim war zuversichtlich, die Türkei für dieses Abenteuer als aktiven Partner, auch militärischen Partner, gewinnen zu können.

THE NEW HAROUN AL RASCHID.
A DREAM OF BAGHDAD, MADE IN GERMANY.

Abb. 8: Diese „Punch"-Karikatur aus dem Jahr 1911 zeigt Kaiser Wilhelm als Harun-al-Raschid auf der Baghdad-Bahn. Im Hintergrund Max von Oppenheim als „Lokomotivführer"

Als im August 1914 der Erste Weltkrieg begann, sah von Oppenheim, der ein enger Vertrauter des Reichskanzlers Theobald von Bethmann-Hollweg war, die rechte Stunde gekommen. Im Auswärtigen Amt gründete er die „Nachrichtenstelle für den Orient", ein Übersetzungs- und Agitationsbüro, in dem auch Persönlichkeiten aus dem Nahen Osten arbeiteten und das schon bald im Osmanischen Reich 36 Nachrichtensäle unterhielt, die in den jeweiligen Landessprachen Propagandaschriften verbreiteten und für Deutschlands Kriegsziele warben. Im November 1914, wenige Monate nach Beginn des Großen Kriegs, verfasste Max von Oppenheim eine Denkschrift mit dem Titel „Die Revolutionierung der islamischen Gebiete unserer Feinde". Sie war an den Kaiser gerichtet, der sie auch vorgelegt bekam. Oppenheim schlug darin eine komplexe Strategie zur Mobilisierung und Aufwiegelung aller Muslime vor, insbesondere derer, die unter britischer Herrschaft lebten. Hauptzielländer sollten Ägypten, Afghanistan und Indien sein, aber auch Persien, die russisch-islamischen Gebiete sowie Marokko, Algerien und Tunesien kamen in dem Plan vor. Oppenheim schrieb: „Das Eingreifen des Islam in den gegenwärtigen Krieg ist besonders für England ein furchtbarer Schlag. Tun wir alles, arbeiten wir vereint mit allen Mitteln, damit derselbe ein tödlicher wird."

Deutschland sollte in diesem Spiel den Part der ideologischen Kriegsführung übernehmen. Ausdrücklich führte Max von Oppenheim aus, dass das Deutsche Reich hier aus einer Schwäche eine Stärke machen könnte. Da es kein Kolonialreich sei und da es glaubhaft gemacht habe, dass es keine koloniale, sondern nur wirtschaftliche und kulturelle Ambitionen habe, verfüge es in der muslimischen Welt über einen Vertrauensvorschuss, den es jetzt auszunutzen gelte. Deutschland müsse sich als Freund und Partner all jener Muslime inszenieren, die das koloniale Joch abschütteln wollen. Es müsse sich uneigennützig geben und sich grundsätzlich aus aller kriegerischen Operationen heraushalten. Denn diese seien Sache der Muslime selbst, unter Führung der Türkei. Die deutsche Propaganda müsse sich den Nimbus des Sultan-Kalifen zunutze machen. Max von Oppenheim: „Die türkische Propaganda ist in Konstantinopel zu zentralisieren, aber dauernd von deutscher Seite zu leiten und zu unterstützen, allerdings in einer Weise, dass die Türken glauben, es stehe ihnen nur ein freundlicher Berater zur Seite, dass sie sich nach wie vor als die eigentlichen Macher betrachten und ausgeben können." Man kann es auch so formulieren: Die Deutschen sollten Desinformation und Aufwiegelung betreiben – aber gewissermaßen aus dem Hintergrund, aus der zweiten Reihe heraus. Sie sollten die Ressentiments der Muslime befeuern, sie sollten die muslimische Welt zum Gären, zum Kochen, zur Explosion bringen. Nicht offene Feldschlacht, sondern schmutziger Krieg hinter den Linien. Hier war eine Hinterlist am Werk, die nicht eben dem Bild vom ehrenhaften deutschen Patrioten ohne Furcht, Tadel und Arg entsprach.

Und selbst an der ‚Heimatfront' ließ das Deutsche Reich nichts unversucht, den Islam zu instrumentalisieren. Schon zu Beginn des Ersten Weltkriegs wurde etwa 50 Kilometer südlich von Berlin in Wünsdorf bei Zossen das sogenannte „Halbmondlager" eingerichtet, in dem etwa 30.000 kriegsgefangene muslimische Araber, Inder und Afrikaner aus der britischen und französischen Armee interniert waren. In den Lagern sollten die Muslime durch organisierte Propagandaarbeit dazu überredet werden, aus ihren jeweiligen Armeen zu desertieren und im deutschen Auftrag den Kampf gegen ihre Kolonialherren aufzunehmen. Um den Umworbenen entgegenzukommen, respektierte die Lagerleitung die religiösen Gebote des Islams und achtete etwa den Ramadan. Die deutschen Behörden ließen für die Gefangenen illustrierte Zeitungen in ihren jeweiligen Landessprachen drucken – zum Beispiel „al-Ǧihād. Zeitung für die muhammedanischen Kriegsgefangenen", schon im Titel rief das Blatt zum heiligen Krieg auf.

Abb. 9: „El Dschihad. Zeitung für die muhammedanischen Kriegsgefangenen"

Die Zeitungen informierten unter anderem über den Kriegsverlauf und die Situation in den Heimatländern. 1915 wurde in dem Lager sogar die erste Moschee auf deutschem Boden errichtet – ein seltsames Beispiel für Toleranz im preußisch dominierten Kaiserreich, in dem nicht allzu lange vorher ein heftiger Kulturkampf gegen den Katholizismus getobt hatte. Einige der Gefangenen wurden in einer von großem propagandistischen Aufwand begleiteten Aktion freigelassen und in ihre Heimat begleitet. Hans von Wangenheim, der deutsche Botschafter bei der Pforte, hatte die Aktion angeregt. In einem Telegramm an das Auswärtige Amt schrieb er am 30. August 1914, es könnten „in Betracht kommende Elemente bei guter Führung nach Hause entlassen werden mit der Begründung, dass Mohammedaner unsererseits nicht als Feinde angesehen werden".

Abb. 10: Eine Postkarte aus dem Jahr 1916 zeigt die Moschee für muslimische Kriegsgefangene im so genannten „Halbmondlager" in Wünsdorf bei Zossen

Max von Oppenheims Denkschrift stieß beim Kaiser, beim Militär, im Auswärtigen Amt und in Botschafterkreisen auf reges Interesse. Nicht zuletzt deswegen, weil mit dem Erstarren des Frontverlaufs im Westen den deutschen Militärs jeder Konflikt wo auch immer in der Welt willkommen war, der britische Streitkräfte aus Frankreich und Belgien abziehen würde. Ohne Zweifel aber war der Plan, den Max von Oppenheim in seiner Denkschrift entwarf, fantastisch und abenteuerlich. Er überschätzte die Macht der Propaganda maßlos, wie er auch die damalige Bereitschaft der Mehrheit der Muslime überschätzte, gegen das Empire aufbegehren. Der Plan war ebenso großmäulig wie dilettantisch. Dass er aber beträchtliches Aufsehen erregen konnte, zeigt freilich, wie sehr das christliche Deutschland von der Idee fasziniert war, im Verbund mit gläubigen Muslimen, hitzigen heiligen Kriegern, bärtigen Stammeshäuptlingen und traditionsbewussten Beduinen dem christlichen Bruder- und „Krämer"-Volk der Briten an die Gurgel zu gehen. Und es hatte in Gestalt von Max von Oppenheim nicht die geringste Scheu davor, Religion und Ressentiments anderer Völker für eigene Zwecke auszunutzen. Der Archäologe und Sammler, Autor des noch heute anerkannten zweibändigen Werkes „Vom Mittelmeer zum Persischen Golf" (1899 und 1900), legte eine erstaunliche Heimtücke an den Tag. Es gelte, schrieb er, „das religiöse Element durch die Azhar-Moschee, die Brüderschaften etc. in den Vordergrund zu bringen. Die zu erwartenden Repressalien werden, je grausamer sie einsetzen und je mehr sie, wie vorauszusehen, Unschuldige treffen, die Wut und den Fanatismus des Volkes vermehren."

Ganz ausdrücklich redet hier ein deutscher Gelehrter jüdischer Herkunft und katholischen Glaubens der entschiedenen Förderung jener Milieus in der muslimischen Welt das Wort, in denen nicht sehr viel später seit der Gründung der Muslimbruderschaft im Jahre 1928 eine fanatische Form des Islamismus heranreifte. Es ist nicht unbedingt ein Zeichen von Anerkennung, dass Oppenheim unter Historikern den Spitznamen „Abu Dschihad" verpasst bekam. Als Max von Oppenheim 80 Jahre alt war, machte er noch einmal einen Vorstoß, die deutsche Politik für die Unterstützung eines Dschihad zu gewinnen. Als Bürger mit jüdischen Wurzeln schon längst diskriminiert, verfasste er während der NS-Zeit zum zweiten Mal eine Denkschrift, in der er erneut „die Revolutionierung des Vorderen Orients" propagierte. Ihn trieb die Sorge darüber um, dass das NS-Regime keine aktive Nah- und Mittelostpolitik betrieb. Er übergab seine Denkschrift einem Unterstaatssekretär im Auswärtigen Amt (AA), der ihm antwortete, „die darin aufgeworfenen Fragen werden im Amt bereits eingehend behandelt". Im AA konnte man sich nicht entscheiden. Doch die Abwehr von Wilhelm Canaris wurde ermächtigt, Aufstände in Palästina und Transjordanien zu entfachen und „zur gegebenen Zeit den offenen Aufstand des Iraks gegen England" zu betreiben. Es ist eine gespenstische Pointe, dass ein deutscher Bürger jüdischer Herkunft genau in dem Moment, als die Nazis den Holocaust beschlossen hatten, dem Regime mit dem Vorschlag zu Hilfe eilen wollte, den islamischen Antisemitismus für die deutschen Kriegsziele zu nutzen.

Eine Abenteurertruppe

Dass Max von Oppenheims Plan mehr als die bizarre Phantasie eines exzentrischen Privatgelehrten war, beweist die Tatsache, dass im Auswärtigen Amt in Berlin schon vor Oppenheims Denkschrift die Entscheidung gefallen war, eine Expedition auf den Weg zu bringen, die in die von den Briten beherrschten Gebiete ziehen sollte. Das Ziel der Operation war nicht eindeutig festgelegt. Im Bündnis mit dem Osmanischen Reich sollten Möglichkeiten erkundet werden, durch Mobilisierung der einheimischen Bevölkerung die Briten zumindest zu verunsichern, im Idealfall gar offen zu bekämpfen. Obwohl das Deutsche Reich beträchtliche Mittel zur Verfügung stellte, um die Aktion zu finanzieren, fiel sie erstaunlich dilettantisch aus. Das lag einerseits an der unklaren Aufgabenstellung, andererseits aber an dem beträchtlichen Kompetenzen-Wirrwarr, der die Operation von Anfang an prägte. In die Geschichte ging sie als die Niedermayer-Hentig-Expedition ein. Nach einer außerordentlich beschwerlichen Reise erreichte sie 1916 tatsächlich Kabul. Dort versuchten die beiden Leiter der Expedition, Oskar von Niedermayer (1885–1948) und Werner Otto von Hentig (1886–1984), den Emir, den Herrscher von Afghanistan, davon zu überzeugen, an der Seite Deutschlands und der Türkei im benachbarten Indien gegen die britische Kolonialmacht zu kämpfen. Damit scheiterten sie zwar und mussten unverrichteter Dinge wieder abziehen. Folgenlos war ihre Operation aber keineswegs.

Schon 1914 setzte sich unter Leutnant Niedermayer von Berlin aus eine Gruppe nach Konstantinopel in Bewegung. Es war ein wild zusammengewürfelter Haufen, meist Abenteurer, außer Niedermayer besaß niemand Kenntnisse der Region. Etliche Teilnehmer waren regelmäßig betrunken, führten sich wie Herrenmenschen auf und prahlten, gegen strikte Anweisungen, in ihrem Hotel Pera Palace, das es heute noch gibt, ständig damit, sie seien Geheimagenten. Der Zeitpunkt ihrer Ankunft lag für das Anliegen der Gruppe günstig. Sie kam etwa zu dem Zeitpunkt am Bosporus an, als sich der Kriegsminister Enver Pascha endgültig entschieden hatte, im Krieg an die Seite Deutschlands zu treten. Man war also willkommen. Nach einer langen Zeit der Vorbereitungen, Planungen und Streitereien zog die Gruppe von Konstantinopel über Aleppo und Bagdad ins persische Teheran, wo sie sich mit der zweiten, von Werner Otto von Hentig geführten Expedition vereinte. Geld spielte kaum eine Rolle: Das Unternehmen wurde vom Auswärtigen Amt und vom Generalstab großzügig mit finanziellen Mitteln ausgestattet. Von Teheran aus machten sich die Deutschen auf den gefährlichen Weg nach Kabul.

Die beiden Leiter der Expedition waren Charaktere, wie sie unterschiedlicher nicht hätten sein können. Oskar Niedermayer, der erst im Laufe des Ersten Weltkriegs in den Adelsstand erhoben wurde, war Bayer, bürgerlich, katholisch, Soldat, Geograph und wenig diplomatisch. Werner Otto von Hentig war Preuße, adelig, protestantisch, ausgebildeter Diplomat, Jurist und ebenfalls sehr von sich überzeugt. Beide gerieten ständig aneinander, schon deswegen, weil ihre Auftraggeber versäumt hatten, die Kompetenzen klar voneinander abzugrenzen oder einen der beiden zum alleinigen Leiter zu ernennen. Beide fühlten sich dem jeweils anderen überlegen und ließen ihn das auch spüren. In ihren später verfassten Erinnerungsbüchern geben sie sich beide einige Mühe, den anderen in einem möglichst schlechten Licht erscheinen zu lassen und ihn als Hindernis für das Unternehmen darzustellen. Beide waren sie stur und in gewisser Weise Außenseiter, beide verkörperten sie aber auch das unruhige, neugierige, wissbegierige Deutschland des frühen 20. Jahrhunderts, das im Begriff stand, zu neuen Ufern aufzubrechen. Es lohnt daher, kurz die Lebensläufe der zwei konkurrierenden Expeditionsleiter nachzuzeichnen.

Oskar Niedermayer: Bayer, Militär, Forscher

Niedermayer stammte aus einer bürgerlichen bayerischen Familie, die sich im Laufe eines Jahrhunderts hochgearbeitet hatte und zur staatstragenden Mittelschicht gehörte: viele Advokaten, der Vater Bauassessor, der in seiner Freizeit über den deutschen Renaissancemaler Matthias Grünewald publizierte. Oskar Niedermayer war der erste in der Familie, der die militärische Laufbahn einschlug – in einem Bayern, in dem das Militär eine weit weniger herausgehobene Rolle spielte als in fernen Preußen. Der junge Niedermayer fühlte sich von der geistigen Welt angezogen. Er ließ sich zum Studium freistellen, betrieb geologische Studien, unternahm waghalsige Gebirgstouren in den Alpen. Es zog ihn in den Orient, keine 30 Jahre alt hatte er Englisch, Russisch, Arabisch und Türkisch gelernt. Es war die Zeit, in der deutsche Gelehrsamkeit und Abenteuer noch Hand in Hand gehen konnten. Die Welt hatte noch unentdeckte Flecken. Nicht selten widmeten sich hochmögende Professoren, darunter auch Niedermayers Doktorvater, ein Jahr lang der wissenschaftlichen Lehre, um sich im folgenden Jahr auf eine geologische, botanische, kunstgeschichtliche oder ethnologische Forschungsreise zu begeben.

25 Jahre alt bricht Niedermayer 1910 zu einer Expedition in den Kaukasus und nach Persien auf, die ihm eine hochgestellte Mäzenatin, Prinzessin Therese von Bayern, finanziert. Niedermayer betreibt geologische Studien, kartographiert bisher noch nicht vermessene Regionen, kauft antike und moderne

Kunstgegenstände, aquarelliert, stellt meteorologische und astronomische Studien an und schickt eine Insektensammlung mit Ameisen, Skorpionen, Tausendfüßlern und Taranteln an eine deutsche Universität. Die liberale, gnostische, aufklärerische Religion der Bahai zieht ihn an. Es geht sogar das Gerücht um, er sei ihr beigetreten. Und auch er ist vom Ideal der Ursprünglichkeit erfasst: Die Einsamkeit der Landschaft zieht ihn an, später sagt er, die Steppe sei „die ihm eigentlich gemäße Landschaft"[9]. Nach Bayern zurückgekehrt, übergibt er seine Sammlung dem Staatlichen Museum für Völkerkunde in München, wo sie heute noch die größte Einzelsammlung darstellt. Literarische Frucht der Expedition wird später seine von dem prominenten Geographen Erich von Drygalski betreute Doktorarbeit „Die Binnenbecken des Iranischen Hochlands" (1919). Obgleich durchaus ein Draufgänger, teilte Niedermayer keineswegs den Hurrapatriotismus und das plumpe geostrategische Denken der Zeit. Als Geograph wusste er, welche Rolle der Raum und die natürlichen Gegebenheiten für die Politik spielen, er lehnte einen Determinismus aber entschieden ab. Deutschlands Versuch, es als Seemacht mit dem Empire aufzunehmen, hielt er für vollkommen verfehlt. Um dem britischen Reich wirksam entgegenzutreten, schrieb er, müsse man „dem ozeanischen Herrschafts- und Verbindungssystem ein kontinentales entgegensetzen"[10]. Zwar nahm er 1914 das Angebot an, sich an der politisch motivierten Expedition nach Afghanistan zu beteiligen. Er glaubte aber von Anfang an nicht daran, dass es auf diesem Wege möglich sei, den finalen Befreiungskampf gegen die britische Herrschaft in Indien auszulösen. Als nüchterner Skeptiker wusste er, dass es unmöglich sein würde, ganze Völker mit patriotischem Pathos dazu zu veranlassen, jubelnd in Schlachten mit ungewissem Ausgang zu ziehen. Und als Bürgerlicher war ihm trotz aller Entschiedenheit und Sicherheit im Auftritt, die er zeit seines Lebens an den Tag legte, immer ein wenig anzumerken, dass er eigentlich ein Aufsteiger war. Vielleicht liegt hier der Grund für seine Ruppigkeit, sein herrisches Auftreten.

Werner Otto von Hentig: Preuße, Diplomat, Oberklasse

Das galt für Werner Otto von Hentig ganz sicher nicht. Er wurde zwar nicht mit dem sprichwörtlichen goldenen Löffel im Mund geboren, aber er war sich stets gewiss, dass er aus einer etablierten, traditionsreichen und sehr weit vernetzten Familie kam. Mit dem hohen Ton angeborenen Selbstbewusstseins schrieb er in seinen Erinnerungen: „Mein Vater besaß die wenn auch nicht größte, so doch wohl bedeutendste Anwaltspraxis in Berlin. Die regierenden und mediatisierten Fürsten, der Hof, die preußischen Minister (Bismarck an der Spitze) gehörten zu seinen Klienten."[11] Ganz oben gehörte man dazu, man war staats- und königsnah. Auf der ersten Seite seiner Erinnerungen will sich von Hentig an eine Szene erinnern, bei der er gerade einmal zwei Jahre alt war. König Wilhelm I. war gestorben: „Ich konnte gerade gehen, als in den kalten Märztagen des Jahres 1888 mich meine Eltern mit ‚Unter die Linden' nahmen. Gar manches Mal, wenn wir später unter dem historischen Eckfenster vorbeigingen, hörte ich sie von der tiefen Trauer eines ganzen Volkes um einen bescheidenen, weisen König sprechen. So wurde jene Erinnerung, schon ins Unterbewusste eingesunken, die erste und stärkste, die sich mir aus der allerfrühesten Jugend erhalten hat." Auch wenn er es hier mit seinem Erinnerungsvermögen wohl stark übertreibt – Werner Otto von Hentigs Erinnerung ist insofern authentisch, als er sich von früh an in die hohe preußische Staatschoreographie eingebettet fühlen konnte.

Der Vater blieb nicht immer Anwalt und nicht immer in Berlin. Er wurde Gutsverwalter in Donaueschingen, man hatte Hauslehrer und französische Gouvernanten. Dann wird er Staatsminister in dem kleinen Fürstentum Sachsen-Coburg-Gotha, wo er sich weigert, den Landtag aufzulösen, um die darin inzwischen sehr starken Sozialdemokraten zu schwächen. Er erreicht auf seinem Wege das, was die Konservativen mit der Auflösung des Landtags bewirken wollten: Dank seiner umsichtigen Politik – so der rückblickende Sohn – wurde er bei der nächsten Wahl belohnt: „Das Ergebnis der Wahl war dann ein Rückgang der Unzufriedenen, sozialistisch Wählenden, um 35 Prozent."[12] An seiner konservativ-elitären Gesinnung hat Werner Otto von Hentig auch später nie einen Zweifel aufkommen lassen. Er war ganz und gar Oberklasse – im Gegensatz zu dem ebenfalls konservativen Oskar Niedermayer, der später einmal nüchtern feststellte, dass die sozialdemokratische Mobilisierung nicht verwerflich war, sondern gute Gründe hatte: „Aus der Not der Arbeiter entstand ihr Klasseninteresse." Die Familie von Hentig war so sehr Oberschicht, dass es sich der Vater leisten konnte, zwei herausragende Angebote abzulehnen: das Angebot, das Zivilkabinett des Kaisers zu übernehmen, und das Angebot, das preußische Finanzministerium zu leiten.

Werner Otto von Hentig, der als Kind und Jugendlicher ganz unterschiedliche Regionen Deutschlands kennengelernt hatte, machte den Standortwechsel zum Prinzip. Während Oskar Niedermayer als Student seiner Heimat verbunden blieb und nur in Regensburg und München eingeschrieben war, studierte der junge von Hentig Rechtswissenschaften in Grenoble, Königsberg, Berlin und Bonn. Und auch später war er bemüht, durch häufigen Stellenwechsel ganz Deutschland zu seinem Erfahrungsraum zu machen. Zwar trieb es auch ihn – nach einigen Stationen an verschiedenen Gerichten und in Kanzleien – in die Ferne. Er wollte Diplomat werden. Er war aber überzeugt, dass eine solide Kenntnis der deutschen Heimat eine unverzichtbare Voraussetzung für eine erfolgreiche diplomatische Tätigkeit sei. Nachdem Werner Otto von Hentig 1911 in den diplomatischen Dienst übernommen worden war, führte ihn gleich sein erster Auftrag in den fernen Osten: Er wurde als Attaché nach Peking entsandt. Es folgten Konstantinopel und Teheran – zwei Stationen, die ihm jene politischen, landeskundlichen und mentalitätsgeschichtlichen Kenntnisse verschafften, die ihn geeignet erscheinen ließen, in führender Stellung an der Kabul-Mission beteiligt zu werden. Von Hentig meisterte später die ungeheuer strapaziöse und gefährliche Mission mit eiserner Disziplin und Bravour, auch weil er es von seinem Herrenstandpunkt aus gut verstand, mit den muslimischen Stämmen und ihren Führern umzugehen. Dennoch war er selbstkritisch genug, anfangs das Ansinnen des Generalstabs abzulehnen, Richtung ferner Osten aufzubrechen: „Es musste dafür geeignetere Männer geben. Ich kannte weder die afghanischen noch die indischen Verhältnisse." Doch als man an seine Vaterlandsliebe appellierte und ihm zudem versprach, allen seinen Wünschen nachzukommen und alle seine Bedingungen zu erfüllen, gab er schließlich nach. Zwischen den Zeilen seiner Erinnerungen ist herauszulesen, dass er sich damit nicht eigentlich geschmeichelt fühlte. Er ging vielmehr einfach davon aus, dass ihm das zusteht.

Abb. 11: Werner von Hentig 1915

Über Wien reiste von Hentig im April 1915 nach Konstantinopel, um dort seinen Auftrag mit dem Sultan abzusprechen. Begleitet wurde er von einer bizarren Gestalt, die auf der ganzen Reise mehrfach durch seine Eitelkeit, seinen Größenwahn und seine mangelnde Belastbarkeit auffallen sollte. Mursan Mahendra

Pratap (1886–1979) war ein indischer Prinz, der schon vor dem Ersten Weltkrieg versucht hatte, Indien von der britischen Herrschaft zu befreien. Nachdem das gescheitert war, verließ er 1914 seine Heimat und ging in die Schweiz. Dort nahm er Kontakt zu deutschen Wissenschaftlern und Politikern auf, die er für seine Befreiungsbewegung gewinnen wollte. Nicht ohne Erfolg. Man holte ihn nach Berlin, wo er vom Kaiser empfangen wurde. Der Generalstab beschloss, ihn an von Hentigs Mission teilnehmen zu lassen. Man hoffte, er könne mit seiner prinzlichen Autorität dazu beitragen, den Emir von Afghanistan für die Befreiung Indiens zu gewinnen. In Konstantinopel angekommen, wurde die Gruppe zum Sultan vorgeladen, der zuvor schon zum heiligen Krieg gegen Franzosen und vor allem Briten aufgerufen hatte – ein Aufruf, dessen vor allem rhetorischer Charakter der deutschen Politik weithin entging. Sie nahm ihn wörtlich, und war daher sehr enttäuscht, dass den großen Worten allenfalls kleine Taten folgten. Von Hentig ist von der Begegnung mit dem Sultan sehr bewegt:

> Als dann ein Segenswunsch für unser Vorhaben das Ende der Unterredung andeutete und ich mich mit stummer Verbeugung zurückzog, trat er noch einmal auf mich zu und sagte mit weicher, warnender Stimme: „Nehmen Sie sich vor den Engländern in acht und lassen sie sich nicht von ihnen fangen." Das versprach ich ihm aus innerstem Herzen.[13]

In der Salzwüste Kawir

Nach einer schwierigen Reise zu Pferd, auf Kutschwagen und in selbstgebauten Schiffen kommt die Gruppe schließlich in Teheran an. Niedermayer hat es nicht eilig, nach Afghanistan aufzubrechen. Die Chancen, den Emir von Afghanistan für einen Aufstand gegen die britische Herrschaft in Indien zu gewinnen, schätzt der kühle Geostratege als sehr gering ein: Sicher gebe es Sympathie für das Deutsche Reich, aber eine Revolte gegen die Briten, von denen der Emir finanziell abhing, wäre diesem sicher als viel zu unkalkulierbar erschienen. Niedermayer verfolgt daher andere Ziele. Er versucht, ein Persien umspannendes Agentennetz aufzubauen, für Propaganda und Destabilisierung. Knotenpunkt des Netzes wird eine Apotheke, weil es dort normal ist, dass zwischen Kunde und Verkäufer Zettel ausgetauscht werden. Das Netz entsteht zwar, aber eine stabile Struktur kann Niedermayer nicht schaffen – auch deswegen nicht, weil die Briten, im Agentenwesen mindestens so gut bewandert wie die Deutschen, bald über alle Schritte des Niedermayerschen Netzes informiert sind. Dennoch bleibt Niedermayers Zersetzungsarbeit nicht ganz erfolglos. Es gelingt ihm, den Hass auf die Briten zu schüren. Und er gewinnt auch immer wieder lokale Stämme, die sich für Anschläge – etwa auf den Direktor der russischen Banque d'Escompte in Isfahan – gewinnen lassen. Die Deutschen, die die Drahtzieher sind, bleiben dabei immer unsichtbar im Hintergrund. Sie folgen damit einem dringenden Rat des deutschen Botschafters in der Türkei, Hans von Wangenheim, der die Operationen von Konstantinopel aus aufmerksam und misstrauisch verfolgt. Er sieht die Gefahr, dass sich Niedermayer, der sich nicht gerne beraten ließ, einen Privatkrieg führen würde. Einen Privatkrieg, der keinen durchschlagenden Erfolg versprach. Denn die Deutschen sind in Teheran nicht willkommen. Die mit ihnen verbündeten Türken sind nämlich keineswegs bereit, zusammen mit den Deutschen Persien vor seinen beiden Bedrohungen, der britischen und der russischen, zu schützen. Es geht ihnen vielmehr um Terraingewinne in Persien. Und auch die Deutschen hatten erfahren müssen, dass auf die Türkei nicht zu bauen war. In der militärischen Führung hatte sich die Überzeugung durchgesetzt, dass der russisch-britische Gegensatz der beste Schutz für das Land sei. Rauf Bey, ein hoher Militär, der als türkischer Befehlshaber der deutschen Afghanistanexpedition vorgesehen war und später Marineminister wurde, hielt es für falsch, sich auf die Seite der Deutschen zu schlagen. Erfolgversprechender sei es, das britische Empire und das Zarenreich, die beide ihren Blick auf die Dardanellen und die Türkei insgesamt geworfen hatten, geschickt gegeneinander auszuspielen. So geschah es dann auch, die Türkei stieg aus der deutschen Afghanistan-Mission aus. Damit war im Grunde klar, dass sie keinen Erfolg würde haben können.

Dennoch brechen die Deutschen, deren Expedition vom Deutschen Reich vollständig finanziert wurde, Richtung Afghanistan auf, und zwar aus Sicherheitsgründen in mehreren kleinen Gruppen. Noch immer ist ungeklärt, ob Niedermayer oder von Hentig das Sagen hat. Der Konflikt wird die gesamte Mission prägen. Mit etwa 200 Tragtieren sind die Deutschen unterwegs. Es wird ein ungeheuer strapaziöses Unternehmen. Von Hentig durchquert die Salzwüste Kawir im iranischen Hochland: Sengende Temperaturen, von Wasser keine Spur. In seinen Erinnerungen schreibt er später: „Nichts gibt einen so vollkommenen Eindruck der Abgestorbenheit, des Ausschlusses alles organischen Lebens, mit einem Wort, der Wüste, wie das ewige Salz. Es tötet auch. Auch an unserem Leben frisst das Salz. Es dringt in die Haut, verkrustet allmählich Hände und Gesicht und bildet unter Wirkungen der Tagessonne blutige Wunden an den Lippen. Mehr noch schmerzt der Brand, den es im ganzen Körper verursacht."

Draufgänger und ein vorsichtiger Emir

Nachdem sich die einzelnen Gruppen in Isfahan wieder vereint haben, erreichen sie am 22. August 1915 in der Nacht die Stelle, an der ihrem Kartenwerk zufolge die afghanische Grenze verlaufen musste. Von Hentig: „Es war schon heller Tag, als wir den ersten Afghanen begegneten. Sie trugen weiße Baumwollkittel und kleine Käppchen, selten einen Turban. Ihre Zurückhaltung war eher scheu als feindselig."[14]

Abb. 12: Afghanische Kinder, von Hentig fotografiert

Niedermayer erinnert sich kaum anders: „Wir wurden von den erstaunten Eingeborenen liebenswürdig, aber mit einer gewissen scheuen Zurückhaltung aufgenommen."[15] Immer wieder begegnen den Deutschen Gruppen von Pilgern, die auf dem Weg nach Mekka sind. In Herat angekommen, wird die Expedition von Abgesandten des Gouverneurs begrüßt. Spitz merkt Niedermayer an: „Hentig überraschte uns mit einer weißen Kürassieruniform und einer ‚Blechhaube', die er irgendwo aus dem sonst so mageren Gepäck hervorzog."[16] Man geht betont freundlich mit den Deutschen um, hält sie aber strikt von der Bevölkerung fern. Die Tage, die die Deutschen in Herat verbringen, stehen sie unter Hausarrest. In Isfahan war die Expedition mit mehr als 140 Teilnehmern aufgebrochen, die 236 Tiere mit sich führten. Als sie in Herat ankamen, waren es noch 37 Teilnehmer und 79 Tiere.

Abb. 13: Nach Ankunft in Kabul. V.l.n.r: Günther Voigt, Oskar Niedermayer, Kurt Wagner. Im Hintergrund Werner v. Hentig auf seinem Pferd

In Kabul, dem Sitz des Emirs Habibullah angekommen, werden die Deutschen wieder isoliert. Man begrüßt sie zwar mit ausgesuchter, höchst zeremonieller Höflichkeit im Gartenschloss Bagh-e-Babur des Emirs, das am Hang eines Berges vor Kabul liegt. Sie werden dort einquartiert. Sie sind von den vielen Brunnen und der Blumenpracht geradezu betört, größer konnte der Kontrast zur Wüste nicht sein. Doch bald merken sie, dass sie das Schloss nicht verlassen dürfen, nicht einmal zu einem kleinen Ausritt. Von Hentig und Niedermayer wird schnell klar, dass sie allenfalls halb willkommen sind. Man will sie hinhalten. Als sie immer dringlicher um eine Begegnung mit dem Emir bitten, erhalten sie nur ausweichende Auskünfte. Erst als sie in einen Hungerstreik treten, kommt Bewegung in die Sache. Der Emir empfängt sie endlich in seiner Sommerresidenz in Paghman am Hang der Berge, die Kabul umgeben. Es geht sehr zeremoniell zu, dieses und die folgenden Treffen dauern immer fast einen ganzen Tag, erst sehr spät beginnen die eigentlichen Verhandlungen. Der Emir, ein untersetzter, kluger und gebildeter Mann, hält weitschweifige Reden, in denen er gerne auch über seine aktuelle Verdauung informiert. Wenn politische Themen angesprochen werden, übt er sich in großer Zurückhaltung. Als Mursan Pratap den Emir ohne diplomatische und protokollarische Umschweife auffordert, die Befreiungsbewegung in Indien zu unterstützen, reagiert Habibullah sehr unwillig. Der Emir ist ein kühler Rechner, sein Reich ist nur dank der Subsidien – der so genannten „allowances" – möglich, die er via Vizekönig in Indien vom britischen Empire bezieht. Die Deutschen sind ihm willkommen – zum einen weil sie, hofft er, durch ihre Anwesenheit seine Verhandlungsposition gegenüber den Briten stärken könnten. Zum andern kann er sie aber gut zur Modernisierung seines Landes gebrauchen, die er moderat und langsam in Gang bringen will und teilweise schon gebracht hat. Er hat zum Beispiel das Postwesen modernisiert. Das größte Projekt, das er bis dahin verwirklicht hatte, war ein Staudamm etwa 80 Kilometer nördlich von Kabul, der vor allem der Stromerzeugung diente. Der Strom kam unter anderem Fabriken zugute, nicht das kleinste Motiv war aber ein ganz persönliches des Emirs. Bei seinem einzigen Auslandsbesuch, der ihn nach Indien führte, hatte er zum ersten Mal Glühbirnen und elektrisches Licht gesehen – nun wollte er auch seinen Palast damit ausstatten. Nicht immer waren des Emirs Modernisierungsbemühungen von Erfolg gekrönt. So ließ er an den Landstraßen Kilometersteine aufstellen. Doch leider konnte die fast vollständig analphabetische Bevölkerung die in Blei in die Steine eingelassenen Zahlen nicht lesen. Manche Afghanen wussten die Neuerung aber dennoch zu nutzen: Sie kratzten das Blei heraus, um damit Kugeln für ihre Gewehre zu gießen.

Abb. 14: Das Gartenschloss Bagh-e-Babur

Abb. 15a-b: Bagh-e-Babur-Park und Wohngebäude der Deutschen

Abb. 15b

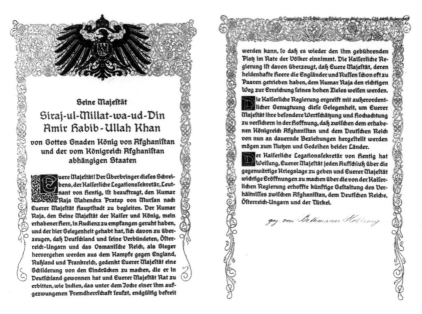

Abb. 16: Schreiben des Reichskanzlers von Bethmann-Hollweg an Amir Habibullah, das von der Delegation übergeben wurde

Abb. 17: Garten im königlichen Palast in Paghman, der Sommerresidenz der afghanischen Herrscher oberhalb von Kabul

Abb. 18: Emir Habibullah

Der Emir wusste gut, dass er es mit dem Fortschritt nicht übertreiben durfte und dass es gefährlich für ihn wäre, sich im Krieg eindeutig auf eine Seite zu schlagen. Seine Antwort auf die Fragen der Deutschen lautet daher stets: Jein. Niedermayer: „Schon heute erkannten wir, dass wir es mit einem vorsichtig und genau Vor- und Nachteile abwägenden, raschen Entscheidungen abholden, selbst über kleinste Dinge Kontrolle ausübenden Mann zu tun hatten, der stark unter englischem Einfluss stand und gewiss nicht der Negerhäuptling war, den man mit einigen Glasperlen in wilden, fanatischen Kampf gegen unsere Feinde treiben konnte, wie sich ihn wohl manche Leute in der Heimat vorgestellt haben mochten."[17]

Einmal kommt es fast zum Eklat. Auch wenn die beiden Führer der deutschen Expedition dem ganzen Unternehmen nicht ohne Skepsis gegenüberstanden (Niedermayer: „Ich bin auf meinen Reisen mit meinem normalen Pessimismus immer am weitesten gekommen."[18]), sahen sie sich doch als hochmögende Emissäre des Deutschen Reiches, mit der kaiserlichen Lizenz, Orden zu verleihen. Daher empörte es die deutschen Feinde der britischen ‚Krämernation' sehr, als der Emir die Spielregeln so festzulegen versuchte: „Ich betrachte Euch gewissermaßen als Kaufleute (misle todjar), die ihre Waren vor mir ausbreiten. Von diesen werde ich wählen, was mir passt und gefällt."[19] Beleidigt erwidert von Hentig, er lehne es entschieden ab, als Händler bezeichnet zu werden. Sie seien im Auftrag ihres Monarchen hier, um „in Anerkennung der vollen Souveränität des Emir die diplomatische Verbindung mit ihm aufzunehmen, ihn über den Stand der Dinge, auch die Kriegslage zu unterrichten und mich zur persönlichen Verfügung seiner Majestät zu halten"[20]. Den Deutschen war nun aber endgültig klar, dass es keine Waffenbrüderschaft zwischen Deutschem Reich und Afghanistan geben würde. Zwar nahmen mit dem Besuch der deutschen Mission beide Staaten diplomatische Beziehungen auf. Doch das war, vordergründig zumindest, auch schon der ganze politische Ertrag.

Eine bizarre Weihnachtsfeier in Kabul

Genau besehen ist es aber doch nicht der ganze Output. Denn die Deutschen beginnen nun, wo Habibullah sie nicht weiter empfangen wollte, sich nützlich zu machen. Sie gründen eine Zeitung, reparieren und modernisieren marode Fabriken, bilden die desolate Armee aus, empfehlen eine neue weltliche Schulordnung, ein neues Rekrutierungssystem, ein besseres Steuersystem und „den toleranten Ausgleich der religiösen Gegensätze" (von Hentig). Sie betreiben das, was deutsche Entwicklungshelfer und Soldaten 90 Jahre später wieder tun sollten: Sie treten als Modernisierer, Entwicklungshelfer auf, sie betreiben *nation building*. Sie sind nicht Eroberer und Unterwerfer, sondern – wie heute die Bundeswehr wieder – Aufbauhelfer und in gewisser Weise auch Sozialarbeiter. Von Hentig: „Vom Emir nicht mehr gehindert, sondern sogar begünstigt, wuchs unser Einfluss bald auf allen Gebieten des afghanischen gesellschaftlichen, staatlichen und wirtschaftlichen Lebens."[21] Emir Habibullah war ein vorsichtiger Mann. Er wollte sein unsicheres, nicht einmal halb souveränes Land stärken, auch national. Er wollte die Briten ausnutzen, aber nicht bekämpfen, wie er auch die Deutschen für seine Zwecke benutzen wollte. Er wusste, dass sein Land moderner werden müsste – er wusste aber auch, dass er damit nicht zu weit gehen dürfte. Denn das würde den Widerstand der konservativen, traditionell denkenden Afghanen anstacheln. Und das könnte gefährlich für ihn werden. Er wollte Modernisierung mit Maß.

Diese kam bei der Bevölkerung durchaus gut an. Es sah für sie so aus, als wären die Deutschen nur Helfer und hätten keine eigenen Interessen. Stolz bilanzierte von Hentig im Rückblick: „Die deutsche diplomatische Mission hatte das unerwartete Ergebnis, die ärgste Despotie Asiens zu erschüttern, in Afghanistan einen unbekannten und unbewussten Nationalstolz, getragen von einer bildungseifrigen Jugend, zu wecken, die Minoritäten zu einem Faktor im Staat zu machen und mindestens 100.000 Mann allein in Indien von anderen Kriegsschauplätzen fern zu halten. Wir hatten eine völlig aufrichtige Politik gemacht und deshalb niemanden enttäuscht."[22] Das stimmt wohl. Und doch haben die Deutschen auch eine schwer berechenbare Dynamik in die zerklüftete afghanische Gesellschaft mit ihrem Stammesprinzip gebracht. Sie haben sie einer Modernisierung ausgesetzt, zu der sie letztlich (noch) nicht bereit war. Sie taten so, als könne man deutsche Industrie und Denkungsart einfach exportieren. Als könne man Afghanistan mit einem Ruck in die Moderne befördern. Obwohl die beiden Leiter der Mission gute Kenner arabischer, muslimischer und asiatischer Mentalitäten waren, haben sie die kulturellen Beharrungskräfte unterschätzt.

Ein schönes Beispiel dafür sind die Vorbereitungen für die Weihnachtsfeier des Jahres 1915. Es fehlte den Deutschen der Alkohol. Von ihrem afghanischen Begleiter hatten sie gehört, dass es aus britischer Hinterlassenschaft in Kabul noch ein Weinlager gebe. Von Hentig: „Den Schlüssel dazu führte der Emir persönlich. Wir beantragten je ein halbes Dutzend Flaschen Sekt, Weiß- und Rotwein sowie Kognak. Feierlich mit einem Tuch verdeckt und von einer Eskorte bewacht, wurden sie gegen Quittung ausgehändigt. Ruhland, ursprünglich Kapellmeister am Mozarteum in Salzburg ausgebildet, saß an einer kleinen Missionsorgel, dem einzigen Musikinstrument Kabuls außer einem beinlosen Flügel, um zum ersten Glas Champagner frei nach Offenbach unsere Emir-Hymne anzustimmen. Der Pfropfen knallte zwar noch hörbar, der Flasche entstieg aber nur eine kleine Wolke. Auch der Weißwein war nach annähernd 40 Jahren ungenießbar. Gut war der Rotwein und vorzüglich der Kognak."[23] Eine solche Feier konnte in Kabul nur im Verborgenen stattfinden. Emir Habibullah, der Freimaurer war, westliche Medizin ins Land holte und in dessen Harem 300 Frauen gelebt haben sollen, wusste sehr genau, warum er die Verwestlichung des Landes nur in sehr geringer Dosierung zuließ.

Sein Sohn Amanullah war da ganz anders. Er hätte es gern gesehen, wenn die deutsche Mission mehr bewirkt hätte als die Anerkennung Afghanistans durch das Deutsche Reich. Er war auf volle nationale Souveränität aus und wollte eine möglichst schnelle Modernisierung des Landes. Die Leiter der deutschen Mission bedauerten es daher auch, dass nicht er, sondern sein Vater Emir war. Amanullah war gänzlich vom Westen fasziniert. Als sein Vater Habibullah 1919 bei einem Jagdausflug einem Mordanschlag zum Opfer fiel, wurde Amanullah sein Nachfolger, ab 1926 nannte er sich König von Afghanistan. Er betrieb eine geschickte Außenpolitik, im Innern aber stieß er mit seiner im Grunde laizistischen Politik auf immer größeren Widerstand. Insbesondere sein Eintreten für Frauenrechte und die geplante Abschaffung der Kinderehe wurden vom klerikalen Establishment erbittert bekämpft.

Abb. 19: Der Dilkusha-Palast und der Uhrturm im „Arg", der zentralen königlichen Anlage in Kabul in einer Aufnahme von Werner von Hentig aus dem Jahr 1915. Die Anlage ist heute der afghanische Präsidentenpalast

Amanullah bereiste ausführlich Europa, und das erweckte in Afghanistan den Eindruck, er interessiere sich mehr für den modernen Westen, dessen Technik und Vergnügungen als für sein eigenes Land. 1929 wurde er gestürzt. Mit der relativen Ordnung, die unter Emir Habibullah geherrscht hatte, war es nun dauerhaft vorbei.

Die deutsche Mission hatte Afghanistan schon 1916 verlassen. Ihre beiden Leiter waren überzeugt, sie hätten klug und weitblickend die Grundlage dafür gelegt, dass Afghanistan irgendwann die Kraft haben würde, eine selbstständige Nation im europäischen Sinne zu werden und sich langfristig an die Seite der Deutschen zu stellen: Afghanistan gewissermaßen als deutscher Stützpunkt im fernen Osten. Zwar ist das deutsche Interesse an Afghanistan seit der Expedition des deutschen Militärs und des deutschen Diplomaten nie mehr erloschen. Aber zur Festigung des afghanischen Staates hat das von nationalen Interessen geleitete und kulturell ahnungslose Engagement der Deutschen nicht beigetragen. Eher verhält es nicht umgekehrt: Dass Afghanistan bis heute nicht zur Ruhe gekommen ist, ist auch eine Langzeitwirkung der abenteuerlichen, ebenso erfolgreichen wie erfolglosen Expedition von Werner Otto von Hentig und Oskar Niedermayer. Seit dieser Zeit fühlten sich Afghanistan und Deutschland verbunden und voneinander angezogen. Und Deutschland engagierte sich lange vor dem gegenwärtigen Afghanistan-Einsatz der Bundeswehr in dem Land. Der prominente Soziologe René König war sich nicht zu schade, nach Kabul zu gehen und dort in den 60er-Jahren am Aufbau des Wissenschaftsbetriebs zu arbeiten. Es gibt bemerkenswerte Tonbandaufzeichnungen, in denen er davon erzählt.

Abb. 20: Die Hentig-Niedermayer-Mission kurz vor der Abreise aus Kabul. Sitzend v.l.n.r.: Der türkische Hauptmann Kasim Bey, Werner von Hentig in Kürassieruniform, Prinz Mahendra Pratap, Oskar Niedermayer, Malauwi Barakatullah, indischer Revolutionär. Stehend v.l.n.r: Walter Röhr, Begleiter von Hentigs, Kapitänleutnant Kurt Wagner, Günther Voigt, Adjudant Niedermayers

Zwei Deutsche, die sich treu blieben

Bleibt nachzutragen, was aus den beiden nach ihrer Rückkehr und nach dem Ersten Weltkrieg wurde. Beide sind sich treu und – unter veränderten Bedingungen – in ihrer Spur geblieben. Für seine Verdienste bei der Afghanistan-Expedition wurde Niedermayer 1916 in den Adelsstand erhoben, er durfte sich fortan Ritter von Niedermayer nennen. Er studiert nach Kriegsende zwei weitere Semester Philologie und Geographie in München. Er promoviert, gehört aber auch dem Freikorps Epp an. Er kehrt in die Reichswehr zurück – scheidet aber schon 1921 wieder aus ihr aus, aus taktischen Gründen. Er geht in die Sowjetunion und leitet in Moskau drei große militärische Versuchsstationen für Flugwesen, Kampfwagen und chemische Kampfstoffe. Er tut das aus Überzeugung. Denn schon lange ist er der Ansicht, dass Deutschland nur im Bündnis mit Russland und dann der Sowjetunion den Staaten des Westens Paroli bieten könne. Das bleibt sein Lebensthema. Nach Deutschland zurückgekehrt tritt er 1933 in die NSDAP ein und habilitiert sich im gleichen Jahr mit der Arbeit „Wachstum und Wanderung im russischen Volkskörper". Wegen seiner positiven Haltung zur Sowjetunion fällt er zeitweise in Ungnade, doch auf ausdrücklichen Wunsch Hitlers übernimmt er 1937 die Leitung des „Instituts für allgemeine Wehrlehre" in Berlin. Im Zweiten Weltkrieg setzt er gegen anfänglichen Widerstand seine Rückkehr in die Wehrmacht durch. Und kehrt zu seinen Ursprüngen zurück: Er leitet eine Turk-Infanteriedivision, die im besetzten Hinterland der Heeresgruppe Süd aus kaukasischen, turkmenischen, georgischen und armenischen Kriegsgefangenen zusammengesetzt war und die gegen die Sowjetunion kämpfen sollte. Tatsächlich aber wurde sie zur Partisanenbekämpfung in Slowenien und Norditalien eingesetzt. Als sich Niedermayer im August 1944 abfällig über Hitler äußert, wird er unter der Anklage der Wehrkraftzersetzung festgenommen und im Wehrmachtsgefängnis Torgau inhaftiert. Zur Verhandlung vor dem Reichskriegsgericht kommt es nicht mehr. Aus dem Gefängnis befreit, begibt sich Niedermayer nach Karlsbad, wo er von sowjetischen Truppen verhaftet wird, man bringt ihn ins Moskauer Lubjanka-Gefängnis. Einem Mitgefangenen erzählt er, er habe sich freiwillig ins sowjetisch besetzte Gebiet begeben, weil er annehme, dass für Deutschland nun „das russische Zeitalter beginne"[24]. Das galt zwar für Mitteldeutschland, nicht aber für Niedermayer. Im Prozess wird er wegen angeblicher Spionage in den 20-er Jahren zu 25 Jahren Haft verurteilt. Im Gefängnis erkrankt er an Tuberkulose und stirbt am 25. September 1948 im Alter von knapp 63 Jahren im Krankenhaus des Gefängnisses. Der Osten war sein Traum und sein Verhängnis.

Werner Otto von Hentig trifft es besser. Das Ende des Ersten Weltkriegs erlebt er als Pressechef der deutschen Botschaft in Konstantinopel. 1920 verlässt von Hentig vorübergehend den diplomatischen Dienst. Für die Nansen-Stiftung engagiert er sich bei der Rettung deutscher Kriegsgefangener aus Sibirien. Doch schon ein Jahr später kehrt er in den diplomatischen Dienst zurück. Er wird in der Jugendbewegung aktiv. Die folgenden diplomatischen Stationen lauten: Reval, Sofia, Posen, San Francisco, Bogotá, Amsterdam (1936/37) und dann Berlin, wo er von 1937 bis 1939 die Oberabteilung des Auswärtigen Amtes und danach zwei Jahre lang die Orientabteilung des AA leitet. Im Zweiten Weltkrieg wird er Kriegsberichterstatter auf der Krim. 1942 informiert er über die Entdeckung von Massengräbern, in denen aller Wahrscheinlichkeit nach vor allem die Leichname von Juden lagen. Als einziger Vertreter des AA kritisiert er die Ermordung von Hunderttausenden von Juden. Etwas später wird ihm die Betreuung von Mohammed Amin al-Husseini, dem Mufti von Jerusalem, übertragen, der mit den Nationalsozialisten kollaboriert und der SS angehört. 1946 aus alliierter Internierung entlassen, arbeitet von Hentig zuerst für die Evangelische Kirche. Wieder in den diplomatischen Dienst aufgenommen, wird er 1952 Botschafter in Indonesien. In dieser Zeit bereist er oft Ägypten, wo er sich mit al-Husseini und Repräsentanten der Arabischen Liga trifft.

Von Hentig war unbeugsam und stur. Es sieht nicht so aus, als hätte er die Bundesrepublik Deutschland innerlich anerkannt. Er kritisierte das Luxemburger Abkommen zur ‚Wiedergutmachung' aus dem Jahre 1952 scharf und unterstützte – noch immer im diplomatischen Dienst – die arabischen Proteste gegen das Abkommen. Aus Altersgründen aus dem Auswärtigen Dienst ausgeschieden, berät er zwei Jahre lang das saudi-arabische Königshaus. 1961 beteiligt er sich gemeinsam mit einem Rechtsradikalen und Kommunisten an der Gründung der neutralistischen Vereinigung „Deutsche Nationalversammlung". Auf seine Weise – und hierin seinem wenig geschätzten Kompagnon Oskar Niedermayer nicht unähnlich – erkennt er die Bundesrepublik in einem wichtigen Punkt nicht an: in ihrer Westbindung. Werner Otto von Hentig, übrigens der Vater des Pädagogen Hartmut von Hentig, starb 1984 im Alter von 98 Jahren. In der „Zeit", für die der Pensionär als Autor tätig war, rief ihm Marion Gräfin Dönhoff nach: „Abenteuer und Ruhm, aber auch mancher Ärger begleiteten sein Leben, denn er war ein ungewöhnlich eigenwilliger Mann, der immer seine Meinung sagte, gleichgültig, ob er damit aneckte oder nicht. Dieser nie versagende Nonkonformismus in unserem so konformistischen Zeitalter hat Otto von Hentig manchen Feind geschaffen, ihm aber auch sehr treue Freunde eingebracht."[25] Dass zu diesen Freunden auch der rasend antisemitische Mufti von Jerusalem und rechte wie linke Neutralisten gehörten, das erwähnte die Gräfin nicht.

Literaturhinweise

Böhm, Andrea: Auf den Spuren der Aramäer (über Max von Oppenheim). In: Die Zeit, Nr. 4, 30. Oktober 2017
Gräfin Dönhoff, Marion: Diplomat und Abenteurer. Zum Tod von Otto von Hentigs. In: Die Zeit, Nr. 34, 17. August 1984
Friese, Matthias/*Geilen*, Stefan (Hrsg.): Deutsche in Afghanistan. Die Abenteuer des Oskar von Niedermayer am Hindukusch. Reprint der Originalausgabe von 1925. Köln 2002
Hanisch, Marc/*Loth*, Wilfried: Erster Weltkrieg und Dschihad: Die Deutschen und die Revolutionierung des Orients. Berlin 2014
Hentig, Werner Otto v.: Mein Leben, eine Dienstreise. Göttingen 1962
Hentig, Werner Otto v.: Von Kabul nach Shanghai. Konstanz 2003
Höpp, Gerhard: Muslime in der Mark: Als Kriegsgefangene und Internierte in Wünsdorf und Zossen. Berlin 1997
König, René: Ich bin Weltbürger. Originalaufnahmen 1954–1980. 2 CDs, Köln 2006
Gensicke, Klaus: Der Mufti von Jerusalem, Amin el-Husseini, und die Nationalsozialisten. Frankfurt a.M. [u.a.] 1986
Graf Lynar, Ernst W.: Deutsche Kriegsziele 1914–1918. Berlin 1964
Motadel, David: Islam and Nazi Germany's War. Cambridge/Mass. und London 2014
Oppenheim, Max v.: Die Beduinen. Band 1: Die Beduinenstämme in Mesopotamien und Syrien. Leipzig 1939
Schlagintweit, Robert: Die politischen Beziehungen zwischen Deutschland und Afghanistan – Rückblick und Ausblick. In: *Löwenstein*, Wilhelm (Hrsg.): Beiträge zur zeitgenössischen Afghanistanforschung. Bochum 1997
Schwanitz, Wolfgang G.: Max von Oppenheim und der Heilige Krieg. Zwei Denkschriften zur Revolutionierung islamischer Gebiete 1914 und 1940. In: Sozial.Geschichte, Nr. 19, Berlin 2004, S. 28–59
Seidt, Hans-Ulrich: Berlin, Kabul, Moskau. Oskar Ritter von Niedermayer und Deutschlands Geopolitik. München 2002
Stewart, Jules: The Kaiser's Mission to Kabul. A Secret Expedition to Afghanistan in World War I. London 2014

Anmerkungen

1 *Hanisch*, Marc/*Loth*, Wilfried: Erster Weltkrieg und Dschihad: Die Deutschen und die Revolutionierung des Orients. Berlin 2014, S. 13.
2 *Hanisch/Loth* (wie Anm. 1), S. 13.
3 *Graf Lynar*, Ernst W.: Deutsche Kriegsziele 1914–1918. Berlin 1964, S. 31.
4 *Oppenheim*, Max von: Die Beduinen. Band 1: Die Beduinenstämme in Mesopotamien und Syrien. Leipzig 1939, S. 26–28.
5 Vgl. *Zeit-Geschichte*, Nr. 4, 17. Oktober 2017.
6 *Oppenheim* (wie oben Anm. 4).

7 Schreiben H. v. Bismarcks an Rottenburg vom 25.9.1887. Zit. n. *Stamm*, Heinrich: Graf Herbert von Bismarck als Staatssekretär des Auswärtigen Amtes. Braunschweig 1978, S. 185.
8 Vgl. *Schwanitz*, Wolfgang G.: Max von Oppenheim und der Heilige Krieg. Zwei Denkschriften zur Revolutionierung islamischer Gebiete 1914 und 1940. In: Sozial.Geschichte, Nr. 19, Berlin 2004, S. 34.
9 *Seidt*, Hans-Ulrich: Berlin, Kabul, Moskau. Oskar Ritter von Niedermayer und Deutschlands Geopolitik. München 2002, S. 31.
10 *Seidt* (wie Anm. 9), S. 25.
11 *Hentig*, Werner Otto v.: Mein Leben, eine Dienstreise. Göttingen 1962, S. 8.
12 *Hentig* (wie Anm. 11), S. 11.
13 *Hentig* (wie Anm. 11), S. 102.
14 *Hentig* (wie Anm. 11), S. 129.
15 *Friese*, Matthias/*Geilen*, Stefan (Hrsg.): Deutsche in Afghanistan. Die Abenteuer des Oskar von Niedermayer am Hindukusch. Reprint der Originalausgabe von 1925, Köln 2002, S. 118.
16 *Friese*, Matthias/*Geilen*, Stefan (wie Anm. 15), S. 119.
17 *Friese/Geilen* (wie Anm. 15), S. 147.
18 *Seidt* (wie Anm. 9), S. 54.
19 *Hentig* (wie Anm. 11), S. 140.
20 *Hentig* (wie Anm. 11), S. 141.
21 *Hentig* (wie Anm. 11), S. 152.
22 *Seidt* (wie Anm. 9), S. 89.
23 *Hentig* (wie Anm. 11), S. 158.
24 *Seidt* (wie Anm. 9), S. 397.
25 *Gräfin Dönhoff*, Marion: Diplomat und Abenteurer. Zum Tod von Otto von Hentigs. In: Die Zeit, Nr. 34, 17. August 1984.

Volker Bausch
König Amanullah und die Deutschen (1920–1929)

Amir Habibullah, der geschickte und überaus vorsichtige Verhandlungspartner der Niedermayer-von Hentig-Expedition, wurde im Februar 1919 bei einem Jagdausflug bei Jalalabad von einem unbekannten Attentäter in seinem Zelt erschossen. Da der Täter entkommen konnte, wurden die Motive und Hintergründe des Attentats nie geklärt, Gerüchte um die Beteiligung von Familienmitgliedern konnten jedoch nie ausgeräumt werden.

Als Nachfolger Habibullahs setzte sich entgegen der regulären Thronfolge der drittgeborene Sohn Habibullahs, Amanullah, durch, indem er den eigentlichen Thronfolger, seinen Onkel Nasrullah, den jüngeren Bruder Habibullahs, einen antibritischen, streng islamischen Hardliner verhaften ließ. Nasrullah starb ein Jahr später unter ungeklärten Umständen in einem Kabuler Gefängnis.

Amir Amanullah – ebenfalls ein ausgesprochener Kontrahent Englands – riskierte, kaum an der Macht, im Mai 1919 den 3. Anglo-Afghanischen Krieg, um die ihm gegenüber kritisch eingestellten Mullahs sowie die antibritischen, nationalen Kräfte hinter sich zu vereinen und erfüllte so – wenn auch verspätet – den sehnlichsten Wunsch der Niedermayer-von Hentig-Mission.

Der Krieg, der eher aus einer Reihe von Scharmützeln bestand, endete nach nur wenigen Monaten, ohne dass eine Partei den Sieg erklären konnte. Die afghanischen Truppen waren den britischen Einheiten hoffnungslos unterlegen, diese wiederum-geschwächt nach dem gerade beendeten mörderischen Krieg in Europa- konnten ebenfalls keinen entscheidenden Sieg erringen.

Nach der Bombardierung Jalalabads und danach des Kabuler Palasts Amanullahs durch zwei britische Handley-Page-Bomber im Mai 1919 bat Amanullah um einen Waffenstillstand – zu groß war die psychologische Wirkung des Erscheinens zweier für die damalige Zeit gigantischer Flugzeuge über Kabul, deren zwei abgeworfene Bomben allerdings nur geringen Sachschaden verursachten. So einigte man sich im August 1919 im Vertrag von Rawalpindi auf einen für beide Seiten gesichtswahrenden Frieden: Die britische Krone erkannte die volle Unabhängigkeit Afghanistans an, stellte jedoch die Zahlung von Subsidien für den afghanischen Amir sowie die Lieferung von Waffen ein.

Die Durand-Linie von 1893, die zuvor die Einflussgebiete Britisch-Indiens und Afghanistan definierte und das Stammesgebiet der Paschtunen zweiteilte, war – und ist bis heute – eine der wesentlichen Konfliktquellen zwischen Afghanistan und Britisch-Indien bzw. Pakistan, denn Afghanistan verlor durch diese von den Briten aufgezwungene Teilung etwa ein Drittel seines Territoriums. Im Vertragstext von Rawalpindi aus dem Jahr 1919 ist nicht mehr von einer „Linie", sondern einer „Grenze" die Rede; damit wurde eine permanente Teilung vollzogen, deren Konsequenzen bis in die Gegenwart nachwirken.

Afghanistan betritt das internationale Parkett

Unmittelbar nach der Erlangung der Unabhängigkeit bemühte sich der säkular eingestellte Amanullah (seit 1926 König) um die Aufnahme diplomatischer Beziehungen zu einer Reihe von Ländern; der erste Staat, der Amanullahs Regierung schon im Mai 1919 anerkannte, war Sowjetrussland, mit dem 1921 – sehr zum Missfallens Englands – auch ein Freundschaftsvertrag geschlossen wurde. Nur zwei Jahre danach gab es schon Vertretungen oder Gesandtschaften Englands, der Sowjetunion, der Türkei, Italiens, Frankreichs und Deutschlands in Kabul.

Der erste deutsche Geschäftsträger in Afghanistan war Dr. Fritz Grobba, ein schillernder Diplomat mit profunden Kenntnissen in Kultur und Sprachen des Nahen Ostens und Anhänger der Denkschule des ehemals kaiserlichen Diplomaten und Nachrichtendienstlers Max von Oppenheim, der 1914 die Denkschrift „Über die Revolutionierung der islamischen Gebiete unserer Feinde" verfasst hatte. Darin hatte er die Ansicht vertreten, dass der Islam „eine unserer wichtigsten Waffen im drohenden Konflikt mit England werde". Diese Denkrichtung prägte eine ganze Generation von Diplomaten, die sowohl während der Weimarer Zeit als auch während der NS-Zeit im aktiven Dienst waren.[1]

Wolfgang G. Schwanitz schreibt in seinem 2004 erschienenen Aufsatz „Der Geist aus der Lampe: Fritz Grobba und Berlins Politik im Nahen und Mittleren Orient":

> Die Weimarer Republik kehrte rasch zur sekundären Friedenspolitik gegenüber dem Nahen und Mittleren Orient mit ihren beiden Säulen zurück: Bestandachtung und Gebietsverzicht. Die dritte Säule, die Vermittlung in Konflikten, war von Berlin nicht mehr gefragt, das Auflagen der Sieger Folge leisten musste und daher tunlichst neue Konflikte mit den Mandatsmächten im Orient vermied. Dennoch wurde Berlin ein Faktor für die nach Unabhängigkeit strebenden Länder, denn es war für seine imperienkritische Linie und für seine Leistung in Wirtschaft, Kultur und Wissenschaft bekannt. Auf der Suche nach Alternativen gegenüber Fremdherren wandten sich arabische und andere Nationalisten gern Deutschen zu, die ihrerseits so wieder Zugang zur Region fanden.[2]

Amir Amanullah wurde stark beeinflusst durch seinen Schwiegervater und Außenminister Mahmud Beg Tarzi, Anhänger der so genannten „Jungtürken-Bewegung" um Enver Pascha und einer der herausragendsten afghanischen Intellektuellen, Journalisten und Schriftsteller. Gemeinsam hatten sie die Vision,

Afghanistan in großer Geschwindigkeit von einer rückständigen und unterentwickelten Stammesgesellschaft zu einem modernen Staat umzugestalten.

Für Amanullah, inspiriert durch viele Kontakte insbesondere auch mit Werner von Hentig und Oskar von Niedermayer während deren Aufenthalt in Kabul 1915/16, war Deutschland dafür der am besten geeignete Partner: Es verfügte über exzellente Techniker und Ingenieure sowie Fachkräfte, die, bedingt durch die wirtschaftliche Situation in der Weimarer Republik, außerordentlich preisgünstig anzuwerben waren und deren Anwesenheit im Land aus seiner Sicht keine politischen Einflussnahmen befürchten ließ. Darüber hinaus war Deutschland in den Augen des Amirs auch ein Vorbild für effiziente und moderne staatliche Verwaltungsstrukturen, die Amanullah auch einführen wollte. Nicht zuletzt dürfte aber auch die traditionelle Gegnerschaft Deutschlands zum britischen Empire und die vermeintliche Unterstützung antikolonialer Kräfte während des 1. Weltkriegs eine Rolle dabei gespielt haben.[3]

Schon 1921 entsandte Amanullah eine Wirtschaftsdelegation, geleitet vom Sondergesandten und späteren Außenminister Mohammed Wali, nach Deutschland, der die Bitte des Amirs überbrachte, „deutsche Ingenieure für den Ausbau der afghanischen Industrie und die Hebung der Bodenschätze des Landes zu gewinnen."[4]

Abb. 21: Afghanische Stipendiaten vor ihrer Abreise nach Deutschland im Jahr 1923. Vermutlich wurden sie vom Gründer der Amani-Oberreaslschule, Dr. Walter Iven, in Berlin unterrichtet

Die Delegation war damit erfolgreich, denn nur drei Jahre später bestand die deutsche Kolonie in Kabul schon aus siebzig Technikern und Experten, die sich teilweise mit Familien auf den langen Weg in das bis dahin weitgehend isolierte Land gemacht hatten. Die Deutschen bildeten damit mit Abstand die größte Gruppe von dort residierenden Ausländern.

Deutsche Bildungsarbeit in Afghanistan: Die Amani-Oberrealschule

Ebenfalls 1924 wurde auf Wunsch Amanullahs die in den Folgejahren rasch wachsende Amani-Oberrealschule gegründet. Geleitet von dem unermüdlichen Dr. Walter Iven, unterrichteten sieben deutsche Lehrkräfte, angeworben und gut bezahlt vom afghanischen Bildungsministerium, die Kinder der afghanischen Elite.

Der Historiker Götz Aly schreibt dazu in dem Artikel „Reifeprüfung: Tüchtige Beamte für ein modernes Afghanistan", der 2003 in der Frankfurter Allgemeinen Zeitung erschien:

> Die Zahl der Schüler nahm rasch zu, Amanullah schickte seinen jüngsten Bruder, einige Prinzen und 14 seiner Pagen dorthin. Die Unterrichtssprache war – außer in Geschichte, Religion und Persisch – Deutsch, die innere Gliederung ähnelte der einer Gesamtschule. Die Anfangsabteilung umfasste die Klassen eins bis fünf, die mittlere Abteilung die Klassen sechs bis neun und die Gymnasialabteilung die Klassen zehn, elf und zwölf. Der Unterricht dauerte von 8.00 bis 16.00 Uhr, unterbrochen von einer gut einstündigen Gebets- und Mittagspause. Das Ausbildungsziel bestand für die Lehrer in der „Vorbereitung ihrer Zöglinge auf das Studium an deutschen Universitäten und Hochschulen mit dem Zweck, S. M. tüchtige höhere Beamte, Ingenieure, Ärzte und Lehrer zu beschaffen und die Schüler zu selbständigen, verantwortungsvoll handelnden und charakterfesten Menschen zu erziehen". Schließlich sollte Afghanistan mit Hilfe der neu auszubildenden Elite „nach dem Muster Japans zu höherer Weltgeltung aufrücken".
>
> Mit dem Abschluss des deutsch-afghanischen Schulabkommens, dessen Durchführung dem Preußischen Unterrichtsministerium oblag, erreichte Iven bereits 1928, dass die künftig in Kabul zu bestehende Reifeprüfung anerkannt und seine Schüler zum Studium an sämtlichen preußischen Universitäten und Hochschulen berechtigt sein würden. Zwar unterstand die Schule der afghanischen Regierung, doch konnte das Preußische Unterrichtsministerium den Lehr- und Rahmenplan erheblich beeinflussen. Der erste Abiturientenjahrgang sollte die Amani-Schule 1935 verlassen.[5]

1935 erschien in der Zeitschrift „Die Deutsche Schule im Auslande" der Artikel „Von deutscher Bildungsarbeit in Afghanistan". Darin schreibt Prof. Dr. Franz Schmidt:

Vor wenigen Tagen ist der Gründer und Leiter der deutschen Oberrealschule in der afghanischen Hauptstadt Kabul, Direktor Dr. Iven, nach Deutschland heimgekehrt, um in den heimischen Schuldienst zurückzutreten. Das gibt Veranlassung, auf die ungewöhnliche Arbeitsleistung des hervorragenden Schulmannes hinzuweisen und von der wechselvollen Geschichte der Schule kurz zu berichten.

Gründung
Die Schule gehört zu den kulturellen Reformunternehmungen des Königs Amanullah Chan. Der Schöpfer der Unabhängigkeit Afghanistans, dem das überstürzte Tempo der Europäisierung seines Landes den Thron kostete, war seit dem Weltkrieg ein Bewunderer Deutschlands. Zweimal sandte er Gruppen jüngerer Afghanen zur Ausbildung nach Deutschland. Einer ihrer Lehrer wurde Studienrat Dr. Iven in Charlottenburg, der zehn Jahre lang an den deutschen Schulen in Konstantinopel und Teheran unterrichtet hatte und das Persische, das in Afghanistan hauptsächlich gesprochen wird, beherrschte. In einer Denkschrift entwickelte er dem Könige den Plan einer staatlichen deutschen Schule in Kabul mit dem Erfolge, dass ihn die afghanische Regierung mit deren Gründung und Leitung betraute. Im Herbst 1923 traf Dr. Iven mit zwei Volksschullehrern in Kabul ein, stieß hier aber zunächst auf große Widerstände.

Widerstände
Diese wurzelten in heftiger französischer Gegenpropaganda. Ihr Ursprung lag bei der „Mission scolaire francaise", die in Kabul ein Lycee Ämaniyeh unterhielt und ihre Vorzugsstellung nun von den verhassten Deutschen bedroht sah. Außer den Vertretern des Feindbundes aus dem Weltkrieg stand auch der türkische Gesandte wirksam auf der Seite der Franzosen, und erst nach sechsmonatigen schwierigen Verhandlungen gelang es Dr. Iven, das afghanische Unterrichtsministerium trotz aller Bedenken zur Eröffnung der Schule zu bewegen.

Entwicklung
Mit 120 Schülern, 2 Sexten und 2 Vorbereitungsklassen trat die Amani-Oberrealschule, zu Ehren des Königs so genannt, am 15. April 1924 ins Leben. Sie entwickelte sich in den folgenden Jahren in raschem Aufstieg. Der König schickte seinen jüngsten Bruder Obeidullah Chan mit 15 Pagen und brachte später seinen ältesten Sohn Rahmatullah Chan persönlich in die Schule, eine Auszeichnung, die ihr Ansehen und ihren Besuch außerordentlich hob. Im Herbst 1927, nach 3 Jahren also, zählte die Schule bereits 490 Schüler in 11 Klassen, mit 18 Lehrern, 7 deutschen und 11 afghanischen.

Ziel und Zweck der Schule
Ziel der Schule war die Vorbereitung der Schüler auf das Studium an deutschen Hochschulen mit dem Zweck, dem Lande tüchtige höhere Beamte, Ingenieure, Ärzte und Lehrer zu verschaffen und die Schüler zu selbständigen und charakterfesten Männern zu erziehen. Ganz von selbst ergab sich dabei ein starkes Interesse der Schüler für Deutschland und deutsche Arbeit, das sich später auf die deutsch-afghanischen Wirtschaftsbeziehungen auswirken würde. Persisch und Deutsch waren die Unterrichtssprachen. Afghanische Geschichte und Heimatkunde, der Bildungsgehalt des Islam nebst literarischen und wissenschaftlichen Werken der Perser, Türken, Araber und Ägypter lieferten das geis-

tige Bildungsgut. Im Übrigen wurde das europäische Wissen übermittelt, damit Afghanistan nach dem Muster Japans zu höherer Weltgeltung aufrücken könnte.

Deutsch-afghanisches Schulabkommen
Der Wunsch der afghanischen Regierung, das Schicksal der künftigen Abiturienten der Schule in Deutschland rechtzeitig gesichert zu sehen, führte am 28. September 1928 zum Abschluss eines Abkommens zwischen der deutschen und der afghanischen Regierung, demzufolge afghanische Staatsangehörige, die auf der Amani-Oberrealschule in Kabul aufgrund des von der deutschen Regierung genehmigten Lehrplans das Reifezeugnis erworben haben, bei der Immatrikulation an preußischen Universitäten und Hochschulen ohne erneute Prüfung als vollwertige Studenten aufgenommen werden sollen.[6]

Allerdings gab es warnende Hinweise für Lehrkräfte, die sich für eine Tätigkeit an der Amani-Oberrealschule interessierten: Im Auskunftsblatt des Auswärtigen Amtes für Lehrer, die in Afghanistan ihren Dienst versehen wollten, hieß es: „Theater, Konzert und Kino gibt es nicht, Radioempfang ist schwierig, es bleibt nur das Lesen, Besuche, Nachmittagstees." Und die „Allgemeine Deutsche Lehrerzeitung" warnte mehrfach, sich durch einen Dr. W. Iven für die so genannte „Deutsche Schule" in Kabul anwerben zu lassen.[7]

Die „Deutsch-Afghanische Compagnie" vermittelte den Export von Industrieanlagen und Zement nach Afghanistan, ein Team um den deutschen Architekten Walter Horten errichtete bis Ende der 1920er Jahre siebzig Bauwerke in Kabul, darunter auch den Darulaman-Palast, der Teil einer neuen Hauptstadt im Westen Kabuls werden sollte. Im Rahmen dieser Bauprojekte wurden etwa 700 einheimische Fachkräfte ausgebildet.

Abb. 22: Afghanische Bauarbeiter mit deutschem Ingenieur

1928 war die einzige Bahnlinie des Landes fertig gestellt, sie verband über sechs Kilometer das Zentrum von Kabul mit dem Darulaman-Palast. Die 0-4-T-Schmalspur-Lokomotiven wurden von Henschel aus Kassel nach Bombay geliefert und mit Elefanten über den Khyberpass nach Kabul geschleppt.

Abb. 23: Die erste Fahrt der Darulaman-Bahn fand ohne Regierungsvertreter statt, wie der Fotograf Wilhelm Rieck auf dem Foto vermerkte. Offensichtlich traute man dem dampfenden und zischenden Ungeheuer nicht. Quelle: Werner Müller

Abb. 23a: Die Bahn war dennoch überfüllt. Zeitgenössische Abbildung aus einer deutschen Zeitschrift

Deutsche Fachkräfte in Afghanistan

Einen sehr anschaulichen Einblick in das Leben der deutschen ‚Expatriates' am Ende der Welt gibt Werner Müller aus Köln[8]. Er beschreibt die Geschichte seines Urgroßvaters Wilhelm Rieck, der, angeworben von der afghanischen Regierung, von den frühen 1920er Jahren bis 1929 als Ingenieur in Afghanistan arbeitete.

Abb. 24: Wilhelm Rieck

Mein Urgroßvater wurde am 11. Januar 1881 als Sohn des Oberpostsekretärs Otto Rieck und seiner Frau Christine (geb. Becker) in der damals noch freien Stadt Mülheim bei Köln geboren. Aufgewachsen ist er in der Seidenstraße 21 in Mülheim. Um 1920 arbeitet er als Ingenieur bei der Firma Siemens-Schuckertwerke AG in Berlin und las dort „am schwarzen Brett" einen Aufruf von König Amanullah aus Afghanistan, der Spezialisten für die Modernisierung seines Landes benötigte. Warum sich mein Urgroßvater für eine Arbeit in einem weit entfernten Land mit einer fremden Kultur entschied, ist mir leider nicht bekannt. Möglicherweise lag dies in der sehr schlechten Wirtschaftslage in Deutschland, die vor allem durch eine rasende Inflation und extrem hohe Arbeitslosigkeit das Leben erschwerte. Vielleicht war es auch einfach nur Abenteuergeist und Interesse an einer Arbeit in einem fremden Land.

Mit ihm reiste 1922 (?), neben 11 anderen Deutschen, darunter 3 Frauen, auch sein Freund Herr Maass, der als Künstler nach Afghanistan ging. So wie die beiden Männer waren auch deren Ehefrauen und Töchter befreundet.

Die privat finanzierte Reise ging per Eisenbahn von Berlin über Warschau nach Moskau. Von Moskau mit der Transsibirischen Eisenbahn über Kasan nach Taschkent. Dann ging es weiter per Pferd über das Gebirge bis nach Kabul. Problematisch waren dabei die mangelnden Reitkünste der Damen. Dies wurde allerdings dadurch gelöst, dass zwischen zwei Pferden eine Hängematte befestigt wurde.

Meinen Urgroßvater hat es sehr geärgert, dass jemand, der nicht reiten kann, eine solche Reise unternimmt.

In Kabul waren Herr Rieck und Herr Maass hauptsächlich beim Bau des Darulaman-Palastes beteiligt, Herr Maass war offenbar verantwortlich für die künstlerische Ausgestaltung der Außenfassade. Während dieser Zeit entstanden auch noch andere Gebäude, Brücken und Bauwerke, wie ein Staudamm nordöstlich von Kabul. Werner Müller berichtet weiter:

Abb. 25: „Die Darulaman-Herren" – deutsche Techniker und Ingenieure, die am Projekt „Darulaman" arbeiteten. Wilhelm Rieck stehend ganz rechts

> Amanullah Khan gefiel das mit grüner Patina bedeckte Dach von Schloss Sanssouci in Potsdam, das er während seines Deutschlandbesuchs gesehen hat. Daraufhin beauftragte er meinen Urgroßvater, die Dächer seiner Paläste in Kabul mit dieser „Farbe" auszustatten. Mein Urgroßvater erklärte ihm daraufhin, dass dies nicht möglich ist und er eigentlich nur warten muss, bis die Kupferdächer diese Farbe angenommen haben da es sich um einen natürlichen Verwitterungseffekt handeln würde. König Amanullah war enttäuscht, gab sich aber mit der Antwort zufrieden.
>
> König Amanullah war 1928 in Berlin zu Besuch. Damals lud er alle Angehörigen der Deutschen, die in Afghanistan arbeiteten, zu einem Abendempfang in das Prinz-Albrecht-Palais ein. Er trug, im Gegensatz zu seinem prunkvollen Einzug in Berlin (auf einem Schimmel reitend mit Federkrone), einen schlichten „zivilen" Anzug. Meine Urgroßmutter bezeichnete ihn als „kleinen, smarten, dunkelhäutigen Herrn".
>
> König Amanullah erklärte meiner Urgroßmutter dann in gutem Englisch, dass ihr Mann ihn in Bezug auf seine Schlossdächer enttäuscht hätte, aber dass er sein bester europäischer Schachpartner gewesen sei.
>
> Meine Urgroßmutter ging mit meiner Großmutter damals an jedem 1. des Monats zur Königlich Afghanischen Gesandtschaft in der Lessingstraße 9 Nähe Hansaplatz in Berlin-Moabit, um dort den Monatslohn in englischen Goldstücken abzuholen.[9]

Ein weiterer Zeitzeuge des Lebens und Arbeitens deutscher Fachkräfte in Afghanistan während der 1920er Jahre war der Ingenieur und Architekt Dr. Alfred Gerber, der – von der afghanischen Regierung unter Vertrag genommen – als Bauleiter am Bau des Darulaman-Palastes mitwirkte.

In seinem 1942 erschienenen Buch „Afghanische Mosaiken- Erlebnisse im verschlossenen Land" beschreibt er, wie er nach Afghanistan reiste; er nutzte die ‚komfortablere' Route – mit dem Schiff von Italien via Aden nach Bombay, von dort mit dem Zug in 52 Stunden nach Peschawar und dann über den Khyberpass mit dem Auto nach Kabul. Die Reise dauerte etwa drei Wochen und war damit deutlich kürzer als die Route über Moskau und Taschkent, die etwa drei Monate in Anspruch nahm und ungleich strapaziöser war.

Seine Unterkunft beschreibt er wie folgt:

> Auf der Afghanischen Gesandtschaft in Berlin wurde mir bei dem Abschluß meines Vertrages erklärt, daß ich in Kabul eine „Villa" als Wohnhaus für mich erhalten würde. Auf Befragen erfuhr ich, daß diese auch elektrisches Licht aufweise, so daß ich beschloß, elektrisches Kochgeschirr mit auf die Reise zu nehmen.
>
> Wenn ich auch meine Erwartungen auf die „Villa" nach all dem bei meiner Ankunft in Kabul Erlebten stark zurückgeschraubt hatte, so war ich doch höchst erstaunt über das mir angebotene Quartier, für das man bei den Verhandlungen auf der Afghanischen Gesandtschaft in Berlin den Ausdruck „Villa" gebraucht hatte. Der für mich bestimmte Wohnraum befand sich in dem Eckturm eines großen, afghanischen Gehöftes, das von einer acht Meter hohen Mauer umschlossen war, und auf dem bereits einige vor mir in Afghanistan angekommene Deutsche Wohnungen primitivster Art bezogen hatten. Mein „Heim" bestand aus zwei nebeneinanderliegenden Zimmern im oberen Teil des Turmes,

der durch ein flaches Lehmdach abgedeckt war. Die bis auf den Boden der Zimmer reichenden hölzernen Fensterrahmen waren teilweise mit Papier beklebt, da die Glasscheiben nicht ausreichten.

Abb. 26: Ein Wohnturm wie Alfred Gerber ihn beschrieb

An die Decke aus Pappelhölzern waren Blechstreifen genagelt, die für mich eine weitere angenehme Überraschung bedeuteten. Um zu der Turmwohnung zu gelangen, mußte man eine primitive Treppe ersteigen, die durch einen bisher als Getreidespeicher benutzten Gebäudeteil führte. Von dieser Zweckbestimmung her bot das Gebäude noch angenehmen Aufenthalt für zahlreiche Ratten, die sich mit besonderer Vorliebe nachts oberhalb der Blechbespannung meiner Zimmerdecken tummelten und mich ungezählte Male aus dem Schlaf weckten.
Unmittelbar neben meinem Bett hatte ich einen Stock stehen, mit dem ich, besonders häufig in den ersten Monaten meines Aufenthalts, nachts gegen die Blechdecke zu stoßen pflegte, falls der Lärm der spielenden Ratten zu groß geworden war.[10]

Auch die Arbeit auf der Baustelle gestaltete sich schwierig:

> Die Entwürfe zu dem Palast hatte der Emir einem französischen Architekten übertragen, der jedoch selbst nicht in Afghanistan weilte, sondern in Paris ansässig war.
> Als mir der Emir die Leitung des Palastbaues übertrug, wurde mir nur ein kleines Schaubild des Palastes übergeben. Der Entwurf war in französischem Barock gehalten und zeigte das Bild eines imposanten, vornehmen Palastes.

Abb. 27: Skizze des Bauwerks, gezeichnet vom französischen Architekten des Projekts

> Unter Verwendung einer Grundrißskizze hatte in dem Jahr vor meiner Ankunft ein deutscher Ingenieur bereits Fundamente auf der abgetragenen Kuppe des Tape-Amania-Hügels ausgeführt. Es ergab sich für mich nunmehr eine höchst tragikomische Situation. Der Emir erwartete von mir den sofortigen Beginn der Bauarbeiten, obwohl ich ihm vergeblich klarzumachen versuchte, daß die Ausführung eines so wichtigen Bauwerkes ohne Bauzeichnungen unmöglich sei. Aber abgesehen von den Zeichnungen selbst fehlten zur Durchführung des Baues auch die erforderlichen Materialien und vor allen Dingen auch die nötigen Handwerker. Es wurden mir zwar Menschen in jeder beliebigen Zahl zur Verfügung gestellt, doch handelte es sich hierbei fast ausschließlich um ungelernte Arbeitskräfte. Nur ein kleiner Teil der mir zugewiesenen Arbeiter konnte für eine Heranbildung als geeignete Handwerker in Frage kommen, da sie, wenn auch in primitivster Form, bereits einige Maurerarbeiten ausgeführt hatten. Wenn es an sich schon für mich als deutschem Architekten eine Unmöglichkeit bedeutete, in einem rauhen, unkultivierten Lande ohne Bauzeichnungen, Materialien und geeignete Arbeitskräfte einen Palast in klassischem Stil herzustellen, so sollten diese Schwierigkeiten jedoch noch durch einen anderen Umstand wesentlich erhöht werden.
> Der Emir hatte nämlich die Oberaufsicht über den Bau des Tape-Amania-Palastes einem alten, ehemaligen Offizier übertragen, der wiederholt in seiner Eigenschaft als Führer eines afghanischen Bergstammes seinem König bei der Niederschlagung von Aufständen wertvolle Dienste geleistet haben sollte.

Dieser wackere Mann führte den Titel „Brigitt-Sahib" und erfreute sich bei seiner Umgebung großen Ansehens. Für die Durchführung der ihm übertragenen Aufgaben war er völlig ungeeignet. Im persönlichen Verkehr war er ein äußerst liebenswürdiger und freundlicher Herr [...].

Da der Brigitt-Sahib bei seinem jungen König großes Vertrauen genoss, so hatte der Emir ihm auch die Beschaffung sämtlicher Baumaterialien übertragen, ohne, daß es mir als Bauleitendem in irgendeiner Form möglich gewesen wäre, die Kostenfrage zu überwachen.

So sah denn der Brigitt-Sahib seine Daseinsberechtigung als Bautenminister vor allem darin, daß er einen großen Teil der von mir für den Bau angeforderten und vom Emir bewilligten Gelder nicht seinem eigentlichen Zweck zuführte.

So bestand das erste Jahr der Zusammenarbeit mit dem Brigitt-Sahib aus einem fortgesetzten Kampf, der jedoch nie zu erregten Worten oder harten Auseinandersetzungen führte.

Nur der Europäer, der mit Orientalen echtester und unverfälschter Art in seinem Leben geschäftlich oder beruflich zu tun gehabt hat, vermag nachzuvollziehen, welches ermüdende und aussichtslose Beginnen es für mich bedeuten mußte, mit dem Brigitt-Sahib gemeinsam mitten im rauhen, hochgebirgigen Afghanistan einen Palast im französischen Barock zu errichten.

So oft ich diesem „Fachmann", unter Hinweis auf die besondere Notwendigkeit der Lieferung zu einem festgesetzten Termin, die Beschaffung von Baumaterialien aller Art, sei es Holz, sei es Zement, sei es Eisen, aufgab, so oft mußte ich die Erfahrung machen, daß sie zu dem festgesetzten Zeitpunkt fehlten. Regelmäßig pflegte mir der treue Diener seines Herrn sodann freundlich lächelnd mitzuteilen, daß der Emir das Geld noch nicht angewiesen habe. Aber ebenso regelmäßig pflegten mir dann Leute aus der engsten Umgehung des Brigitt-Sahib hinter seinem Rücken lächelnd mitzuteilen, daß der alte Herr sich entweder eine weitere junge Frau für seinen Harem gekauft, oder Umbauten an seinem eigenen Wohnhaus begonnen habe.[11]

Trotz seiner fortschrittlichen Gedanken blieb der Amir dennoch ein feudaler Herrscher, der ähnlich drakonische Strafen verhängte wie sein Vater und Großvater.

Alfred Gerber berichtet von einer solchen Bestrafung während einer Audienz bei Amanullah:

Der Emir bittet mich, an seinem Schreibtisch mit Platz zu nehmen und trägt mir nun seine Absicht vor, ein Ehrenmal für die im Kampfe gegen Aufständische gefallenen afghanischen Soldaten zu errichten.
Plötzlich fällt in ziemlicher Nähe ein Kanonenschuß, der einige Gegenstände und Scheiben leicht erzittern läßt. Nachdem die Unterredung eine Weile ihren Fortgang genommen hat, fällt ein zweiter Kanonenschuß, dem in regelmäßigen Abständen sodann noch zwei weitere Schüsse folgen.
Nach Beendigung der Audienz und Verabschiedung vom König frage ich beim Verlassen des Vorzimmers den diensttuenden Adjutanten, was denn die Kanonenschüsse in der Nähe der königlichen Residenz zu bedeuten gehabt hätten.

> In aller Seelenruhe erwidert mir der Offizier, daß auf den Hügeln in der Nähe des königlichen Palastes, dem „Arc", die Hinrichtung einiger Räuber stattgefunden habe, die nach alt-afghanischer Sitte vor die Kanone gebunden worden seien.[12]

Der britische Diplomat und Gesandte der Krone in Afghanistan, William Kerr Fraser-Tytler, beurteilt in seinem 1953 erschienenen Buch „Afghanistan – A Study of Political Development in Central and Southern Asia" die Industrialisierungsbestrebungen Amanullahs (wenn auch aus der Perspektive des Kolonialbeamten) allerdings sehr kritisch:

> The loss of the British subsidy was for a time offset by assistance afforded by Soviet Russia, but expenditure was rising swiftly while no serious attempt was made to increase the revenue of the country by developing its resources. On the contrary money was spent in projects which were [...] entirely unproductive [...]. Perhaps the most costly as well as the least necessary of all these projects was the construction af a new capital on a grandiose scale at a site a few miles from Kabul. One cannot help symphathizing with the ideals which inspired these projects, but to attempt to realize them on a revenue of less than three million pounds a year without at the same time endeavouring to augment the national income, was the act of a fool or a madman.[13]

Abb. 28: Der Darulaman-Palast kurz vor der Fertigstellung

Was das Projekt „Darulaman" betraf, so sah das Alfred Gerber ähnlich:

> Als erste Teile der großzügig geplanten Anlage sollten zwei Paläste – der eine als Wohnsitz des Emir, der andere als Dienstgebäude für die Ministerien –, eine Kolonie europäischer Villen für die höchsten afghanischen Staatsbeamten und öffentliche Gebäude wie Rathaus, Postamt, Kasernen errichtet werden.

Daß dieser Plan des Emir Amanullah auf völlige Verständnislosigkeit, vielfach sogar auf schroffe Ablehnung bei weiten Kreisen der Afghanen stieß, erscheint dem Kenner afghanischer Verhältnisse durchaus nicht verwunderlich.

Zunächst verschlang das Projekt des Emir natürlich ungeheure Summen, da fast alle Baumaterialien, wie Eisen, Glas, anfänglich auch Zement, ferner alle Fertigwaren wie Schrauben, Türklinken, Schlösser und tausend andere Dinge in mühseligen Karawanentransporten nach Darul-Aman geschafft werden mußten. Hinzu kamen die Gehälter der zahlreichen Europäer, und im besonderen auch die des französischen Architekten, der die Pläne für die Palastbauten von Paris aus zu liefern hatte.[14]

Abb. 29: Mit Stuck verzierte Wände im Innenbereich des Palastes

Afghanistan, das Britische Empire und die Sowjetunion: Ein neues Kapitel im Great Game

Dass die Befürchtungen der Briten hinsichtlich der sowjetisch-afghanischen Annäherung unter Amanullah nicht grundlos waren, zeigte die zeitweise Koalition der Sowjetregierung der 1920er Jahre mit Enver Pascha, der 1920 in Moskau um Unterstützung für seinen Kampf gegen die ‚Entente-Imperialisten' warb und an der auch Deutschland beteiligt war.

In einem Schreiben an den ehemaligen Generalstabschef des osmanischen Heeres, Hans von Seeckt, jetzt Chef der Heeresleitung der Reichswehr, berichtete er, dass es innerhalb der Moskauer Führung zwei Fraktionen gebe: die eine wollte den „Entente-Imperialismus" gemeinsam mit Revolutionsregierungen in Europa bekämpfen und die andere wollte das britische Empire in Indien treffen.[15] Der von der III. Internationale organisierte „Erste Kongress der Völker des Ostens" in Baku 1920 rief die islamischen Völker des Ostens zum „Heiligen Krieg gegen die westlichen Imperialisten" auf und schien die Einschätzung Enver Paschas zu bestätigen, dass es eine starke antibritische Strömung in der jungen Sowjetunion gab.

Dschemal Pascha, ein jungtürkischer Kampfgefährte von Enver Pascha, leitete 1920 die türkische Militärmission in Kabul und setzte in dieser Funktion die unter von Niedermayer begonnene Restrukturierung der afghanischen Armee fort, schürte aber auch – durchaus im Sinne der Strategie Enver Paschas und mit sowjetischem Rückhalt – antibritische Bewegungen in den Stammesgebieten an der Durand-Linie. Der ehemalige Präfekt von Konstantinopel, Bedri Bey, begleitete Dschemal Pascha und kaufte in Deutschland und anderen europäischen Staaten Werkzeugmaschinen für die im Aufbau befindliche Rüstungsindustrie Afghanistans.

Aber auch in Deutschland – insbesondere in Reichswehrkreisen – hatte man trotz (oder besser: wegen) der Niederlage von 1918 die strategische Bedeutung Afghanistans für eine eventuelle zukünftige Auseinandersetzung mit dem britischen Empire nicht aus den Augen verloren: Oskar von Niedermayer hatte im Februar 1921 im Reichswehrministerium einen geheimen Vortrag mit dem Thema „Beurteilung der militärgeografischen Verhältnisse eines Angriffs auf Indien" gehalten, in dem er zu dem Schluss kam, dass der indische Subkontinent derzeit noch nicht reif für eine antibritische Revolution war.[16]

Für ihn „war es notwendig, Afghanistan als Standort und Ausgangspunkt für antibritische Aktivitäten auf- und auszubauen. Von Afghanistan konnte eine beharrliche Propagandaarbeit die britische Herrschaft in Indien untergraben: ‚Und dann heißt es, auf die Gelegenheit warten, die kommen wird und muss, wenn Englands Kampf um seine Weltmachtstellung schärfere Formen angenommen hat [...]' Eine beigefügte Karte skizzierte die operativen Einzelschritte, die einen Angriff erfolgreich ins Zentrum der britischen Herrschaft über Indien führen sollte. Wichtig waren Wasserversorgung und Infrastruktur."[17]

Es war sicher kein Zufall, dass von Niedermayers jüngerer Bruder Richard von 1923 bis 1926 als Ingenieur die Wasserversorgung in Kandahar aufbaute und darüber sogar promovierte. Kurt Wagner, ein Kamerad aus der Delegation von 1915, kehrte ebenfalls als deutscher Industrievertreter nach Kabul zurück und widmete sich wie viele weitere Techniker hauptsächlich Infrastrukturprojekten. Insofern trug die deutsche Präsenz am Hindukusch, ob gewollt oder nicht, dazu bei, von Niedermayers Vision der Entwicklung Afghanistans zu fördern.

Seit 1922 bestand durch Vermittlung von Oskar von Niedermayer Kontakt zwischen der afghanischen Regierung und den Junkers-Flugzeugwerken in Dessau. Niedermayer koordinierte in dieser Zeit unter dem Namen Neumann im Auftrag der Reichswehr im Rahmen einer umfassenden geheimen Rüstungskooperation zwischen der Sowjetunion und Deutschland den Aufbau einer Junkers-F-13-Flugzeugproduktion in Fili bei Moskau. Die Vereinbarung – ein flagranter Bruch des Versailler Vertrages – sah die Produktion von 300 Flugzeugen pro Jahr vor, scheiterte aber nach wenigen Jahren aufgrund wirtschaftlicher Schwierigkeiten.

Die afghanische Luftwaffe wurde seit den frühen 1920er Jahren hauptsächlich von der Sowjetunion ausgerüstet, die im Rahmen eines Wirtschaftsabkommens bis 1928 mehr als zwanzig Flugzeuge lieferte, Piloten und Techniker zur Verfügung stellte und afghanische Piloten ausbildete. Deutsche Techniker und Piloten leisteten dabei Unterstützung.

Die innenpolitischen Gegner Amanullahs betrachteten die Präsenz der ‚gottlosen' Kommunisten in Kabul, die gerade dabei waren, in den islamischen Regionen Zentralasiens ihre Terrorherrschaft zu errichten, mit wachsender Sorge.

Die Entwicklungen in Turkestan schienen ihnen Recht zu geben:
Enver Pascha hatte nach der Vertreibung des Emirs von Buchara (dieser lebte bis zu seinem Tod im afghanischen Exil) und der Installation einer Sowjetregierung in Turkestan erkannt, dass er für die sowjetische Regierung nur ein nützliches Werkzeug gewesen war und wandte sich nun gegen seine einstigen Verbündeten, indem er sich an die Spitze der Rebellen gegen die Sowjetherrschaft stellte und 1922 im usbekischen Buchara sowie im Ferghana-Tal zunächst bedeutende Erfolge erzielte. Amanullah spielte kurzfristig mit dem Gedanken, sich an die Spitze der so genannten „pan-turanischen" Bewegung der Aufständischen zu stellen und konzentrierte Truppen an der Nordgrenze. Nach einer deutlichen Aufforderung aus Moskau, sich neutral zu verhalten, ließ er von weiteren Unternehmungen ab.

Mit Enver Paschas Tod bei einem Gefecht mit Rotarmisten im Jahre 1922 war der Widerstand gegen die Sowjetisierung in Turkestan weitgehend gebrochen und die Hoffnungen, die von Niedermayer und von Seeckt auf die jungtürkischen Exilpolitiker mit Blick auf antibritische Aktionen gesetzt hatten, hatten sich zerschlagen.

1924 kam es zu massiven Aufständen im Süden Afghanistans, nachdem Amir Amanullah im Rahmen umfassender Reformbestrebungen eine Verfassung nach dem Vorbild der türkischen Republik ausarbeiten ließ, die neben politischen Freiheiten wie Presse- und Versammlungsfreiheit auch eine tiefgreifende Bildungsreform vorsah. Diese Reform sollte auch Mädchen den Zugang zu Bildung ermöglichen und die Kinderehe abschaffen.

Treibende Kraft hinter den nachgerade revolutionären emanzipatorischen Bestrebungen Amanullahs bezüglich der Rechte von Frauen dürfte seine Frau Suraya Tarzi, Tochter des Intellektuellen, Schriftstellers und Atatürk-Verehrers Mahmud Tarzi und nun Bildungsministerin des Landes, gewesen sein, die in einer 1920 gehaltenen Rede sagte:

> Ihr afghanischen Frauen repräsentiert 50 Prozent der Bevölkerung dieses Landes, aber dennoch werdet Ihr in eurem eigenen Land kaum beachtet. Ihr müsst euch emanzipieren, ihr müsst Lesen und Schreiben lernen, ihr müsst an den Ereignissen in eurem geliebten Heimatland teilnehmen.[18]

Abb. 30: Suraya beim Tontaubenschießen

Damit legte Amanullah die Axt an die islamische Praxis und den Stammeskodex der Paschtunen.

Abb. 31: Bei öffentlichen Auftritten war Suraya verschleiert, trug aber modische westliche Kleidung

Der so genannte „Khost-Aufstand" konnte erst nach neun Monaten mit Hilfe bezahlter Stammesmilizen und durch Luftangriffe niedergeschlagen werden, die durch sowjetische und deutsche Piloten geflogen wurden. Amanullah musste unter dem Druck der Mullahs wesentliche Teile der Reformpläne zurücknehmen und gestattete nun nur Mädchen unter zwölf Jahren den Bildungszugang.

Die zahlenmäßig kleine afghanische Armee, schlecht bezahlt und noch schlechter geführt, hatte sich während des Khost-Aufstands erneut unfähig gezeigt, die Zentralregierung zu stützen – ein Defizit, das Amanullah bis zu seiner Entmachtung 1929 nicht beheben konnte und das erheblich zur Destabilisierung des Landes beitrug.

Die Bekämpfung des Aufstands hatte die ohnehin schwachen afghanischen Staatsfinanzen schwer zerrüttet; dies hielt König Amanullah, der sein Land noch niemals verlassen hatte, jedoch nicht davon ab, 1927 eine siebenmonatige Auslandsreise anzutreten, die ihn nach Indien, Ägypten, Italien, Frankreich, Deutschland, England, die Sowjetunion, Persien und die Türkei führte und deren erhebliche Kosten durch eine rigorose Steuererhöhung finanziert wurden.

Ein royaler Staatsbesuch in der Weimarer Republik – Amanullah begeistert Berlin

Der zweiwöchige Besuch des afghanischen Königs in Deutschland verursachte vor allem in Berlin einen beispiellosen ‚Hype', der zwar in keinem Verhältnis zur Bedeutung des entfernten Landes stand, aber der international vernachlässigten Weimarer Republik einen Hauch royalen Glanzes verlieh. Die „Tägliche Rundschau" berichtete am 28. Februar 1928: „Die Woche Afghanistan hat die ganze Reichshauptstadt aufgewühlt. Ungeheure Menschenmassen haben gegafft und gaffen immer noch, und die aufrechtesten Republikaner haben die tiefsten Bücklinge geübt."

Abb. 32: Galadiner für den afghanischen König und Königin Suraya mit Reichspräsident von Hindenburg

Amanullah und seine stets extravagant gekleidete Gattin Suraya residierten samt Hofstaat in achtzig Räumen im Prinz-Albrecht-Palais, einem ehemals kaiserlichen Schloss; während des siebentägigen Berlinaufenthalts weihte Amanullah eine Moschee der Amadijah-Gemeinde in Wilmersdorf ein und lenkte höchstselbst einen neuen U-Bahn-Zug der Baureihe A II – dieser erhielt prompt den Namen Amanullah-Zug.

Abb. 33a-b: Modeikone Suraya in der London Illustrated News aus dem Jahr 1928

Abb. 33b

Weiter wird über die Deutschlandreise berichtet:

> Er legt Kränze nieder, besichtigt Turnvorführungen, schreitet durch Spaliere von Fahnenträgern, frühstückt und diniert mit den Spitzen der deutschen Gesellschaft, trägt sich in das Goldene Buch der Stadt ein, erhält die Ehrendoktorwürde der Technischen Universität, nimmt an einer Truppenübung in Döberitz teil und an einer Flugzeugparade in Tempelhof.

Abb. 34: Amanullah und Suraya auf dem Tempelhofer Flugfeld.
Im Hintergrund das Gastgeschenk der Reichsregierung, die Junkers G-24

Zu diesem Anlass kann ihm das Deutsche Reich endlich sein Gastgeschenk überreichen: eine dreimotorige Junkers Typ G-24, deren Preis ein Dreieinhalbfaches des Fiat-Panzerwagens *[= dem Gastgeschenk der italienischen Regierung]* beträgt – 285.000 Reichsmark! Amanullah besichtigt die Sternwarte in Treptow, besucht die Transformatorenfabrik in Oberschöneweide, das Großkraftwerk Klingenberg und die Siemenswerke. Hier erhalten die Königin ein silbergoldenes elektrisches Protoskaffeegeschirr und der König zwei vollautomatische Fernsprechanlagen. Er besucht Wohlfahrtsanstalten, inspiziert die Berliner Feuerwehr, spendet den Armen der Stadt, wie in jedem Land, das er auf seiner Reise besucht, 1.000 englische Pfund und wohnt in der Oper einer Galavorstellung von Ludwig Bayers Ballett „Die Puppenfee" bei.[19]

Königin Suraya ließ es sich übrigens im Gegensatz zu Ihrem Gatten nicht nehmen, in der Junkers G-24 einen Rundflug über Berlin zu machen.

Abb. 35: Suraya nach dem Rundflug über Berlin

Beim anschließenden Besuch der Junkers-Flugzeugwerke in Dessau unterzeichnete der König einen Vertrag zum Ankauf zweier F-13-Tiefdecker aus Ganzmetall, damals einem der modernsten Flugzeugtypen überhaupt. Die Fluggeräte wurden via Moskau und Taschkent nach Kabul überführt. Dort entdeckte 1968 ein ehemaliger Junkers-Ingenieur das Wrack einer der Junkers F-13 in einem Hangar; die Maschine wurde nach Deutschland überführt, restauriert und ist im Deutschen Museum ausgestellt.

Junkers erhielt nach dem Staatsbesuch außerdem den Auftrag, weitere zwölf Maschinen, vor allem vom Typ F-13, zu liefern und eine Flugschule in Kabul sowie ein Inland-Streckennetz aufzubauen.

Abb. 36: Eine Junkers F-13 über Teheran

Für weitere Bestellungen von Technik und Produktionsanlagen räumte die Reichsregierung Afghanistan einen Kredit von 6 Millionen Goldmark (nach heutiger Währung etwa 20 Millionen Euro) ein, eine nur scheinbar geringe Summe – immerhin befand man sich mitten in der Weltwirtschaftskrise, musste Reparationszahlungen leisten und ein Millionenheer von Arbeitslosen verkraften.

Kritische Stimmen in Deutschland

Es gab allerdings auch durchaus kritische Stimmen, die die Kosten von rund einer halben Million Reichsmark für den Staatsbesuch eines orientalischen Potentaten in Zeiten bitterer Not für reine Verschwendung oder einen Rückfall in wilhelminisches Gepränge hielten.

Zu einem kuriosen Zwischenfall kam es, als die Wagenkolonne mit dem Königspaar auf dem Weg zum Palais des Reichspräsidenten auf eine Gruppe kommunistischer Demonstranten stieß:

> Beim Brandenburger Tor stand eine Gruppe Kommunisten, die den König mit dem unfreundlichen Rufe: „Nieder!" begrüßte. Auf die Frage des Königs an den ihm beigegebenen Botschafter Rosen, was der von geballten Fäusten begleitete Ruf bedeute, erwiderte

dieser geistesgegenwärtig: „Gott schenke Euer Majestät ein langes Leben." Freudig wendete sich der König im Auto um und winkte dafür den überraschten Kommunisten freundlich zu.[20]

Kurt Tucholsky schrieb unter seinem Pseudonym „Theobald Tiger" folgendes Gedicht:

Ersatz

Aman Ullah-Chan in Berlin
Einen richtigen König? Wir haben keinen
und daher borgen wir uns einen.

Sei gegrüßt, du schöne Gelegenheit!
Alles ist wie in alter Zeit:

Straßenabsperrung und Schutzmannsgäule,
Neugier der Kleinbürger, Hurra-Geheule,
Monokel-Kerle die Kreuz und die Quer
und: Militär! Militär! Militär!
Endlich wissen die deutschen Knaben,
wozu sie eine Reichswehr haben!
Dazu.
Denn wenn Deutschland was feiert,
kommt immer die Reichswehr angemeiert,
als der vollendete Ausdruck des Landes
und zur Erfrischung des Bürgerverstandes.
Im Spalier aber steht bei Aman Ullah-Chan
Er: der deutsche Untertan.

Wo wird denn der fremde König wohnen?
Er kann doch nicht auf dem Bahnhof thronen ...
Ein Palais? Ja, es tut uns furchtbar leid:
aber die Palais gehören zur Zeit
der republikanischen Fürstlichkeit.
Da mieten wir schon – laß die Arbeiter kollern! –
bescheiden ein Haus von den Hohenzollern.
(Von deinen Steuern.)
Und mit mächtigem Getos
gehts los:

Generale und Admirale.
Bürgermeister und Ehrenpokale –
oben, auf dem Brandenburger Tor,
lugt eine richtige Feldwache vor
– sie spielen Krieg – als ob sie drauf lauern,
vor der Macht eines Königs zu erschauern.

Und in allen Augen ein Glanz:
Heil Aman Ullah im Siegerkranz!
(Unsrer ist leider – Gott seis gepfiffen –
leise weinend ausgekniffen.)

Und wer tommt denn da –?
Der liebe gute republikanische Kronprinz ist auch noch da!
Mit dem Geschmack von Papa
und mit Tatü und Tata
fährt er im Auto durch die Linden,
um in den Pferdeäppeln eine verlorene Krone zu finden.[21]
Das gute Kind –! Wie die Rücken sich beugen
wie die Fräcke sich demutsvoll verneigen!
Uniformen blitzen ordensbesternt!
Das können sie. Das haben sie gelernt.
Lacht da einer? Da lacht keiner drüber.
Die Zeitungen schwappen vor Schwachsinn über,
berichten vom Präsidenten-Salon,
von Gala-Oper und Hühnerbouillon,
Der braune König wird Ehrendoktor ...
Und nur ein vaterlandsloser, verstockter
Roter sieht in der ganzen Musik
den schönen Traum einer Republik.[22]

Für politische Diskussionen sorgte das Agieren des deutschnationalen Vizekanzlers Hergt, der den erkrankten Reichskanzler Marx vertrat.

Die rechtsnationale Presse zitierte aus einem Gespräch, das er mit König Amanullah hatte, worin er um Verständnis für den vergleichsweise bescheidenen Empfang in Berlin bat – zu schwer seien die Bürden des Versailler Vertrags. Außerdem befinde sich Deutschland ebenso wie Afghanistan in einem „dauernden Kampf um seine Sicherheit und die Unabhängigkeit des Landes." Für dieses unautorisierte außenpolitische Statement in einer kritischen Zeit und die Instrumentalisierung des afghanischen Staatsbesuchs wird der Vizekanzler im „Berliner Tageblatt" heftig kritisiert.[23]

In Berlin machten diverse Gassenhauer die Runde, die den Besuch zum Thema hatten: „Das geht Dich afghanischt an, das nehm' ich mit nach Hause und Belutsch-es-dan."[24]

Es gab aber auch Songs mit schlüpfrigen Texten wie zum Beispiel der mit Titel „Beim kleinen Amanulla", der vom Orchester Paul Godwin getextet und vertont wurde:

Beim kleinen Amanulla
lutscht alles noch am Schnulla
du darfst dich dort mit vierz'n

schon in die Liebe stürz'n
die Städte sind wie Dörfer
die Mädchen aber schärfer
die machen so gern Trullala
im Land von Amanulalla
was sagt denn der Papa?

Die Theaterautoren Arnold und Bach verfassten einen Schwank mit dem Titel „Hulla di Bulla", dessen Hauptfigur ein König Abdur di Bulla ist. In der klassischen Verwechslungskomödie, die im Prinz-Albrecht-Palais, also dem tatsächlichen Quartier Amanullahs während seines Besuchs, spielt, wird als Höhepunkt ein Mullah-Komplott (!!) gegen den König aufgedeckt.

Abb. 37: Amanullahs Besuch wird auch zu Werbezwecken benutzt

In Afghanistan war man durchaus stolz auf die Beachtung des Regenten im europäischen Ausland, auch wenn es vereinzelt Kritik an den Kosten der Auslandsreise gegeben hatte.

Die Kritik wurde jedoch lauter, als Fotos des Königspaares in moderner westlicher Kleidung in der Presse erschienen; insbesondere erregte Königin Suraya erneut die Gemüter der ihr schon immer feindlich gesinnten islamischen Geistlichkeit, da sie bei Banketten oder in europäischen Magazinen oft unverschleiert und mit schulterfreiem Kleid zu sehen war. Es kursierten aus dem konservativen religiösen Lager gestreute Gerüchte, der König habe Schweinefleisch gegessen, Alkohol konsumiert und sei zum Christentum übergetreten – die Stimmung begann sich zu radikalisieren. Dazu trug mit Sicherheit auch die Audienz Amanullahs bei Papst Pius XI. während des Italien-Aufenthalts seiner Europa-Reise bei.

Abb. 38: Königin Suraya im schulterfreien Kleid in der London Illustrated News

Die Reise der königlichen Entourage hatte rund 1 Million Pfund Sterling gekostet – fast ein Drittel der jährlichen Staatseinnahmen. Dafür wurde Afghanistan in der Weltgemeinschaft als unabhängiger, souveräner Staat wahrgenommen und der König hatte – inspiriert von den Eindrücken seiner Reise – mehr denn je die Absicht, sein Land zu modernisieren. Er berief im Juli 1928, kurz vor den Feierlichkeiten zum Unabhängigkeitstag am 28. August 1928, eine Loya Jirga, die große Ratsversammlung der afghanischen Stämme, ein, um den Stammesältesten seine Pläne mitzuteilen.

Das Ende von Amanullahs Herrschaft

Zeitgleich traten neuen Bekleidungsvorschriften für die Loya Jirga in Kraft: Das traditionelle Salwar Kameez, die Kombination aus weiter Hose und langem Hemd wurde verboten, europäische Hosen wurden ebenso Vorschrift wie europäischer Haarschnitt und europäische Kopfbedeckungen anstelle von Turban und Pakol. Das Festprogramm vor der eigentlichen Loya Jirga bestand aus einem Maskenball, Kinovorführungen sowie dem Auftritt einer spärlich bekleideten Varietékünstlerin – eine ungeheuerliche Provokation der konservativen Geistlichkeit.

Dr. Kurt Ziemke, deutscher Gesandter in Afghanistan nach 1933, beschreibt dies in seinem Buch „Als deutscher Gesandter in Afghanistan" mit folgenden Worten:

> Es muss eine wirklich tragikomische Szene gewesen sein, als Amanullah dort, wo der einsame Musikpavillon wie vergessen am Rasen steht, nach seiner Rückkehr 1928 das erste „moderne" Parlament berief [...] dann trat das Parlament zusammen, jeder Abgeordnete, auch der Mann der Berge, stak in einem schwarzen Bratenrock, auf dem Haupt den Hut, die Füße in Schuhe gezwängt. Auf den Bänken nahmen die Volksvertreter Platz, sie schienen sich unbehaglich zu fühlen, ein Stacheldraht sperrte sie von der Estrade des Königs ab. Amanullah war nach der letzten englischen Mode gekleidet, Cut, graue Beinkleider, gelbe Handschuhe, weicher Kragen, graue Krawatte und steifer Hut. Ein Lautsprecher verstärkte die königlichen Worte. „Afghanistan wird nicht länger zurückbleiben [...] wir werden in unserem Land diejenigen europäischen Sitten einführen, die wir für angemessen erachten- größerer Fortschritt-mehr Freiheit." Mehr Freiheit? Für wen? Etwa für die Frauen? Soll der Schleier fallen? Die Abgeordneten hatten ihn nicht ganz verstanden, aber sie begannen zu ahnen, was er noch vorhatte. Sie schwiegen und der König nahm das Schweigen für Zustimmung. Die feierliche Zeremonie war zu Ende, aber sie war eigentlich nur der Anfang des baldigen Endes.[25]

Ein weiterer wesentlicher Faktor der wachsenden Opposition gegen Amanullah war die von ihm geplante Einführung einer obligatorischen theologischen Ausbildung von Mullahs, die mit einer Abschlussprüfung verbunden sei sollte. Dagegen regte sich sofort scharfer Protest der Geistlichkeit, die ihren Einfluss in akuter Gefahr sah.

Abb. 39: König Amanullah erläutert seine Reformpläne auf der Loya Jirga 1928. Deutlich zu erkennen die europäische Kleidung der Anwesenden

Trotz aller Warnungen und trotz beginnender Unruhen hielt Amanullah an seinem Kurs fest. Als sich Königin Suraya auch noch öffentlich entschleierte, war das Maß voll: Am 14. November 1928 brachen Kämpfe zunächst in Jalalabad aus, die sich rasch ausweiteten. Gerüchten zufolge war Colonel Thomas Lawrence (alias Lawrence von Arabien) kurz vor Ausbruch der Aufstände im Osten Afghanistans in den Stammesgebieten auf der britischen Seite der Durand-Linie unterwegs; ob er tatsächlich einen Beitrag zum Sturz Amanullahs geleistet hat, kann nicht mehr geprüft werden; den Briten kam der Sturz des außenpolitischen ‚Unsicherheitsfaktors' Amanullah mit seinen mehr oder weniger engen Beziehungen zur Sowjetunion jedoch sehr gelegen.

Nun rächte es sich, dass Amanullah den zielgerichteten Auf- und Ausbau der afghanischen Armee unter anderem zugunsten von teuren Prestigeprojekten wie dem Bau von Darulaman vernachlässigt hatte; die schlecht ausgerüsteten Truppen konnten keinen nennenswerten Widerstand leisten; ein vom afghanischen Botschafter in der Sowjetunion, Ghulam Nabi, geleiteter Entlastungsangriff, der mit als Afghanen ‚getarnten' Rotarmisten im Norden durchgeführt wurde, misslang und Kabul fiel in die Hände des Warlords und Briganten Habibullah Kalakani, alias „Bacha-e-Saqao", dem „Sohn des Wasserträgers" aus den kohistanischen Bergen nördlich von Kabul.

Die königliche Familie floh ins Exil nach Italien und kehrte nie mehr nach Afghanistan zurück.

Auch Mahmud Beg Tarzi, der Schwiegervater und Mentor Amanullahs, musste das Land verlassen und lebte bis an sein Lebensende in Istanbul. In seiner Zeitschrift Saraj-ul-Akbar, die noch in Kabul erschien schrieb er:

> Was ist Wissen? Der einfache Unterricht im Namen des Islam ist keine Wissenschaft. Er muss mit modernen Technologien, Natur-und Sozialwissenschaften gemeinsam implementiert werden. Einmal lebten die Europäer in dunklen Zeiten des Mittelalters. Der Islam brachte den Europäern das Wissen mit einer leuchtenden Fackel in der Hand. Heute leben die Muslime in einem dunklen Zeitalter, während die Europäer die Führung übernommen haben.[26]

Das Schicksal Amanullahs veranlasste Erich Mühsam zu folgendem Spottgedicht:

> Ruhm
> Als der König aus dem Morgenlande,
> Amanullah von Afghanistan,
> mit uns knüpfte heiße Freundschaftsbande,
> ach, wie jauchzten wir denselben an!
> Wonnig blitzten damals auf dem Lehrter
> Bahnhof Freudentränen, Orden, Schwerter.
> Leider war von jenem man in Kabul
> Weniger entzückt als in Berlin
> und mit Flugzeug, Weib und Ehrensabul
> musst' er sich bald nach außerhalb verzieh'n
> Doch am Lehrter Bahnhof mit Gepränge
> Gelten andern jetzt die Festempfänge

Literaturhinweise

Adamec, Ludwig W.: Afghanistan's Foreign Affairs to the Mid-Twentieth Century. Relations with the USSR, Germany and Britain. Tucson 1974
Alema: Die Beziehungen zwischen Afghanistan und Deutschland in den Jahren 1919 bis 1929. In: *Schetter*, Conrad/*Wieland-Karimi*, Almut (Hrsg.): Afghanistan in Geschichte und Gegenwart. Beiträge zur Afghanistanforschung. Frankfurt a.M. 1999
Breshna, Habibo: Die Geschichte Afghanistans. Zürich 2012
Gerber, Alfred: Afghanische Mosaiken – Reise in ein verschlossenes Land. Braunschweig 1942

Gregorian, Varton: The Emergence of Modern Afghanistan: Politics of Reform and Modernization. Standford 1969

Fraser-Tytler, William Kerr: Afghanistan – A Study of Political Development in Central and Southern Asia. Oxford 1953

Klimburg, Max: Afghanistan. Das Land im historischen Spannungsfeld Mittelasiens. Wien 1966

Nasher, Diana: Töchterland. München 2013

Roberts, Jeffery J.: The Origins of Conflict in Afghanistan. Westport 2003

Schetter, Conrad/*Wieland-Karimi*, Almut (Hrsg.): Afghanistan in Geschichte und Gegenwart. Beiträge zur Afghanistanforschung. Frankfurt a.M. 1999

Schwanitz, Wolfgang G.: Der Geist aus der Lampe: Fritz Grobba und Berlins Politik im Nahen und Mittleren Orient. In: Comparativ 14 (2004) 1, S. 126–150

Seidt, Hans-Ulrich: Berlin, Kabul, Moskau – Oskar von Niedermayer und Deutschlands Geopolitik. München 2002

Stewart, Jules: The Kaiser's Mission to Kabul: A Secret Expedition to Afghanistan in World War I. London 2014

Weber, Sabine: Ullemulle, König der Herzen – Wie Amanullah Chan die Weimarer Republik im Sturm eroberte und Kabul verlor. In: *Deutschlandfunk* vom 26.12.2009. Verfügbar unter: http://www.deutschlandfunk.de/ullemulle-koenig-der-herzen.1247.de.html?dram:article_id=190230

Ziemke, Kurt: Als deutscher Gesandter in Afghanistan. Stuttgart 1939

Anmerkungen

1 Grobba verfolgte später als NS-Gesandter in Bagdad die Politik der politischen Nutzung des Islam durch wöchentlichen Sendungen, die in arabischer Sprache in den Nahen und Mittleren Orient übertragen wurden sowie durch die Hilfe des Jerusalemer Großmuftis Amin al-Hussaini, einem Bewunderer Hitlers.

2 *Schwanitz*, Wolfgang G.: Der Geist aus der Lampe. In: Comparativ 14 (2004) 1, S. 133.

3 Es gab schon zu Amir Habibullahs Zeiten deutsche Experten im Land wie Fritz Grobba in seinen Erinnerungen erwähnt: „Die deutschen Beziehungen zu Afghanistan im Jahre 1903 begannen, als Deutschland einen großen Transport von Waffen und Kriegsausrüstungen (12 Gebirgs-Schnellfeuergeschütze, 18 Feldgeschütze, 2 Haubitzen mit Munition) nach Afghanistan sandte […] Außerdem wurde der englische Direktor der Waffenfabrik in Kabul durch einen aus Deutschland gesandten Sachverständigen ersetzt […] Einige Monate später wurde der deutsche Direktor der Waffenfabrik in Kabul, der Krupp'sche Werkmeister Gottlieb Fleischer, auf der Rückreise nach Deutschland vor dem Verlassen der afghanischen Grenze ermordet" (*Grobba*, Fritz: Männer und Mächte im Orient. 25 Jahre diplomatischer Tätigkeit im Orient. Göttingen 1967, S. 11).

4 *Grobba* (wie Anm. 3), S. 14.

5 *Aly*, Götz: Reifeprüfung – Tüchtige Beamte für ein modernes Afghanistan. In: *Frankfurter Allgemeine Zeitung* vom 15.03.2002, Ausg. 63, S. 12.

6 *Schmidt*, Prof. Dr. Franz: Von deutscher Bildungsarbeit in Afghanistan. In: Die Deutsche Schule im Auslande, Wolfenbüttel 1935.

7 *Conte*, Carl: Treffpunkt Kabul – Reisen durch das neue Afghanistan. [o.O.] Verlag Expedition, 2. Aufl. 2016, S. 44.

8 *www.darulaman.de.*
9 *www.darulaman.de.*
10 *Gerber*, Alfred: Afghanische Mosaiken – Reise in ein verschlossenes Land. Braunschweig 1942, S. 94–95.
11 *Gerber* (wie Anm. 10), S. 64–67.
12 *Gerber* (wie Anm. 10), S. 128–129.
13 *Fraser-Tytler*, William Kerr: Afghanistan – A Study of Political Development in Central and Southern Asia. Oxford, 1953, S. 202.
14 *Gerber* (wie Anm. 10), S. 100–101.
15 Vgl. *Seidt*, Hans-Ulrich: Berlin, Kabul, Moskau – Oskar von Niedermayer und Deutschlands Geopolitik, München 2002, S. 138.
16 Vgl auch: *Niedermayer*, Oskar v.: Afghanistan im Rahmen der asiatischen Geopolitik. In: Jahrbuch des Bundes der Asienkämpfer, Berlin, Bd. 4, 1924.
17 *Seidt* (wie Anm. 15), S. 143.
18 *Weber*, Sabine: Ullemulle, König der Herzen – Wie Amanullah Chan die Weimarer Republik im Sturm eroberte und Kabul verlor. In: Deutschlandfunk vom 26.12.2009, *http://www.deutschlandfunk.de/ullemulle-koenig-der-herzen.1247.de.html?dram:article_id=190230*, S. 10.
19 *Weber* (wie Anm. 18), S. 20.
20 *Weber* (wie Anm. 18), S. 18.
21 Tucholsky bezieht sich auf das überraschende Erscheinen des ehemaligen Hohenzollern-Kronprinzen Friedrich Wilhelm von Preußen. Sein Wagen fuhr quasi im Gefolge Amanullahs durch Berlin.
22 *Tucholsky*, Kurt: Arbeiter Illustrierte Zeitung, 1928, Nr. 12, S. 12.
23 *Berliner Tagblatt und Handelszeitung* vom 24.02.1928, S. 5.
24 *Berliner Zeitung* vom 14.03.2002.
25 *Ziemke*, Kurt: Als deutscher Gesandter in Afghanistan. Stuttgart 1939, S. 106.
26 Zit. n. *Breshna*, Habibo: Die Geschichte Afghanistans. Zürich 2012, S. 261.

Volker Bausch
Kabul Airlift 1928/29

Als Habibullah Kalakanis Milizionäre Mitte Dezember 1928 immer näher an Kabul heranrückten und absehbar war, dass die Stadt in ihre Hände fallen würde, bedeutete dies für die etwa 600 in Kabul wohnenden Ausländer – Firmenangehörige, Lehrer (darunter auch die Lehrer der Amani-Oberrealschule), Diplomaten – eine dramatische Entwicklung: Alle wussten, dass es sich bei den ‚Aufständischen' um brutale und gesetzlose Marodeure handelte, die die Stadt nach der Einnahme rücksichtslos plündern würden; sie konnten sich ausmalen, was mit ihnen – auch den vielen Frauen und Kindern – geschehen würde, fielen sie in die Hände von Habibullahs Soldateska.

Abb. 40: Habibullah Kalakanis Milizen

Da es keine Funkverbindung zur britischen Botschaft in Kabul mehr gab, wurde am 18. Dezember ein Aufklärungsflugzeug der Royal Air Force aus Risalpur bei Peschawar nach Kabul geschickt, um ein Bild der Lage zu bekommen. Der De Havilland D.H.9-Doppeldecker von Flying Officer Claude William Leighton Trusk überflog das Botschaftsgelände, kam unter Gewehrfeuer und musste mit Maschinenschaden auf dem weiter südlich gelegenen Flugfeld Sherpur (heute Stadtviertel der Drogenbarone und Warlords) landen. Weitere Maschinen überflogen das Gelände, die Botschaftsangehörigen benutzten im Garten ausgelegte weiße Betttücher, um mit den Piloten zu kommunizieren. „Do not land" und „All well" lauteten die Mitteilungen.

Abb. 41: De Havilland D.H.9

Abb. 42: Aufnahme des Botschaftsgartens von Flying Officer Trusk

In der Zwischenzeit war es der afghanischen Armee kurzzeitig gelungen, Habibullahs Milizen nach Norden zurückzudrängen und so konnte die Royal Air Force damit beginnen, alle in Kabul wohnenden Ausländer im Rahmen der ersten Luftbrücke der Luftfahrtgeschichte zu evakuieren.

Man benutzte dazu umgebaute zweisitzige Westland Wapiti-Bomber, De Havilland D. H.9-Doppeldecker und eilig aus Bagdad nach Risalpur verlegte Handley Page und Vickers Victoria-Truppentransporter.

Abb. 43: Europäer verlassen Kabul mit einem Handley-Page Truppentransporter

Die ersten Flüge fanden am 23. Dezember 1928 statt. Eine Vickers Victoria, eine Westland Wapiti und drei D.H.9 brachten 21 Frauen und Kinder bei eisigen Temperaturen nach Risalpur in Britisch-Indien, heute Pakistan.

Die Piloten der Royal Air Force überquerten dabei mit ihren keineswegs dafür ausgelegten, teilweise offenen Maschinen bis zu 5.000 m hohe Gebirgsformationen des Hindukusch und operierten so am Rande oder deutlich über ihren Dienstgipfelhöhen. Mitten im Winter bei Temperaturen bis zu minus 30 Grad mit stoffbespannten Doppeldeckern waren dies fliegerische Meisterleistungen in den Pioniertagen der Luftfahrt.

Auch nach der endgültigen Einnahme der Stadt durch Habibullahs Truppen am 14. Januar 1929 gingen die Evakuierungsflüge weiter. Es gelang den Piloten der Royal Air Force, in 84 Flügen, bei denen über 45.000 km zurückgelegt wurden, innerhalb eines Monats und wann immer es die Wetterbedingungen in dem fast 1.800 m hoch gelegenen Kabul erlaubten, 586 Männer, Frauen und Kinder in Sicherheit zu bringen. Die Royal Airforce erwähnte in ihrem Abschlussbericht, dass dabei auch 24.198 Gepäckstücke befördert wurden.

Im Februar 1929 wurde die letzte Gruppe, bestehend aus dem britischen Botschafter Sir Francis Humphrys sowie Angehörigen der deutschen und türkischen Botschaft, ausgeflogen. Die erste Luftbrücke der Geschichte war zu Ende und hatte erstaunlicherweise keine Opfer gefordert.

Volker Bausch

Hentig und Niedermayer reloaded – Die strategische Bedeutung Afghanistans für Nazideutschland (1933–1945)

Mit der Einnahme Kabuls durch Habibullah Kalakani alias „Bacha-e-Saqao", dem „Sohn des Wasserträgers", am 17. Januar 1929 begann eine zehnmonatige Willkür- und Terrorherrschaft von marodierenden Banden.

Abb. 44: Habibullah Kalakani

Habibullah Kalakani, der sich König Habibullah II. nannte, war der erste und einzige nicht-paschtunische König Afghanistans. Er stammte aus einem kleinen Dorf in den vorwiegend von Tadschiken besiedelten kohistanischen Bergen nördlich von Kabul. Er hatte nicht einmal die lokale Madrassa-Ausbildung abgeschlossen, jedoch eine militärische Ausbildung erhalten und am 3. Anglo-Afghanischen Krieg teilgenommen.

Seine dort gewonnene militärische Expertise nutzte er als Wegelagerer oder stellte sie als ‚Warlord' verschiedenen ‚Auftraggebern' zur Verfügung: So kämpfte er 1924 während des Khost-Aufstands auf Seiten der Stämme, die sich gegen die ‚unislamischen' Reformen Amanullahs erhoben hatten; 1928 bot er dann König Amanullah seine Dienste beim Kampf gegen den aufständischen Shinwari-Stamm an.

Amanullah machte Habibullah Kalakani zum Oberst und stellte ihm Waffen zur Verfügung, Habibullah wechselte jedoch die Seiten und kämpfte aufseiten der Aufständischen.

Nach der Machtübernahme im Januar 1929 wurde er von der religiösen Führung zum König gekrönt und gleichzeitig zum „Khadem-e Din e Rasul-e Allah", zum „Diener der Religion des Gesandten Allahs" erklärt.

Unmittelbar danach wurden alle Reformen Amanullahs wieder zurückgenommen:

Die Sharia wurde wieder als einzig gültige Rechtsnorm eingeführt, Männer mussten wieder Bärte und Turbane tragen. Frauen durften nur mit Mahram (naher männlicher Verwandtschaft) und Hijab in die Öffentlichkeit, viele Schulen wurden geschlossen, auch die, an denen die Sprache von Ungläubigen gelehrt wurde, also die Amani-Oberrealschule und das von Frankreich geförderte Lyceé Isteqlal.

Dr. Iven und zwei Junglehrer waren trotz der chaotischen Lage in Kabul geblieben; im Artikel von Prof. Schmidt wird dies so beschrieben:

> Das große neue Schulgebäude wurde Kaserne, Tische und Bänke während des strengen Winters verfeuert, die wertvolle Lehrmittelsammlung zerschlagen oder gestohlen, dem Direktor das Betreten des Gebäudes untersagt, einer der afghanischen Lehrer erschossen. Die Amani-Mädchenschule wurde wie alle anderen von Amanullah Chan gegründeten Mädchenschulen geschlossen. An seine Frau in Berlin schrieb Iven über den Zustand der Schule: „Die Schule hat den Rebellen als Kaserne und den Afghanen als Viehstall gedient, Schafe und Ziegen im 1. Stock, Kühe und Pferde unten, Kamele im Garten. Es war ein erhebendes Bild, und dann dieser Mist in allen Klassen. Gegen den Vandalismus war ich ohnmächtig."[1]

Die Herrschaft Habibullah Kalakanis war jedoch nur von kurzer Dauer: Die paschtunischen Stämme konnten und wollten einen tadschikischen Herrscher in Kabul nicht dulden – sie hatten Habibullah nur so lange unterstützt, bis der verhasste Modernisierer Amanullah vertrieben war.

Schon ab März 1929 versuchte Amanullahs ehemaliger Kriegsminister Mohammed Nadir Khan mit seinen Brüdern aus dem indischen Exil Stämme im

Grenzgebiet zum Kampf gegen Habibullah zu bewegen. Die britische Regierung zögerte, Nadir Khan zu unterstützen, obwohl sie sich der Risiken eines Machtvakuums an der Westflanke Britisch-Indiens sehr wohl bewusst war und nahm zunächst eine abwartende Haltung ein. Schließlich überwog jedoch die Furcht vor einer anhaltend instabilen Lage und dauerhaftem Bürgerkrieg in Afghanistan: Die Briten duldeten stillschweigend die Rekrutierung von Stammesmilizen durch Nadir Schah auf der indischen Seite der Durand-Linie.

Abb. 45: Habibullah Kalakani als König Habibullah II.

Zunächst konnte Habibullah die Angriffe abwehren, jedoch hatte er aufgrund der katastrophalen wirtschaftlichen Lage und des despotischen Charakters seiner Herrschaft kaum noch Rückhalt; Verluste seiner Milizen konnten nicht mehr aufgefüllt werden, da das Geld für die Rekrutierungen fehlte und so gelang es Nadir Khan und seinem Bruder, am 10. Oktober 1929 Kabul einzunehmen. Habibullah floh zunächst in sein Heimatgebiet nördlich von Kabul, er wurde jedoch kurz danach gefasst und mit dreizehn seiner engsten Gefolgsleute am 1. November 1929 hingerichtet und danach öffentlich aufgehängt.²

Abb. 46: Habibullah kurz nach seiner Gefangennahme

Abb. 47: Habibullah und sein Gefolge am Galgen

1930–1933: Die Ära Mohammed Nadir Schah

Mohammed Nadir Khan übernahm als König Nadir Schah ein durch die neunmonatige Herrschaft des ‚Räuberkönigs' Habibullah Kalakani höchst instabiles und finanziell zerrüttetes Land.

In seiner Regierungserklärung machte er deutlich, dass er nicht beabsichtigte, den kompromisslosen Reformkurs Amanullahs fortzusetzen. Die Verfassung des Jahres 1931 basierte auf den Grundlagen islamischen Rechts und somit wurde die konservative Geistlichkeit besänftigt. Gleichzeitig strebte Mohammed Nadir Schah jedoch zielgerichtet den Aufbau starker und verlässlicher Streitkräfte an, die vor allem seine Herrschaft nach innen sichern sollten.

Ihm war klar, dass dies nur mit Hilfe von außen gelingen konnte und so entsandte er Offiziere und Offiziersanwärter zur Ausbildung nach Indien, Frankreich, Deutschland und die Türkei und holte Militärberater aus diesen Ländern nach Kabul.

So gelang es ihm, innerhalb kürzester Zeit quasi aus dem Nichts eine relativ schlagkräftige Armee zu schaffen: Schon 1931 nahmen an den Manövern der Kabuler Garnison, die seit 1929 unter der Leitung des deutschen Militärberaters Major Christenn stand, rund 10.000 Soldaten teil und 1933 umfasste die afghanische Armee etwa 40.000 Mann.

Behutsam setzte Mohammed Nadir Schah die Modernisierung der Bildung fort; unmittelbar nach seiner Machtübernahme nahm die Amani-Oberrealschule den Unterrichtsbetrieb wieder auf. Prof. Schmidt schreibt dazu:

> Im Oktober 1929 eroberte der frühere Feldmarschall Mohammad Nadir Schah die Hauptstadt und wurde zum Emir gewählt.
> Wenige Tage später erklärte er dem deutschen Direktor, er möge die Schule so rasch wie möglich wiedereröffnen. Doch dauerte es noch Wochen, die allernotwendigsten Schuleinrichtungen neu zu beschaffen. Am 9. November wurde die Amani-Schule als erste im Lande wieder eröffnet.
> Bereits an diesem Tag begann Iven wieder einen provisorischen Unterricht: „Als Deutschlehrer sind einstweilen einige afghanische Studenten aus Berlin eingetreten, bis ich Lehrer aus Deutschland bringe", berichtete er an die deutsche Gesandtschaft. Auch die Schüler fanden sich wieder ein, „allerdings verwildert und geistiger Anstrengung entwöhnt", „die Schulordnung wurde als Belästigung empfunden", Pünktlichkeit war selbst den Lehrern und Schuldienern „ein unbekannter Begriff geworden".
> Doch am Ende des Jahres hatte Iven einen Teil der verschwundenen Bibliothek in den Basarläden zurückgekauft, mit dem Aufbau einer neuen Lehrmittelsammlung begonnen, überalterte oder schwach begabte Schüler entlassen und neue aufgenommen. Ein Bericht, den er an das Auswärtige Amt in Berlin schickte, endete mit der Bemerkung, Afghanistan sei ein sehr junges Land, „in dem es von Zeit zu Zeit immer wieder gären" werde und in dem „neue Umwälzungen in fernerer Zukunft durchaus denkbar" seien. Allerdings könne

„der Bestand unserer Amani-Schule auf lange Zeit als gesichert gelten", vorausgesetzt es gelänge, den „unvermeidlichen Fortschritt", der durch die deutsche Unterrichtsarbeit entstehe, mit den religiösen Gefühlen zu versöhnen.

Abb. 48: Die Amani-Oberrealschule

Abb. 49: Deutsche und afghanische Lehrer mit den ersten sechs Abiturienten der Amani-Oberrealschule (stehend rechts) 1934

Abb. 50: Der Kulturstaatssekretär zu Besuch

> Bei der ersten Schulveranstaltung unter der neuen Regierung erschienen der Ministerpräsident, der Unterrichtsminister, der Außenminister und zahlreiche hohe Geistliche. Mehrere Klassen wurden im Unterricht vorgeführt. Die Geistlichen prüften selber in Religion und konnten sich überzeugen, dass in der deutschen Schule keine Ungläubigen ausgebildet wurden. Im Jahr 1933 standen immerhin 25 Deutsche im Dienst des afghanischen Staates. Die Deutschen bildeten die stärkste europäische Kolonie in Kabul und arbeiteten als Lehrer, Ingenieure, Kaufleute, Fachschullehrer an Handwerksschulen oder Leiter von Staatsbetrieben. Der Chef der Staatsdruckerei kam aus Deutschland, ebenso wie der Sachverständige für den Exportartikel Lapislazuli oder der Berater zum Aufbau des Postwesens. Einer von ihnen schwärmte: „Mitten in Zentralasien, weitab vom Heimatland, wirst du auf den Straßen eines orientalischen Basars mit ‚Guten Tag' angesprochen. Nicht als Einzelerscheinung, sondern als Regel".[3]

1932 besuchten schon knapp 500, ein Jahr später über 600 Schüler die Amani-Oberrealschule, die nun auch unentgeltliche Deutschkurse für afghanische Staatsbedienstete und Offiziere anbot. Außenpolitisch korrigierte Mohammed Nadir Schah den Kurs seines Vorgängers Amanullah: Zwar erneuerte er während seiner Amtszeit den 1926 geschlossenen Neutralitäts- und Nichtangriffspakt mit der Sowjetunion, gleichzeitig entließ er jedoch alle sowjetischen Berater und Techniker, die unter Amanullah ins Land gekommen waren.

Nadir Schah war der Ansicht, dass eine Modernisierung seines Landes nur mit guten Beziehungen zu Britisch-Indien möglich war und betrachtete die Sowjetunion als größere Gefahr für die Unabhängigkeit Afghanistans als die britische Krone, die ihrerseits sowjetische Expansionsgelüste in Richtung Britisch-Indien befürchtete. In einer Analyse zur Außenpolitik Nadir Schahs aus dem Jahr 1930 heißt es:

> Es ist also kaum daran zu zweifeln, daß die Umwälzung in Afghanistan auch einen Umschwung in der Außenpolitik des Landes mit sich gebracht hat, den man wohl am deutlichsten an einer Zurückdrängung des russischen Einflusses in Kabul erblicken kann. Der englische Einfluß in Afghanistan ist hingegen bedeutend gestiegen, wenn er auch nicht ausreicht, um Afghanistan nun etwa eine ausgesprochen sowjet-feindliche Politik aufzunötigen.[4]

Einflussreiche Kreise der afghanischen Opposition sahen immer noch Amanullah als legitimen König an und beobachteten den aus ihrer Sicht anti-afghanischen englandfreundlichen Kurs Nadir Schahs mit größtem Misstrauen.

Abb. 51: Der „Arg", königliche Festung in Kabul, heute Sitz des Präsidenten. Im Hintergrund zu erkennen der Dilkusha-Palast und der Uhrturm

Abb. 52: Aufnahme des Dilkusha-Palastes

Amani-Schüler als Königsmörder und Attentäter

Als 1931 Mohammed Nadir Schah von den Briten 180.000 Pfund und 10.000 Enfield-Karabiner erhielt und dies öffentlich wurde, betrachtete die Pro-Amanullah-Fraktion dies als Bestätigung ihrer Theorie, dass Amanullah wegen seiner zu freundlichen Politik gegenüber der Sowjetunion durch die Briten gestürzt worden war, die dann Mohammed Nadir Schah als ihre Marionette eingesetzt hatten.

Ghulam Nabi, der Botschafter Amanullahs in Moskau, der 1929 mit sowjetischer Hilfe versucht hatte, die Herrschaft seines Königs zu retten, schürte 1932 eine Revolte im Süden des Landes und wurde wegen Hochverrats auf Anordnung Nadir Schahs exekutiert, wodurch die innenpolitischen Spannungen erneut zunahmen.

Im Jahr 1933 überschlugen sich dann die Ereignisse durch drei Attentate, die alle von aktiven bzw. ehemaligen Amani-Schülern und einem Lehrer durchgeführt wurden und denen unter anderem Nadir Schah und einer seiner Brüder zum Opfer fielen.

Abb. 53: Feiern zum Unabhängigkeitstag Afghanistans am 19. August 1932. König Nadir Schah im oberen Bilddrittel am Tisch

Am Mittag des 6. Juni 1933 feuerte der afghanische Student Sayed Kamal im Treppenhaus der afghanischen Gesandtschaft am Hansaplatz in Berlin mehrere Schüsse auf den Gesandten Sardar Mohammed Aziz Khan, einen Halbbruder des Königs, ab. Dieser wurde sofort ins Krankenhaus Moabit transportiert und verstarb dort trotz einer Notoperation durch Professor Ferdinand Sauerbruch.

Bei seiner Vernehmung durch die Gestapo gab Kamal an, er bereue seine Tat nicht. Er gehöre einer Gruppe von Afghanen an, die die gegenwärtige englandhörige Regierung stürzen wolle. Die afghanischen Behörden verlangten seine umgehende Auslieferung, dem Gesuch wurde jedoch nicht stattgegeben. Über seinen Anwalt erklärte Kamal, der Nationalsozialismus habe ihn stark beeinflusst und er sei ein großer Bewunderer Adolf Hitlers. Ein Gnadengesuch Amanullahs aus dem italienischen Exil blieb ohne Erfolg: Kamal wurde 1934 von einem Berliner Schwurgericht zum Tode verurteilt und 1935 in Plötzensee hingerichtet.

Am 7. September 1933 drang Mohammed Azim, ein Lehrer der Amani-Oberrealschule, in die Britische Gesandtschaft in Kabul ein, um den Gesandten zu ermorden, traf ihn jedoch nicht an und erschoss einen britischen Ingenieur sowie zwei afghanische Angestellte. Azim begründete seine Tat mit der angeblichen Übernahme Afghanistans durch die Briten. Seine Absicht sei gewesen, mit der Ermordung des Gesandten einen Konflikt zwischen Afghanistan und den Briten zu provozieren.

Am 5. November 1933 fiel König Mohammed Nadir Schah einem Attentat zum Opfer, das von Abdul Khaliq, einem Obersekundaner der mittlerweile in „Mactab-e Nedjat" umbenannten Amani-Oberrealschule, durchgeführt wurde.

Während der Siegerehrung nach einer Schülersportveranstaltung im Garten des königlichen Dilkusha-Palastes trat Abdul Khaliq, ein junger Hazara, aus der zweiten Reihe und erschoss König Mohammed Nadir Schah aus nächster Nähe. Diese Tat wurde jedoch wohl nicht direkt aus politischen Motiven verübt, sondern war eher ein Akt von Blutrache: Der Vater des Sechzehnjährigen war Diener des exakt ein Jahr zuvor auf Anordnung des Königs wegen Hochverrats hingerichteten Ghulam Nabi.

Abb. 54: König Nadir Schah und im Vordergrund sein Sohn Zahir unmittelbar vor dem Attentat

Einen aufschlussreichen Einblick in diese dramatischen Tage, aber auch in die Situation und das Leben der deutschen Kolonie im Kabul jener Tage, gibt ein Brief des Lehrers Wilhelm Fedders an einen Kollegen in Deutschland, der uns dankenswerterweise von seinem Sohn, Dr. Broder Sax Fedders, zur Verfügung gestellt wurde:

Kabul, Afghanistan den 24. Februar 1934 Mactab e Nadschat

Sehr geehrter Herr Direktor!

Ihren Brief vom 30. Juli habe ich hier erhalten. Meinen herzlichen Dank! Durch die Presse mögen Sie und das Kollegium inzwischen dieses oder jenes von Afghanistan erfahren haben. Sehr Erfreuliches ist hier seit dem Sommer kaum passiert. Lange hatte ich die Absicht, mich wieder hören zu lassen. Doch hier steht der ganze Postverkehr unter strenger Zensur. Was die Afghanen nicht lesen, das interessiert oft die Engländer! Augenblicklich habe ich Gelegenheit, einen Brief auf privatem Wege nach Deutschland zu senden. So mögen die Herren des Kollegiums es mir zugute halten, dass ich keinem persönlich schreibe.

Hier haben sich die politischen Dinge auch etwas überstürzt. Dabei hat unsere Deutsche Schule eine recht unglückliche Rolle gespielt. Im Sommer erschoss ein früherer Schüler, der in Berlin studierte, den afghanischen Gesandten in Berlin, einen leiblichen Bruder des Großwesirs, einen Halbbruder des damaligen Königs von Afghanistan. Die Verhandlungen wegen der Auslieferung des Mörders sind noch nicht abgeschlossen. Eingeweihte behaupten, dass diese Tat ihren Grund in Blutrache gehabt habe. Am ersten Schultage nach den großen Ferien erschoss ein afghanischer Kollege, der seine Ausbildung in Deutschland genossen hatte und mit einer Schwedin verheiratet gewesen war [...], zwei Engländer auf der hiesigen englischen Gesandtschaft. Er hatte die Absicht, den Gesandten selbst umzulegen, um damit der afghanischen Regierung mit England Schwierigkeiten zu machen. Zweifellos eine Tat, die sich gegen die augenblicklich herrschende Dynastie des Nadir Schah richtete. Asim wurde gehenkt! Andere Lehrer wurden „bandi" (eingesperrt) gemacht. Um jegliches Andenken an den Exkönig auszulöschen, wurde unsere Amani-Oberrealschule (Amanullah-Oberrealschule) umgetauft in Mactab e Nadschat. Man wollte dadurch den damaligen König Nadir Schah ehren, der Afghanistan aus der Hand des Revolutions- und Räuberkönigs befreit hat. Um die Jugend von den innerpolitischen Spannungen abzulenken und für sich zu gewinnen, beschäftigte man die Jungen nachmittags mit Sport. Anfang November war ein großer sportlicher Wettkampf der drei Schulen. Am 5. November wollte der König Nadir Schah alle die Schüler durch Preise auszeichnen, die sich im Wettkampf ausgezeichnet hatten. Die Preisverteilung sollte im Garten vor der Ark (Königspalast) stattfinden. Alle Schüler, dazu die Medizin- und Mullahschüler, hatten zur Begrüßung des Königs Aufstellung genommen. Schon erschien der König mit seiner Leibwache, um die Front abzuschreiten. Die Offiziere den Revolver lose im Koppel. Fast hatte er die ganze Front schon abgeschritten, als auf einmal aus der Gruppe der Schüler der Deutschen Schule ein Schuss fiel. Ich hielt es für einen Startschuss. Doch schon folgten zwei weitere Schüsse, und der König lag zusammengebrochen am Boden, ehe überhaupt die Leibwache zum Schuss kam. Der Täter Abdul Chalek aus der O II hatte aus dem zweiten Glied gefeuert. Hinter dem Vordermann hatte er sich versteckt! Es war für uns Lehrer eine recht unangenehme Lage. Der dritte politische Mord aus den Reihen der Schüler der Deutschen Schule. Es dürfte in der Geschichte der Pädagogik einzig dastehen, dass jemand der Klassenlehrer eines Königsmörders ist. Jedermann weiß, dass dies die Blutrache des Sohnes eines Dieners gewesen ist. Den Herrn dieses Dieners hatte man im Herbst 1932 umgelegt!

Die Weiterexistenz der Deutschen Schule hing nach dieser Tat natürlich an einem seidenen Faden. Die Untersuchung soll ergeben haben, dass in der Schule ein regelrechtes Verschwörernest gewesen ist. Der Königsmörder und ein Schüler aus der O I Machmud, der Beihilfe geleistet haben soll, wurden zum Tode durch das Bajonett verurteilt, zwei weitere Schüler der O II zu lebenslänglichem Kerker. Zahlreiche weitere Schüler wurden der Schule verwiesen. Neben den beiden erwähnten Schülern wurden noch dreizehn Afghanen gehenkt, der Kultusmuin *[= Kultus-Staatssekretär]* wurde in letzter Minute unter dem Galgen begnadigt. Die Schule ist vorläufig nicht geschlossen worden, doch bildet sie das Sorgenkind der Regierung. Die intelligenten Schüler haben wir zum großen Teil verloren. Wer „suspicious" oder „political man" war, musste die Schule verlassen. Von diesem Schlage dürfte sich die Schule wohl kaum wieder erholen. Die Deutsche Kolonie hat durch diese innerpolitischen Ereignisse schwer an Ansehen eingebüßt, obwohl wir nichts dazu können. Man will jetzt am Nachmittage auch Unterricht einführen, damit die Jungen unter Aufsicht sind. Auch will man das Schuljahr nicht wie bisher zum Juli schließen, sondern man will die Ferien in den Winter verlegen. Als Grund gibt man an, dass im waldarmen Afghanistan Holz gespart werden muss.

Unser erstes Abitur soll zum 15. Juni steigen. Von den sieben Mann, die ich anfangs hatte, ist einer eingesperrt. Die restlichen hat man in zwei Klassen geteilt, in mathematisch bzw. philosophisch Begabte. Es ist wohl nach französischem Vorbild gemacht. Ob man uns von Berlin aus einen Reichskommissar schickt, halte ich für unwahrscheinlich. Die öffentliche Stimmung gegen die Deutschen ist seit den Ereignissen nicht günstig, auch wenn uns der Großwesir und der Kriegsminister nach dem heiligen Fastenmonat Ramadan zum Tee eingeladen haben. Es erscheint mir zweifelhaft, dass man gerade uns, die wir hier allerlei erlebt haben, zum Herbst die Verträge verlängern wird. [...]

Wir Deutsche verdienen hier in Afghanistan recht gut, doch ist das Gehalt zum großen Teile eine Risikoprämie, die man uns zahlt. Als nicht gläubige Kafiren haben wir den Muselmanen gegenüber praktisch eine rechtlose Stellung. Meine Reise zum Norden des Landes wurde mir im Sommer 1933 nicht erlaubt. Man sagt, das Reisen sei zu schwierig. In Wirklichkeit will man uns Europäer nicht in das Land hinauslassen. Nur soweit wie Autostraßen gehen, darf man das Land bereisen. Ich habe mir deshalb zu Beginn der Sommerferien ein Auto gekauft. Wenn es auch nicht das neueste Sportmodell mit Schwingachsen ist, so komme ich doch damit aus der Stadt heraus. Zu Ostern werde ich wohl an die indische Grenze fahren. Ein Kollege, der aus Süd-West-Afrika zu uns kam, wird sich als Filmoperateur betätigen. Im Sommer war ich in Kandahar an der Grenze von Beludschistan. Die Freude des Autofahrers ist das Pannenflicken. Die Straßen sind mit Schuhnägeln bespickt, welche die Karawanenleute verlieren. Die Hitze in Kandahar war fast unerträglich. Auch dort ließ man mich nicht in die Umgebung hinaus. Man sagt immer, die Gegend sei nicht sicher vor Räubern. Die Afghanen sind wirklich zu besorgt. Eines Abends hatte ich die Ehre, vom Gouverneur selbst zum Abendessen in sein Serail eingeladen zu werden. Es ist nicht ganz leicht, wie ein Schneider mit untergeschlagenen Beinen dazusitzen. Das muss der Gouverneur wohl auch gemerkt haben, denn er ließ mir Stuhl und Tisch bringen. Das erregte natürlich großes Aufsehen in seiner Umgebung.

Die Stadt selbst ist reizlos wie alle orientalischen Städte. Hier im gottgegebenen Afghanistan verläuft das ganze Leben recht eintönig. Von den Wundern und Reichtümern aus „tausend und einer Nacht" merkt man recht wenig. Die einzige Sehenswürdigkeit in Kandahar ist die Grabmoschee des Achmad Schah, des Gründers der Stadt. Dort an heiliger Stätte sollen Mörder freie Zuflucht haben. Diese werden dann dort von den Mullahs verpflegt. Weiter war ich in dem bekannten Tal von Bamijan. Hier findet man aus vormuselmanischer Zeit gewaltige Buddhastatuen, die in die Sandsteinwand gehauen sind. Die unzähligen Höhlen zeugen von einem früheren buddhistischen Kloster, wie sie in Tibet häufig sein sollen. Als aber bei der Ausbreitung des Islams auch hier das grüne Banner des Propheten entfaltet wurde, da hat man die Mönche vertrieben. Sogar die Statuen hat man zu zerstören versucht, weil nach dem heiligen Koran eine bildliche Darstellung des menschlichen Körpers verboten ist. Seit Jahren sind dort französische Archäologen an der Arbeit.

Abb. 55a – 55i: Wilhelm Fedders fotografierte auf seinen Reisen durch das Land. Seine einzigartigen Aufnahmen auch von den Buddha-Statuen aus Bamiyan, die 2001 von den Taliban gesprengt wurden, gehören zu den wenigen Bilddokumenten aus Afghanistan aus dieser Zeit
Abb. 55a: Wilhem Fedders (Bildmitte) mit Kollegen

Abb. 55b: Pflügender Bauer

Abb. 55c: Ein Hazara-Reiter

Abb. 55d: Lastenesel

Abb. 55e: Eine Frau in Vollverschleierung

Abb. 55f: Verschleierte Frauen in Paghman

Abb. 55g: Die Buddhastatuen von Bamiyan

Abb. 55h: Ein Barbier

Abb. 55i: Vermutlich ein Wagen der deutschen Botschaft an einer Straßenkontrolle in Afghanistan in den 1930er Jahren

Weiter schreibt Wilhelm Fedders in seinem Brief von 1934:

> Sonst verläuft hier das Leben in der gewöhnlichen orientalischen Schlamperei. Allerdings weiß man nie, was morgen wird. Besonders der Frühling, der diesmal schon auffallend früh eingezogen ist, bildet die kritische Zeit, wo die Südstämme am Khyberpass lebendig werden. Hoffentlich bleibt alles ruhig. In challah! Ein Kollege, der heimreist, nimmt diesen Brief mit nach Deutschland. Er geht hier nicht durch die Zensur. Ich darf Sie aber bitten, dass Sie diesen Brief streng vertraulich behandeln und nicht aus der Hand geben. Ich habe kein Interesse daran, dass etwas durch mich über Afghanistan in die Öffentlichkeit kommt. Ich möchte Europa gern wiedersehen.

Direktor Dr. Iven gelang es trotz der schwierigen Lage, die afghanischen Behörden davon zu überzeugen, die Schule nicht zu schließen. Die im Brief angesprochene erste Reifeprüfung konnte im Jahr 1934 abgehalten werden: Sechs Oberprimaner legten das Abitur ab, davon zwei mit Auszeichnung, drei mit „gut" und einer mit „genügend".

Deutschland und Afghanistan von 1933–1943

Die deutsch-afghanischen Beziehungen waren nach der Ermordung des Königs durch einen Schüler der Nedjat-Schule und die Streitigkeiten um die Auslieferung des Berliner Attentäters auf einem Tiefpunkt angelangt.

Der neue starke Mann in der Regierung, Premierminister Hashim Khan, ein Bruder Nadir Schahs, war der eigentliche politische Gestalter der Ära König Zahir Schahs, der als Sohn seines ermordeten Vaters im Alter von 21 Jahren 1933 die Thronfolge antrat.

Seine außenpolitische Linie unterschied sich mit Blick auf das distanzierte, eher von Misstrauen geprägte Verhältnis zur Sowjetunion und zurückhaltender Politik gegenüber England nicht wesentlich von der seines ermordeten Bruders.

Auch war ihm klar, dass es zur Modernisierung des Landes und der Entwicklung der Infrastruktur keine Alternative gab. Deutschland hatte sich in der Vergangenheit als verlässlicher und wertvoller Partner Afghanistans gezeigt, der darüber hinaus keine unmittelbaren strategischen Ziele am Hindukusch zu verfolgen schien und so stand nach der ‚Säuberung' der Nedjat-Schule und der Hinrichtung des Berliner Attentäters aus afghanischer Sicht einer Normalisierung der Beziehungen – allerdings nun mit Hitlerdeutschland – nichts mehr im Wege.

Georg Ripken, ein vom Auswärtigen Amt 1934 nach Kabul entsandter Diplomat, analysierte die politischen Strömungen innerhalb der afghanischen Regierung. In seinen Drahtberichten erwähnt er drei unterschiedliche Fraktionen:

Das Handelsministerium, das bezüglich der Abhängigkeiten von den beiden Großmächten sehr skeptisch war, das Außenministerium, das für engere Beziehungen zur Sowjetunion als Gegengewicht zum Britischen Empire eintrat und eine kleinere pro-britische Gruppe.

Die erneute Annäherung an Deutschland war für die afghanische Außenpolitik ein Mittel, den politischen Fliehkräften und Spannungen in der Konfliktzone an der Schnittstelle zwischen dem Britischen Empire und der aufstrebenden Sowjetunion einen in afghanischen Augen ‚neutralen' Partner zu haben, der keine unmittelbaren politischen Interessen vor Ort hatte.

Dies wurde von den nationalsozialistischen Machthabern nur zu gerne aufgegriffen, eröffnete es doch die Möglichkeit, ganz im Sinne der geostrategischen Denkschule von Niedermayer und Seeckt, Afghanistan zu einem Brückenkopf für zukünftige mögliche Aktionen gegen das Britische Empire auf- und auszubauen und dabei noch Zugang zu wertvollen Rohstoffen zu bekommen. Es gab jedoch kein kohärentes und strukturiertes strategisches Konzept, sondern eher unabgestimmte und von Rivalitäten einzelner Ministerien und NS-Machtzentralen geprägte Aktionen.

Ideologisch unterstützt wurde die NS-Politik in Afghanistan durch die „NSDAP- Ortsgruppe Kabul". Der Leiter der Ortsgruppe war der schon erwähnte Militärberater Major Christenn, der sich monatelange politische Auseinandersetzungen mit Dr. Iven geliefert hatte, zu dem er in einer „Auskunft" schrieb: „Obwohl sein Wesen mehr zum demokratisch-ausgleichenden Kompromiss neigt, fügte es sich doch nach einigem Widerstreben der Disziplin des Stützpunktes".[5] Er trat zwar der NSDAP bei, jedoch „ohne nationalsozialistische Überzeugungstreue, ohne ehrliche innere Begeisterung", wie Christenn konstatierte.[6]

Diese Episode gibt einen Einblick in den ideologischen Geist, der nach 1933 in der deutschen Kolonie eingezogen war; es ist naheliegend, dass die nach der Machtübernahme der Nazis nach Kabul entsandten Fachkräfte auch mit Blick auf ihre ‚weltanschauliche Festigkeit' im Sinne des Nationalsozialismus ausgewählt wurden.

Die Kolonie in Kabul wuchs in den folgenden Jahren rasch an: Nachdem man sich auf die Regelung der noch aus Amanullahs Regierungszeit stammenden afghanischen Schulden geeinigt hatte, wonach deutsche Firmen verstärkt Aufträge in Afghanistan erhielten, folgte 1936 die Gewährung eines Militärkredits an Afghanistan in Höhe von 15 Millionen Reichsmark, mit der eine Musterdivision nach deutschem Vorbild ausgerüstet und aufgestellt werden sollte.

Der Alltag der deutschen Expatriates in Afghanistan

Der deutsche Gesandte in Afghanistan, Dr. Kurt Ziemke, beschreibt in seinem Buch „Als deutscher Gesandter in Afghanistan" das Leben der etwa 200 in Kabul lebenden Ausländer – ca. ein Viertel davon Deutsche – im Jahr 1933 so:

> Eine Abwechslung im täglichen Leben war selten. Ein Kino wurde erst Ende 1936 eingerichtet, es gab also nichts, weder Theater, Konzert, Restaurant, Café. Die ganz guten Militärkapellen konzertierten niemals öffentlich, private Jazzbands und dergleichen waren unbekannt. Zu Spaziergängen eigneten sich die Straßen der Stadt weder im staubigen Sommer noch im aufgeweichten Winterzustand. Einige Besuche im Basar hatten bald die Wißbegierde erschöpft. Zu Ausflügen in die Umgebung gehörte ein Auto, das nur wenige besaßen. Öffentliche Verkehrsmittel existierten nicht [...].[7]

Abb. 56: Neubauten in Kabul

Abb. 57a – 57d: Dr. Elias Balke war von 1930–1933 Kunstlehrer an der Amani-Oberrealschule. Er hatte die Gelegenheit, 1932 an einer geologischen Expedition Dr. Ivens ins Panjir-Tal und nach Badakhshan teilzunehmen. Später hielt er die Eindrücke dieser Expedition in Fotos und Bildern fest
Abb. 57a: Dr. Elias Balke

Abb. 57b: Der Kabuler Basar

Abb. 57c: Dorfkinder von Elias Balke fotografiert

Abb. 57d: Ein Landschaftsbild in Öl von Elias Balke

Weiter führt Ziemke aus:

> Die Tür zur afghanischen Gesellschaft war geschlossen. Der Mann kam nur mit dem Mann in Berührung, und nur dienstlich. Nicht einmal die Lehrer konnten mit den Familien ihrer Schüler Fühlung nehmen. Wer auch immer sich etwas Persisch aneignete, erlernte niemals die Schrift; Zeitungen, Zeitschriften und Bücher des Landes blieben ihm versiegelte Rätsel. Veröffentlichungen in europäischen Sprachen wurden im Lande nicht zugelassen. [...] Eine Flugverbindung war noch nicht eingerichtet. Fünf Tage brauchte man von Kabul mit Auto und Eisenbahn, um den Flugplatz in Karachi zu erreichen. Die Flugpost aus Berlin lief auf diesem Wege 12 Tage, doch beförderte sie keine Zeitungen, die über Bombay drei Wochen benötigten. Die nächste in europäischer Sprache erreichbare Zeitung, die „Civil and Military Gazette" aus Lahore, war bei Eintreffen in Kabul fünf Tage alt.[8]

Für mitreisende Ehefrauen – und es waren nicht wenige, die ihre Männer nach Kabul, Herat, Dschebel Seradsch und Kandahar begleitet hatten – war das Alltagsleben noch eingeschränkter:

> Der Mann hatte immerhin seinen Dienst, doch für die Hausfrau war wenig zu tun. Der afghanische Diener kaufte ein, kochte und besorgte den Haushalt. Aufwand konnte sie nicht treiben, denn sie hätte in Kabul vergebens einen Damenfriseur oder einen Modesalon gesucht. Europäische Frauen, die mit Afghanen verheiratet waren, fertigten Kleider nach Vorlagen an, welche die Kundin ihnen überreichte. Das Radio bildete den Zeitvertreib, allerdings war der Empfang in dem Talkessel von Kabul wegen der Nähe der hohen Berge nur mäßig.[9]

Geselliges Zusammensein erfolgte in der Regel nur innerhalb der jeweiligen Gruppe von Ausländern; da die Regierung jeder Familie ein Jahreskontingent von 150 Flaschen alkoholische Getränke – gleich welcher Größe und welchen Inhalts – gestattete, „[...] langte es nicht einmal zu einem Glas Bier täglich. Kabul errang den Ruf als Musterstadt der Solidität, und der abendliche Kanonenschuß schickte auch die Fremden so ziemlich ohne Ausnahme früh ins Bett."[10]

Allerdings wurde dieses an Entbehrungen reiche Leben durch vergleichsweise fürstliche Gehälter für die Techniker, Berater, Handwerker und Lehrer versüßt: Ein Lehrer an der Amani-Oberrealschule erhielt vom afghanischen Bildungsministerium im Jahre 1933 ein Monatsgehalt von 50 Pfund Sterling, und dies bei in der Regel freier Wohnung. Allerdings waren die Verträge meist kurzfristig, d.h. für zwei Jahre. Sie wurden verlängert, „[...] wenn der Fremde sich nach afghanischer Auffassung bewährt hatte. Manchmal erfolgten vorzeitige Entlassungen, da die Regierung einen strengen Maßstab an Leistung und Disziplin anlegte."[11]

Wilhelm Fedders schrieb 1934 am Ende seiner Vertragszeit in einem Brief nach Deutschland:

Als ich vor reichlich zwei Jahren im Oktober 1932 auf einem vollbepackten Lastauto und dazu noch mit schwerem Fieber hier ankam, hatte ich zu Hause nur Schulden zurückgelassen. Gern hatte ich den Staub einer Heimat von den Füßen geschüttelt, die mir keine Arbeit und kein Brot geben konnte. Jetzt nach zwei Jahren dagegen habe ich ein gutes Stück von der Welt gesehen, habe gelernt, mich nicht in Angelegenheiten der lieben deutschen Landsleute hineinziehen zu lassen und gegen Beteuerungen oder gar Versprechungen ebenso misstrauisch zu sein wie ein alter Kettenhund. Dazu habe ich nicht nur meine sämtlichen Schulden vom Studium her abdecken können, sondern ich habe auch noch Ersparnisse gemacht. Jetzt habe ich noch eine Weltreise im eigenen Auto vor mir. Mein persönlicher Bedarf an echten Teppichen, Decken und bunten Stickereien ist reichlich in Kabul gedeckt. Meine Ausbeute an guten, typischen Aufnahmen ist nicht unerheblich. Und alles das verdanke ich AFGHANISTAN![12]

Afghanistan und seine Bedeutung für Nazideutschland

Es kam nun auch verstärkt zu Besuchen afghanischer Regierungsmitglieder in Deutschland. Der erste hochrangige Politiker, der von der Reichsregierung eingeladen wurde, war Kriegsminister Schah Machmud Khan, der im August 1936 die Olympischen Spiele in Berlin besuchte, an denen erstmals afghanische Athleten teilnahmen. Während seines Besuches wurde er von Adolf Hitler empfangen und nahm als Gast am Nürnberger Parteitag teil.

Ebenfalls 1936 kam Premierminister Hashim Khan, wenn auch offiziell zur medizinischen Behandlung, nach Deutschland und traf während seines Aufenthaltes Alfred Rosenberg, Leiter des Außenpolitischen Amtes (APA) der NSDAP, sowie Propagandaminister Goebbels.

Thomas Ruttig schreibt in seinem Blog „Die Afghanen, die Arier und wir. Eine Art Rezension":

> Offenbar wurde er *[d.h. Hashim Khan]* von Außenminister Faiz Muhammad Khan Zikria begleitet, der am 23. Oktober 1936 das Abkommen über den geheimem Militärkredit unterzeichnete. Der [...] habe [...] Deutschland „einen älteren und fortgeschritteneren arischen Bruder" genannt, als Hitler ihn empfing. Faiz Muhammad traf auch den NDSAP-Chefideologen Rosenberg. Auch Handelsminister Majid Zabuli habe 1936–37 eine längere Europareise unternommen, die ihn auch durch Deutschland führte.[13]

Aus der Äußerung des afghanischen Außenministers wird deutlich, dass die nationalsozialistische Rassenideologie insbesondere mit Blick auf die ‚arische Überlegenheit' bei Teilen der politischen Elite in Afghanistan (und Persien) durchaus auf fruchtbaren Boden fiel. Die Übernahme und Umwandlung des Sanskrit- und altpersischen Begriffes „arya" als Selbstbezeichnung von Sprechern indoiranischer Sprachen und seine Nutzung als Grundbegriff der NS-Rassenlehre bildete in Afghanistan die Basis für die z.T. bis heute dort anzutreffende hartnäckige Legende von der ‚rassischen Verwandtschaft' zwischen Deutschen und Afghanen.

Jan Kuhlmann schrieb dazu in der „taz" vom 13. Januar 2003 in seinem Artikel „Brüder im Geiste, Brüder im Wahn":

> F. K. Günther, seit 1930 Professor für Sozialanthropologie in Jena, erkannte die Verwandtschaft der Indogermanen Europas und Asiens an. In den Angehörigen der afghanischen Oberschicht entdeckte er „Züge der nordischen Rassenseele", wie er in seiner 1934 veröffentlichten Studie über „Die nordische Rasse bei den Indogermanen Asiens" schrieb. Und als anlässlich des 1000. Geburtstags des persischen Nationaldichters Firdausi 1934 in Berlin eine „Persische Straße" eingeweiht wurde, pries Oberbürgermeister Salm das Werk dieses Poeten und stellte eine „überraschende Ähnlichkeit mit den deutschen Heldensagen" fest. In den Heldengedichten fänden die beiden Völker zusammen, die ihren Ursprung auf die gleiche Familie zurückführen könnten.[14]

1937 intensivierte sich die deutsche Präsenz noch einmal durch das sogenannte Dr. Todt-Abkommen zwischen Deutschland und Afghanistan: Dieses Verwaltungsabkommen, benannt nach dem Generalinspekteur für das NS-Straßenwesen, Dr. Fritz Todt, beinhaltete eine umfangreiche Entsendung deutscher Ingenieure nach Afghanistan. Die „Organisation Todt (OT)" „[...] war unter anderem im Straßenbau tätig, modernisierte die Stromversorgung Kabuls, baute das afghanische Telefonnetz auf und errichtete das bis heute arbeitende Wasserkraftwerk von Tschak in Wardak. OT-Mitarbeiter leiteten große Teile der landwirtschaftlichen und industriellen Planung des Landes sowie die Ausbeutung von Lapislazuli-Vorkommen; der Aufbau deutsch-afghanischer Transport- und Baufirmen war geplant."[15]

Im Rahmen dieses Abkommens wurde weiterhin eine hochmoderne 20 kW-Rundfunk-Sendestation in Kabul installiert, die bis weit nach Nordindien gehört werden konnte; über 500 Radiogeräte aus Deutschland wurden importiert, die OT-Ingenieure installierten moderne Tank- und Funkanlagen am Flugplatz in Kabul, richteten eine meteorologische Station im Panjir-Tal ein und begutachteten mögliche Landeplätze für Flugzeuge. 1938 nahm die Lufthansa Kabul in ihr Streckennetz auf und flog regelmäßig via Bagdad nach Afghanistan. Das Handelsvolumen zwischen den beiden Ländern hatte sich innerhalb nur weniger Jahre verzehnfacht. Es gab allerdings schon 1939 geheime Erkundungsmissionen durch Agenten des Militärgeheimdienstes von Admiral Wilhelm Canaris: So reiste der Agent John W. Eppler, ein in Kairo aufgewachsener Agent deutsch-jüdischer Herkunft, 1939 über Persien nach Afghanistan ein. Am 14. Juni 1939 erhielt er folgenden Funkspruch:

Ab sofort Funkverkehr über neue Funkleitstelle Wien. Nicht Kabul anlaufen. Neuer Mann nach dort unterwegs. Schwerpunkt indische Nordwestgrenze. Einzelheiten über Bergstämme. Kontakte. Nichts gegen russische Agenten unternehmen. Nicht feindlich, jedoch alle greifbaren Informationen diese betreffend. Keinen Fall in afghanische Angelegenheiten mischen. Nur Anlaufstellen hieb- und stichfest machen. Punkte für Fallschirmeinsätze festlegen und sichern. Kontakt mit Hamid Subana in Chitral und einen V-Mann von Ihnen in die Wege leiten. Beide als Warteagenten aufbauen.[16]

Niedermayer-von Hentig reloaded?

Am Vorabend des 2. Weltkriegs, im August 1939, unterzeichneten Deutschland und Afghanistan ein Zehnjahres-Handelsabkommen, das langfristige Kredite für Afghanistan gegen umfangreiche Rohstofflieferungen an Deutschland beinhaltete.

Mit dem Beginn des 2. Weltkriegs wiederholte sich die Situation von 1914, und die Nachbarregion des Britischen Empire wurde Gegenstand strategischer Überlegungen der Achsenmächte. Auch wenn König Zahir Schah sein Land für neutral erklärte hatte, gab es in der Regierung doch einflussreiche nationalistische Kräfte, die in einer Allianz mit den Achsenmächten eine Chance sahen, den verhassten Erzfeind England zu bekämpfen. Zu diesen gehörte der Handelsminister Abdul Majid Zabuli. Auch der afghanische Gesandte in Berlin, Allah Nawaz Khan, zielte in Gesprächen mit hochrangigen Vertretern des deutschen Auswärtigen Amtes 1940 auf eine „Befreiung" der „unter britischem Joch"[17] stehenden Afghanen und als Gegenleistung für einen Kriegseintritt Afghanistans auf territoriale Ansprüche östlich der Durand-Line ab.

Es ist jedoch zweifelhaft, dass dies die offizielle Regierungslinie abbildete, denn Premierminister Hashim Khan, der die Begeisterung mancher afghanischer Politiker für Nazideutschland nie teilte, glaubte nicht an einen Sieg der Achsenmächte.

In Deutschland gab es unterschiedliche strategische Überlegungen zu Afghanistan: Oskar Niedermayer hatte im November 1939 dem Oberkommando der Wehrmacht (OKW) eine „Studie über Politik und Kriegführung im Vorderen Orient" vorgelegt. In dieser Studie betonte er abermals die strategische Bedeutung des Orients als Operationsgebiet, wies aber darauf hin, dass das Dritte Reich für raumgreifende Operationen dort weder politisch noch militärisch genügend vorbereitet sei. Er schlug vor, sich um sowjetische Unterstützung eines gemeinsamen Vorstoßes aus dem Kaukasus in das Gebiet von Mossul und auf die von den Briten kontrollierten Ölfelder im Nordirak zu bemühen und von Afghanistan aus Aufstände in Britisch-Indien zu schüren.

Dem gegenüber stand der vom Auswärtigen Amt und dem Amt Ausland/Abwehr des OKW unter Admiral Wilhelm Canaris unterstützte abenteuerliche „Amanullah-Plan", der von Niedermayers altem Weggefährten und erbitterten Rivalen Werner von Hentig entworfen worden war. Er sah vor, die jetzige ‚englandhörige' Regierung zu stürzen und mit Hilfe der Sowjetunion Amanullah wieder zur Macht zu verhelfen, um dann gemeinsam mit der Sowjetunion von Afghanistan aus die britischen Gebiete bis zum Indus zu erobern. Zur Durchführung dieses Plans wollte man auf den Schwager Amanullahs, Ghulam Siddiq, zurückgreifen, der als Botschafter seines Landes in Deutschland lebte.

Das Außenpolitische Amt der NSDAP (APA), Niedermayer und der Orient-Experte Dr. Fritz Grobba, der in den 1920er Jahren deutscher Gesandter in Afghanistan gewesen war, hielten den Plan für völlig unrealistisch und unseriös. In einer Einschätzung des APA hieß es: „Selbst wenn die Englandhörigkeit der jetzigen afghanischen Regierung als richtig unterstellt wird, so fehlt für das beabsichtigte Vorgehen mit Amanullah zunächst jedoch jede Voraussetzung; denn weder militärisch-strategisch noch personell liegen als seriös zu bezeichnende Vorarbeiten aufgrund einer monatelangen, umfassenden und exakten Prüfung vor." Weiter heißt es darin: „Dr. Grobba hat mit Recht den Standpunkt vertreten, dass eine solche Aktion lediglich zu einem Bürgerkrieg innerhalb Afghanistans führen werde, der den Engländern eher Vorteile als Nachteile bringe, aber voraussichtlich Deutschlands starke Position in Afghanistan vernichte."[18]

Dennoch hatte das Auswärtige Amt die Absicht, Ghulam Siddiq in Begleitung eines Diplomaten nach Moskau zu schicken und im Januar 1940 sprach der deutsche Botschafter in Moskau, Graf von der Schulenburg, erneut mit sowjetischen Vertretern über eine Unterstützung oder Duldung der deutschen Pläne. Stalin war jedoch zu dieser Zeit daran gelegen, die Macht in den Einflusszonen in Südosteuropa zu konsolidieren, die ihm im Hitler-Stalin-Pakt zugesichert worden waren und hatte kein Interesse an den deutschen Plänen.

Im Februar 1941 hatte Hitler vom Wehrmachtführungsstab eine „studienmäßige Bearbeitung eines Aufmarsches in Afghanistan gegen Indien im Anschluss an die Operation Barbarossa"[19] gefordert, die im gleichen Monat Gegenstand einer Besprechung des Chefs des Generalstabs des Heeres, Generaloberst Franz Halder, dem Oberbefehlshaber des Heeres, Generalfeldmarschall Walther von Brauchitsch, und dem Chef der Operationsabteilung des Heeres, Oberst i. G. Adolf Heusinger, war. Halder hatte für eine solche Operation den Einsatz von 17 Divisionen und einem Regiment als Bedarf berechnet.[20]

Die entsandten deutschen Techniker und ‚Fachkräfte' der „Organisation Todt" sowie die Diplomaten waren seit Kriegsbeginn nun immer öfter Agenten der Abwehr oder des Sicherheitsdienstes der SS, des SD. Dazu gehörte der 1940 in Kabul eingetroffene Zahnarzt Dr. Kurt Brinkmann, der in seiner Praxis regelmäßig Premierminister Hashim Khan behandelte und über dessen pro-britische Haltung nach Berlin berichtete. Ein Hauptmann Morlock von der Abwehr reiste sogar mit zwei Tonnen ‚Diplomatengepäck', darunter ein 2-cm-Flakgeschütz nebst Munition ein.

Sowohl die Deutschen als auch die Italiener hatten schon seit einiger Zeit die Aktivitäten des Stammeskriegers und Aufständischen Mirza Ali Khan, dem „Fakir von Ipi", beobachtet, der in den Paschtunengebieten Britisch-Indiens in Waziristan seit 1936 einen Dschihad anführte und mit rund 1.000 Stammeskriegern ein über 40.000 Mann umfassendes britisch-indisches Truppenkontingent band. Trotz des massiven Einsatzes ihrer Luftwaffe gelang es den Briten nicht, den Radius der Aufständischen entscheidend einzuschränken – im Gegenteil: Allein im Dezember 1937 waren in den Guerillakämpfen 1.000 britische Soldaten gefallen und die Kämpfe in Waziristan hatten über 1,5 Millionen Pfund verschlungen.

Der italienische Geschäftsträger in Kabul, Pietro Quaroni, drängte seine deutschen Verbündeten und deren Repräsentanten in Kabul, diese Situation zu nutzen und den Fakir von Ipi finanziell massiv zu unterstützen. Italienische Agenten hatten ihn schon seit 1939 unregelmäßig mit Geld und Waffen versorgt und auch John W. Eppler hatte ihn während seiner Mission 1939 besucht. Die dauerhafte Unterstützung scheiterte jedoch zunächst unter anderem daran, dass die afghanische Regierung die Konvertierung von Pfund bzw. US-Dollar in größerem Umfange unterband; aber auch Unstimmigkeiten zwischen den deutschen und italienischen Diplomaten trugen dazu bei.

1941 war der indische Nationalistenführer Subhash Chandra Bose aus einem Gefängnis in Indien geflohen und nach Kabul ausgereist. Dort wurde er mit einem gefälschten italienischen Diplomatenpass ausgestattet und reiste mit Genehmigung und Wissen der sowjetischen Behörden über Moskau nach Berlin, um von dort indische Nationalisten zu unterstützen. Hitler selbst stand der indischen Befreiungsbewegung auch aus rassenideologischen Gründen skeptisch gegenüber, nutzte jedoch die Gelegenheit, die sich durch Boses Anwesenheit in Berlin ergab. Von dort sendete nämlich der „Deutsche Kurzwellensender" schon seit 1939 regelmäßige Propagandasendungen unter anderem auf Hindustani und Arabisch. Der britische Chief Comissioner in Quetta äußerte sich in einem Bericht an die Kolonialregierung so besorgt über die Resonanz auf diese Sendungen, dass diese die Besitzer von Gaststätten und Hotellizenzen anwies, diese Sendungen nicht mehr für die Öffentlichkeit zugänglich zu machen.

Die Abwehr, der Militärgeheimdienst der Wehrmacht, hatte das „Unternehmen Tiger" geplant, bei dem durch Sabotageakte der Nationalisten auf dem Subkontinent britische Kräfte gebunden werden sollten.

Bewaffnete indische Kräfte einer „Befreiungsarmee", die in deutschen Kriegsgefangenenlagern rekrutiert worden waren, sollten laut diesem Plan im Rahmen einer Luftlandeoperation nach dem Abschluss des „Unternehmens Barbarossa" eine zweite Front gegen die Briten weit entfernt von Europa eröffnen.

Zur Vorbereitung und Koordination dieser Operation entsandte die Abwehr im April 1941 ein Kommando nach Kabul, zu dem neben Oberleutnant Dietrich Witzel, der damals so gut wie kein Persisch sprach, auch der ebenfalls des Persischen nicht mächtige Lepraarzt Dr. Manfred Oberdörffer vom Bataillon „Brandenburger" gehörte. Der dritte ‚Agent', der einzige Persisch sprechende der drei, war Peter Brandt, ein Schmetterlingsforscher.

Diese Gruppe, verstärkt durch zwei Funker, sollte in einem Land, das sie nicht kannten und das von einem dichten Netzwerk von Nachrichtendiensten aller möglichen Länder überzogen war, eine geheimdienstliche Operation von größter Komplexität durchführen – sie sollte dem Fakir von Ipi eine größere Geldsumme in bar überbringen (es handelte sich um im KZ Sachsenhausen gefälschte Pfund Sterling) sowie Sabotageakte auf der britischen Seite der Durand-Linie durchführen. Am 15. Juli 1941 machten sich Oberdörffer und Brandt auf den Weg nach Waziristan und führten einige Sprengstoffanschläge auf britische Einrichtungen durch. Bei der Rückkehr zur afghanischen Grenze wurde plötzlich auf sie geschossen, Brandt wurde verletzt und Oberdörffer getötet. Offensichtlich hatte der britische Geheimdienst die afghanischen Behörden informiert, die die beiden für Agenten von Amanullah hielten, und so endete eine bizarre und stümperhaft durchgeführte nachrichtendienstliche Operation mit einem Debakel.

Nach dem Überfall auf die Sowjetunion im Juli 1941 wurden die Allianzen neu geschmiedet: Nach dem britisch-sowjetischen Einmarsch in Persien im August 1941 im Rahmen der „Operation Countenance" befürchtete König Zahir Schah das gleiche Schicksal für sein Land, sollte die afghanische Außenpolitik den Eindruck der Gegnerschaft zu den Alliierten erwecken. Als der britische Gesandte Sir Francis Verner Wylie im August 1941 die afghanische Regierung aufforderte, alle Angehörigen von Achsenmächten binnen eines Monats des Landes zu verweisen, kam man dem nach und über 200 hauptsächlich deutsche und italienische Expatriates samt ihren Familien mussten das Land verlassen.

Die jeweiligen Gesandtschaften wurden mit Rumpfpersonal weiterbetrieben; der deutsche Abwehr-Offizier Witzel und sein Funker Doh blieben in Kabul, zusammen mit dem Handelsattaché Rassmuss organisierten sie weitere Geldtransfers an den Fakir von Ipi. Aus Berlin kamen detaillierte Anweisungen bezüglich der Unterstützung von Aufständischen und der Organisation von Sabotageakten im Rahmen der „Operation Tiger".

Hans Bentzien schrieb in seinem Buch „Division Brandenburg – Die Rangers von Admiral Canaris" dazu:

> Gleichzeitig erhielt der in Kabul residierende Abwehrmajor Schenk den Auftrag, die weißrussischen Emigranten in Kabul, meistens Angehörige der früheren Zarenarmee, zu mobilisieren. Sie sollten in die südlichen Republiken der Sowjetunion eindringen und Sabotageakte verüben. Das waren die Voraussetzungen für den Beginn des Unternehmens „Tiger", nachdem Waffen und Funkgeräte in Kabul bereitgestellt waren, dazu kam eine große Menge hochbrisanten Sprengstoffs. [...] Die Aktionen begannen mit Sprengstoffanschlägen gegen drei sowjetische Bahn-Endstationen und ein Kraftwerk kleinerer Kapazität in der bevölkerungsschwachen Grenzregion.[21]

Bentzien zieht jedoch die Sinnhaftigkeit dieser Aktionen in Frage:

> Man setzte offensichtlich auf Fehlmeldungen über antisowjetische Strömungen, bestimmte Informanten verdienten sich mit geschönten Berichten auch ein gutes Geld. Einen nachhaltigen Schaden konnten diese Nadelstiche, die dazu verlustreich waren, nicht anrichten. Die sowjetischen Grenzposten waren in erhöhter Alarmbereitschaft und nach einigen Versuchen schlief der Angriff auf die Südgrenze der Sowjetunion ein. So erhielt Major Schenk den Auftrag, sich auf die afghanisch-indische Grenze zu konzentrieren.[22]

Unter anderem sollten Desertionen von Angehörigen der indischen Armee gefördert werden, die später als Guerillas hinter den britischen Linien operieren sollten; Gerüchte über die Aufstellung einer großen „Indischen Armee" in Deutschland wurden gestreut, weitere Aufstände in den Stammesgebieten sollten geschürt und Sprengstoffanschläge verübt werden. Die Kontaktperson Subhash Boses, die ihn auch 1941 nach Kabul gebracht hatte, war Rahmat Khan, der in Kabul geblieben war und ein wertvoller Agent für die Deutschen zu sein schien. In Wirklichkeit war er aber ein Mehrfachagent, der auch für die Briten (sein Führungsoffizier war Peter Fleming, der Bruder des James Bond-Schöpfers Ian Fleming), die Italiener und die Sowjets arbeitete. Rahmat Khan, der den Codenamen „Silver" trug, versorgte Fleming mit Informationen, die dieser nutzte, um mit einem Funkgerät, das Witzel Khan überlassen hatte, fiktive militärische Informationen nach Berlin zu funken. Seine Einkünfte aus der Agententätigkeit spendete der überzeugte Kommunist übrigens der kommunistischen Untergrundorganisation in Indien.

Silver informierte auch die sowjetische Botschaft über jede geplante Aktion der Deutschen und trug entscheidend dazu bei, dass viele dieser Aktionen scheiterten.

Abb. 58: Subhash Chandra Bose wird 1942 von Hitler empfangen

Abb. 59: Bose im Jahr 1943 bei Heinrich Himmler

Abb. 60: Subhash Chandra Bose bei der Vereidigung von Angehörigen der „Legion Freies Indien" 1942

Es gelang den indischen Nationalisten, unterstützt durch das Kabuler Netzwerk und die Radiosendungen von „Azad Hindustan", dem „Sender Freies Indien", der von Bose aus Berlin betrieben wurde, im August 1942 in Indien die schlimmste Anschlagswelle seit den Unruhen von 1857 hervorzurufen: Insgesamt wurden 318 Polizeistationen niedergebrannt, 945 Postämter überfallen und 59 Sabotageakte auf Züge durchgeführt. Die Briten griffen mit eiserner Faust und Brutalität durch und führten sogar wieder das Auspeitschen als Strafe ein. Bis November 1942 wurden von den Briten 66.000 Aufständische verhaftet; über 1.000 Menschen waren ums Leben gekommen.[23]

Im Spätjahr 1943 wurden die beiden Abwehr-Agenten Witzel und Doh auf Betreiben der Alliierten aus Kabul ausgewiesen und die deutschen Operationen in Afghanistan waren beendet.

Literaturhinweise

Adamec, Ludwig W.: Afghanistan's Foreign Affairs to the Mid-Twentieth Century. Relations with the USSR, Germany and Britain. Tucson 1974
Aly, Götz: Rasse und Klasse. Frankfurt a.M. 2003
Bentzien, Hans: Division Brandenburg: Die Rangers von Admiral Canaris. Berlin 2004
Bose, Mihir: Silver – The spy who fooled the Nazis. Fonthill 2016
Breshna, Habibo: Die Geschichte Afghanistans. Zürich 2012
Eppler, John W.: Geheimagent im Zweiten Weltkrieg. Zwischen Berlin, Kabul und Kairo. Preußisch-Oldendorf 1974
Conte, Carl: Treffpunkt Kabul – Reisen durch das neue Afghanistan. [o.O.] Verlag Expeditionen, 2. Auflage 2016
Grobba, Fritz: Männer und Mächte im Orient: 25 Jahre diplomatischer Tätigkeit im Orient. Frankfurt a.M. 1967
Hauner, Milan: India in Axis Strategy: Germany, Japan and Indian Nationalists in the Second World War. Stuttgart 1981
Kuhlmann, Jan: Brüder im Geiste, Brüder im Wahn. In: taz vom 15.1.2003, S. 15
– *ders*.: Subhas Chandras Bose und die Indienpolitik der Achsenmächte. Berlin 2012
Roberts, Jeffery J.: The Origins of Conflict in Afghanistan. Westport 2003
Ruttig, Thomas: Die Afghanen, die Arier und wir: Eine Art Rezension (Teil 2). In: www.thruttig.wordpress.com
Schetter, Conrad/*Wieland-Karimi*, Almut (Hrsg.): Afghanistan in Geschichte und Gegenwart. Beiträge zur Afghanistanforschung. Frankfurt a.M. 1999
Schwanitz, Wolfgang G.: Der Geist aus der Lampe: Fritz Grobba und Berlins Politik im Nahen und Mittleren Orient. In: Comparativ 14 (2004) 1, S. 126–150
– *ders*.: Max von Oppenheim und der Heilige Krieg. Zwei Denkschriften zur Revolutionierung islamischer Gebiete 1914 und 1940. In: Sozial.Geschichte (19/3), Berlin 2004, S. 28–59
Seidt, Hans-Ulrich: Berlin, Kabul, Moskau – Oskar von Niedermayer und Deutschlands Geopolitik. München 2002
Stewart, Jules: The Kaiser's Mission to Kabul: A Secret Expedition to Afghanistan in World War I. London 2014
Ziemke, Kurt: Als deutscher Gesandter in Afghanistan. Stuttgart 1939

Anmerkungen

1 *Schmidt*, Franz: Von deutscher Bildungsarbeit in Afghanistan. In: Die Deutsche Schule im Auslande. Wolfenbüttel 1935.
2 Habibullahs sterbliche Überreste wurden 2016 gefunden und sollten auf Anordnung des CEO der Afghanischen Regierung, Dr. Abdullah Abdullah, einem ethnischen Tadschiken, im Bag-e-Babur (Babur's Garten) beigesetzt. Dabei kam es zu bewaffneten Auseinandersetzungen, weil usbekische Milizen das verhindern wollten (*http://www.latimes.com/world/la-fg-afghanistan-burial-20160902-snap-story.html*).
3 *Schmidt* (wie Anm. 1), o.S.

4 *Hesse*, Fritz: Die Außenpolitik Afghanistans unter Mohammed Nadir Shah Afghan. In: Europäische Gespräche 12/1930, S. 632.
5 *Aly*, Götz: Rasse und Klasse. Frankfurt 2003, S. 58.
6 *Aly* (wie Anm. 5); Dr. Iven kehrte 1935 nach Berlin zurück und fiel in den letzten Kriegstagen 1945 als Führer einer Volkssturmkompanie vor den Toren Berlins.
7 *Ziemke*, Kurt: Als deutscher Gesandter in Afghanistan. Stuttgart 1939, S. 304.
8 *Ziemke* (wie Anm. 7), S. 304–305.
9 *Ziemke* (wie Anm. 7), S. 305.
10 *Ziemke* (wie Anm. 7), S. 305–306.
11 *Ziemke* (wie Anm. 7), S. 300.
12 Privatbesitz Dr. Broder Sax Fedders
13 *Ruttig*, Thomas: Die Afghanen, die Arier und wir: Eine Art Rezension (Teil 2). In: *www.thruttig.wordpress.com*.
14 *Kuhlmann*, Jan: Brüder im Geiste, Brüder im Wahn. In: taz v. 15.1.2003, S. 15.
15 *Ruttig* (wie Anm. 13).
16 *Eppler*, John W.: Als Geheimagent im Zweiten Weltkrieg. Zwischen Berlin, Kabul und Kairo. Preußisch-Oldendorf 1974, S. 126–127.
17 Zit. n. Ernst v. Weizsäcker an Gesandtschaft Kabul, 3.10.1940. In: *Akten zur deutschen auswärtigen Politik 1918–1945*. Serie D: 1937–1941. Bd. 4,1. Bonn 1964, S. 205.
18 *Seidt*, Hans-Ulrich: Berlin, Kabul, Moskau. Oskar Ritter von Niedermayer und Deutschlands Geopolitik. München 2002, S. 305.
19 OKW/WFSt: Kriegstagebuch, Eintrag vom 17.02.1941. In: *Kriegstagebuch des Oberkommandos der Wehrmacht (Wehrmachtführungsstab)*. Bd. I. Bearb. v. Hans-Adolf Jacobsen. Frankfurt a.M. 1965, S. 328.
20 Vgl. *Kuhlmann*, Jan: Subhas Chandras Bose und die Indienpolitik der Achsenmächte. Berlin 2012, S. 78.
21 *Bentzien*, Hans: Division Brandenburg: Die Rangers von Admiral Canaris. Berlin 2004, S. 224.
22 *Bentzien* (wie Anm. 21), S. 225.
23 Vgl. *Bose*, Mihir: Silver – The spy who fooled the Nazis. Fonthill 2016, S. 198.

Volker Bausch
Eine deutsch-afghanische Familiengeschichte – Episode 1 (1932–1940)

Sie sah ihn bei einem Tennismatch, und es war um sie geschehen. Auf der Stelle wusste Elisabeth, dass ihr Traumprinz vor ihr stand. Groß gewachsen, schlank und elegant sah der Mann mit den tiefschwarzen Haaren aus, der aus dem sagenumwobenen Reich der Paschtunen stammte, wie man das Land am Hindukusch ursprünglich nannte – und ungleich faszinierender als die blassen Wormser Bürgersöhne. Omar, so hieß der Tennispartner aus dem Orient, erinnerte sie überdies daran, dass sie schon immer von unbekannten, exotischen Gegenden geträumt und sich als kleines Mädchen sogar eingebildet hatte, in einem früheren Leben in China gewesen zu sein.[1]

So beginnt eine ungewöhnliche und faszinierende deutsch-afghanische Familiengeschichte über mehrere Generationen, die in dem Buch „Töchterland" von Diana Nasher, der Enkelin Elisabeths, dokumentiert und beschrieben ist und die mit der Begegnung auf einem deutschen Tennisplatz in den 1920er Jahren ihren Anfang nahm.

Elisabeth Wolff stammte aus einer großbürgerlichen Fabrikantenfamilie in Worms und eigentlich schien ihr Lebensweg als Kind der damaligen Zeit vorgezeichnet: Als „höhere Tochter" heiratete man dem Willen der Eltern entsprechend standesgemäß und ging in der Rolle der Ehefrau und Mutter auf.

Abb. 61: Elisabeth Wolff in den 1920er Jahren

Omar, den Elisabeth so hinreißend fand, war einer der afghanischen Studenten, die von König Amanullah zum Studium nach Deutschland geschickt worden waren. Er studierte Chemie in Berlin und machte ein Praktikum in einer Wormser Lederfabrik, als er Elisabeth kennenlernte.

Als er nach Abschluss seines Studiums in seine Heimat zurückkehrte, entspann sich zwischen ihm und Elisabeth ein reger Briefwechsel, aus dem sich eine romantische, von einem operettenhaften Orientbild geprägte Liebe und eine Art Fernbeziehung entwickelte. Im Laufe der Jahre litt diese Beziehung mehr und mehr an der Entfernung – Briefe von und nach Afghanistan waren damals wochenlang unterwegs.

So war es nicht verwunderlich, dass Elisabeth dem Drängen ihres Vaters nach einer standesgemäßen Eheschließung mit dem Spross einer Münchener Adelsfamilie nachgab, mit dem sie sich schließlich verlobte.

Doch Omar gab nicht auf, reiste erneut nach Deutschland und machte Elisabeth einen Heiratsantrag, den diese trotz der bevorstehenden Hochzeit mit ihrem Verlobten und des erbitterten Widerstandes ihres Vaters freudig annahm, allerdings unter der Bedingung, dass ihr zukünftiger Gatte zuerst ein geeignetes Haus in Kabul einrichten solle. Es dauerte aber noch bis 1932, bis die erlösende Nachricht kam, dass das Haus nun gefunden sei und dass der Ausreise nichts mehr im Wege stünde.

Da Elisabeths Familie sich weigerte, die Reise zu finanzieren, verkaufte sie den einzigen Wertgegenstand, den sie besaß: ihren geliebten Steinway-Flügel, um eine Schiffspassage nach Bombay zu buchen, wo sie sich mit ihrem Verlobten traf und ihn dort auch heiratete. Von Bombay ging es mit dem Zug nach Peshawar und von dort über den Khyber-Pass mit dem Lastwagen nach Kabul. Dies war eine mehrtägige, sehr beschwerliche Reise; umso mehr, da Omar darauf bestand, dass seine Frau nach afghanischer Sitte einen den ganzen Körper bedeckenden Tschador tragen sollte.

Abb. 62: Mit einem solchen „Lorry-Taxi" reiste Elisabeth von Peshawar nach Kabul

Kabul war für Elisabeth eine einzige Enttäuschung: Nichts in der Stadt entsprach dem Orientbild aus ihrer Vorstellung: „Sie sah nichts als Staub und Steine, graue Lehmhütten und braune Lehmwände, schmutzige Kittel und mit dunklen Tüchern verhüllte Gestalten, die wie sie selbst atemlos über holprige Straßen stolperten [...]. Trotz einiger prächtiger Villen mit gepflegten Gärten, die es auch gab, erschien ihr der Traum vom Orient, den sie so zielstrebig verfolgt hatte, unendlich fern. Wie ein Märchen, das niemals wahr würde."[2]

Die Enge in der kargen Dreizimmerwohnung, Sprachprobleme, die hygienischen Verhältnisse, Krankheiten und das Fehlen jedweden kulturellen Angebots taten ihr übriges. So war es nicht verwunderlich, dass es Elisabeth unter diesen Umständen außerordentlich schwerfiel, sich in Kabul einzugewöhnen.

Omar, der eine Stelle bei einer Bank angenommen hatte, war nun nicht mehr der charmante und geistreiche Plauderer, der den Wormser Backfisch in seinen Bann gezogen hatte – als afghanischer Mann bestand er nun darauf, dass seine Frau sich den Gepflogenheiten anpasste, nur in seiner Begleitung und verschleiert auf die Straße ging – denn was sollten die Leute nur sagen?

Elisabeth fand sich so langsam in ihrem neuen Leben zurecht und die Dinge schienen sich zum Besseren zu wenden, als sie schwanger wurde und trotz der Widrigkeiten 1933 eine Tochter gebar, die den Namen Mariam tragen sollte. Kurz darauf wurde Omar jedoch verhaftet: Nach der Ermordung des afghanischen Gesandten in Berlin, einem älteren Bruder König Nadir Schahs, gerieten viele ehemalige Stipendiaten, die von Amanullah nach Deutschland geschickt worden waren, ins Visier der Geheimpolizei – sie wurden verdächtigt, Nadir Schah stürzen zu wollen und mit jenen Kräften zu kooperieren, die Amanullah wieder auf den Thron hieven wollten.

Auch Nadir Schahs Ermordung im November 1933 durch einen Schüler der Amani-Oberrealschule änderte nichts an der Lage – im Gegenteil: Die afghanischen Behörden waren jetzt mehr denn je davon überzeugt, dass es eine Verschwörung geben musste, an der ein „Deutschland-Netzwerk" von ehemaligen Stipendiaten sowie Lehrern und Schülern der Amani-Oberrealschule beteiligt war und begannen mit großangelegten Verhaftungsaktionen in diesen Kreisen.

Elisabeth war nun vollkommen auf sich allein gestellt; sie konnte sich und Mariam nur durch Näh- und Strickarbeiten einigermaßen über Wasser halten und Lebensmittel für Omar ins Gefängnis schmuggeln.

Dennoch wurde die Lage immer dramatischer und als Elisabeths Vater sie in einem Brief bat, doch zurück nach Worms zu kommen und auch Omar sie bei einem Besuch im Gefängnis darin bestärkte, sagte sie zu und reiste 1938 mit Mariam nach Deutschland. Sie sollte Omar erst neun Jahre später als gebrochenen und kaum wiederzuerkennenden Mann wiedersehen.

Anmerkungen

1 *Nasher*, Diana: Töchterland. München 2013, S. 17.
2 *Nasher* (wie Anm. 1), S. 49.

Bildteil

Ethnien und ihre Siedlungsgebiete in Afghanistan

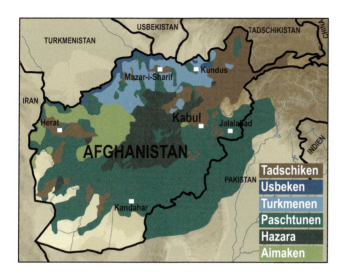

Gestaltung: Rhönsachs Redaktion und Satz, Dorndorf

Der Darulaman-Palast in Kabul

Abb. 63: Ein Team um den deutschen Architekten Walter Horten errichtete bis Ende der 1920er Jahre siebzig Bauwerke in Kabul, darunter auch den Darulaman-Palast, der Teil einer neuen Hauptstadt im Westen Kabuls werden sollte. Das Foto zeigt den Darulaman-Palast als Ruine nach dem Bürgerkrieg

Abb. 64: 1928 war die einzige Bahnlinie des Landes fertig gestellt, die das Zentrum von Kabul mit dem Darulaman-Palast verband. Auf ihr fuhren Lokomotiven von Henschel aus Kassel, die nach Bombay geliefert und mit Elefanten über den Khyberpass nach Kabul geschleppt worden waren. Das Foto zeigt eine der Henschel-Lokomotiven aus den 1920er Jahren mit Typenschild (rechts oben im Bild) vor dem Darulaman-Palast im Jahr 2005

Abb. 65: Bauarbeiten am Darulaman-Palast 2017. Das Bauwerk wird im Auftrag der afghanischen Regierung restauriert und soll im Jahre 2019 fertiggestellt sein. Geplant ist, das Gebäude teilweise zum Sitz des Obersten Gerichtes des Landes zu machen und es für Staatsempfänge zu nutzen. Auch das Nationalmuseum soll darin untergebracht werden

Kabul nach dem Bürgerkrieg

Abb. 66: Stadtteil um den Darulaman-Palast nach dem Bürgerkrieg; Aufnahme von 2005

Abb. 67: Der Westen Kabuls nach dem Bürgerkrieg; Aufnahme von 2003

Kabul heute

Abb. 68: Die Amani-Schule heute

Abb. 69: Am Kabul-Fluss. Die Häuser wurden in den 1930er Jahren erbaut (vgl. S. 119 Abb. 56)

Abb. 70: Basar in Kabul

Abb. 71: Downtown Kabul heute

Abb. 72: Ein Stadtteil mit jüngerer Bebauung

„Kids-Guernica" an der Amani-Schule in Kabul

Abb. 73: Das Guernica-Bild an der Schulwand; Aufnahme von 2005

Die Deutsch- und Kunstlehrerin Fatema Nawaz unterrichtete von 2003 bis 2006 an der Amani-Oberrealschule und setzte dort das Projekt „Kids-Guernica" um. Sie beschreibt:

    Kids-Guernica ist 1995 in Japan entstanden. Das Projekt sollte an das Ende des 2. Weltkrieges 50 Jahre zuvor erinnern, welches durch den Abwurf der Atombomben auf Nagasaki und Hiroshima in Japan zwangsweise eingeleitet worden war. Im Rahmen der Kids-Guernica-Malaktionen malen und gestalten Kinder und Jugendliche gemeinsam auf einer 7,77 x 3,49 m großen Leinwand zum Thema Frieden. Die Maße der Leinwand entsprechen denen des „Guernica"-Gemäldes von Pablo Picasso aus dem Jahr 1937. Das aus den Einzelbildern in Kabul entstandene Gesamtbild lässt sich in drei Bereiche aufteilen.

Die linke Seite des Bildes zeigt einen Bombenangriff auf ein afghanisches Dorf. Naiv dargestellte Flugzeuge und ein Panzer zerstören von allen Seiten zwei Gebäude, die zum Teil in Flammen aufgehen. Auf dem Gebäude im Bildvordergrund steht der Schriftzug „Maktab", im Dari das Wort für „Schule".

Die Kriegsszenerie der linken Bildseite wird in der Mitte von einem Fleischwolf im oberen Bildbereich getrennt. In diesen werden Kriegsgeräte hineingeworfen und im Gegenzug spuckt der Fleischwolf Lern- und Schreibmaterialien aus.

Auf der rechten Bildseite herrscht Frieden. Kinder in Schulkleidung schauen auf eine Berglandschaft vor der ein buntes Gebäude und eine Schule zu sehen sind. Den Bildhintergrund der Gesamtszenerie stellt eine Reihe von Bergen dar, die von links nach rechts ihre Tarnfarbe verlieren und bunt werden. Zwischen den Bergen auf der rechten Bildseite wachsen Blumen und im Hintergrund scheint die Sonne, die dem Himmel seine blaue Farbe verleiht, deren Schein jedoch die linke Bildseite nicht erreicht.

„Zhvandun"

Abb. 74a–74e „Zhvandun" war in den 1970er und 80er Jahren eine sehr populäre, an amerikanischen oder europäischen Vorlagen orientierte Lifestyle- und Kulturzeitschrift in Afghanistan, die jedoch hauptsächlich in Kabul gelesen wurde. Nach dem Einmarsch sowjetischer Truppen 1979 änderten sich die Inhalte und die Titelbilder.

Abb. 74a: Ausgabe vom 15. Mai 1973

Abb. 74b: Ausgabe vom 3. Oktober 1973

Abb. 74c: Ausgabe vom 23. Februar 1974

Abb. 74d: Ausgabe vom 24. April 1980

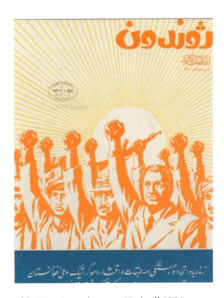

Abb. 74e: Ausgabe vom 25. April 1981

Impressionen aus verschiedenen Landesteilen Afghanistans

Abb. 75: Am Stadteingang von Kabul warnte 2002 ein „Willkommensschild" vor allen Arten nichtexplodierter Minen und Granaten

Abb. 76: Sowjetische Blindgänger am Eingang des Panjir-Tals 2003

Abb. 77: Das Schulschild der Amani-Oberrealschule 2003

Abb. 78: Dorfschule bei Mazar-e-Sharif 2003. 2004 wurde in Kooperation mit den Dorfbewohnern, finanziert durch ca. 60.000 US-Dollar privater Spenden aus Deutschland, ein Schulbau mit 20 Zimmern errichtet.

Bildteil —— 149

Abb. 79: Schulbau durch Dorfbewohner in einem Bergdorf in der Nähe Kabuls 2004

Abb. 80: Transport von Baumaterialien zur Dorfschule

Abb. 81: Schulkinder in Nordafghanistan 2004

Abb. 82: Dorfbewohner im Panjir-Tal nordöstlich von Kabul

Abb. 83: Panjir-Tal und Panjir-Fluss nördlich von Kabul

Street Children – eine Fotoserie von Rada Akbar*

Kinderarbeit ist ein wachsendes Problem in Afghanistan. Nach vorliegenden Schätzungen leben etwa 9 Mio. Menschen im Land unterhalb der Armutsgrenze. Armut zwingt viele Kinder zu arbeiten, anstatt zur Schule zu gehen.

Auf den Straßen des Landes sind etwa 1,9 Mio. Kinder zu finden, die arbeiten, davon verrichten etwa 1,2 Mio. schwere Arbeit. Oft sind diese Kinder nicht älter als fünf oder sechs Jahre; ihre Arbeitszeiten betragen 8–12 Stunden am Tag, wofür sie 80–100 Afghanis (1–2 US-Dollar) bekommen.

Die Kinder arbeiten vorzugsweise in Ziegeleien, Teppichwebereien, auf Baustellen, im Bergbau und der Landwirtschaft. Andere betteln, sammeln Abfall oder sind Straßenverkäufer.

Meist ist die Arbeit stumpfsinnig, schlecht oder gar nicht bezahlt und Kinder arbeiten unter Androhung von Gewalt, werden eingeschüchtert oder gar sexuell missbraucht.

Mein Projekt zeigt einige dieser Kinder unter Millionen, die im Abfall nach Essbarem suchen, Autos in der Sommerhitze ebenso wie in der Winterkälte waschen – diese intelligenten, jedoch armen Kinder, die oft betrogen werden und Stunden ausharren müssen, bevor sie auf die Straßen geschickt werden.

Bei tausenden dieser Kinder, die in den Kabuler Straßen arbeiten, waren die Motive leicht zu finden, dennoch dauerte die Aufnahme der Fotos dieser Serie einen Monat, von März bis April 2015.

Ich wählte den schwarzen Hintergrund der Aufnahmen mit Absicht, um den Betrachter zu zwingen, sich auf die Gesichter der Kinder zu konzentrieren.

Rada Akbar

---

* Die hier abgedruckten Fotografien der Kabuler Künstlerin und Fotografin Rada Akbar sind Teil einer 15 Fotos umfassenden Serie aus dem Jahr 2015. Die Texte zu den Fotos in englischer Sprache stammen von Rada Akbar und wurden von Volker Bausch übersetzt.

Abb. 84: Heshmat, 8

Heshmat is in second grade and has been working as a vendor for one year. He says: „During school I had to work half day but during my break school I have to work all day and it makes me very tired because I have to work about 8 hours and when its cold it is even worse. My father says I do not have to work when he gets high salary job and everyday I pray for him to get a better job as I will not have to work then."

Heshmat ist in der zweiten Klasse und arbeitet seit einem Jahr als Verkäufer. Er sagt: „Während der Schulzeit muss ich nur einen halben Tag arbeiten, aber in den Ferien den ganzen Tag und das macht mich sehr müde, weil ich ungefähr acht Stunden arbeiten muss. Wenn es kalt ist, ist es schlimmer. Mein Vater sagt, dass ich nicht mehr arbeiten muss, wenn er besser verdient und ich bete jeden Tag darum, dass er einen besseren Job bekommt, weil ich dann nicht mehr arbeiten muss."

Abb. 85: Zahara, 6

Zahara's family was displaced from Ghazni two years ago. She has been working as an espandi (blessing people with the smoke of esfand, a plant) for one year now. She couldn't attend school, as she has to work and help her family. Zahara works 8 to 10 hours and earns around 50 to 70 afghanis ($1 to $1.50) daily.

Zaharas Familie musste Ghazni vor zwei Jahren verlassen. Seit einem Jahr arbeitet sie als „Espandi" (Menschen mit dem Rauch von Espand, einer Pflanze, segnen). Sie konnte keine Schule besuchen, weil sie ihrer Familie durch diese Arbeit helfen muss. Zahara arbeitet zwischen 8 und 10 Stunden und bekommt dafür 50 bis 70 Afghanis (1–1,50 US-Dollar) am Tag.

Bildteil —— 153

Abb. 86: Obaid, 13
Obaid is a sixth-grade student who started a car wash five years ago to help his family. He says: „My scores are not good at school because I do not have enough time to study and sometimes, when we run out of food, I have to miss my school to work for more hours."
Obaid ist ein Sechstklässler, der seit fünf Jahren Autos wäscht, um seine Familie zu unterstützen. „Meine Schulnoten sind nicht gut, weil ich nicht genug Zeit zum Lernen habe und manchmal, wenn wir nichts mehr zu essen haben, schwänze ich die Schule, um mehr Stunden zu arbeiten."

Abb. 87: Senzela, 7
She has lived in a refugee camp in a slum of Kabul since her family was displaced from Zabul three years ago. She says: „I have been working as a garbage collector for two years now. I am not happy to work out as most of the time people bother me and snatch my money. Sometimes men chase me and ask me to go with them and I escape from them as I know they are bad people and they can harm me."
Senzela lebt mit ihrer Familie in einem Flüchtlingslager in einem Slum von Kabul, seit ihre Familie vor drei Jahren Zabul verlassen musste. Sie sagt: „Ich arbeite seit zwei Jahren als Abfallsammlerin. Ich bin nicht froh zu arbeiten, weil mich oft Menschen belästigen und mir mein Geld wegnehmen. Manchmal sind sie hinter mir her und sagen, ich soll mit ihnen kommen, dann renne ich weg, weil ich weiß, dass es böse Menschen sind, die mir weh tun können."

Abb. 88: Saifullah, 8
Saifullah is a third-grade student and has been working in a plant shop for over a year now. When he isn't helping with selling plants, he does other chores like fetching water for the plants and cleaning the shop. His weekly salary is 200 afghanis ($4). Saifullah dreams of becoming a doctor in the future.

Saifullah ist ein Drittklässler und arbeitet seit einem Jahr in einem Pflanzengeschäft. Wenn er nicht mithilft, Pflanzen zu verkaufen, verrichtet er andere Arbeiten wie Wasser holen oder den Laden zu reinigen. Sein Wochenlohn ist 200 Afghanis (4 US-Dollar). Saifullah träumt davon, einmal Arzt zu werden.

Abb. 89: Bazira, 8
Bazira's family was displaced from Helmand seven years ago. She has been working as a garbage collector for three years now. She couldn't attend school, as she has to work and help her family. Bazira works 8 to 10 hours and earns around 100 Afghanis ($2) daily.

Baziras Familie musste Helmand vor sieben Jahren verlassen. Sie arbeitet seit drei Jahren als Abfallsammlerin, um ihre Familie zu unterstützen, und konnte deshalb nicht zur Schule gehen. Bazira arbeitet 8–10 Stunden am Tag und bekommt dafür rund 100 Afghanis (2 US-Dollar).

Volker Bausch

Die Bundesrepublik Deutschland und Afghanistan im Kalten Krieg (1945–1979)

Mit dem bald nach 1945 beginnenden Kalten Krieg und der Aufteilung der Welt in Machtblöcke, Einflusszonen und Bündnissysteme wurde ein neues Kapitel im Great Game um Afghanistan und die Region aufgeschlagen: Die Sowjetunion befürchtete, dass sich nach dem Rückzug des britischen Empire aus der Region die neue Supermacht USA um Einfluss auf den Schlüsselstaat Afghanistan an der ‚weichen' zentralasiatischen Südgrenze des kommunistischen Imperiums bemühen würde und versuchte, dies mit allen Mitteln zu verhindern.

Die „Containment"-Strategie der USA unter Präsident Harry S. Truman war darauf angelegt, den sowjetischen Einfluss weltweit einzudämmen. Angesichts der wachsenden sowjetischen Kooperation mit Indien war für die amerikanische Administration die Schaffung eines politischen und militärischen Gegengewichtes in der Region zwingend und Pakistan war für die USA dafür der natürliche Partner. Die Beziehungen Afghanistans zu dem 1947 entstandenen neuen Staat Pakistan waren wegen der unveränderten Grenzziehung, also der Durand-Linie, genauso angespannt wie zu Zeiten der britischen Herrschaft. Dies war auch der Grund, weswegen Afghanistan als einziges Land gegen die Aufnahme Pakistans in die Vereinten Nationen stimmte.

1954 trat Pakistan der SEATO, dem pazifischen Gegenstück zur NATO, bei und es begann eine intensive militärische Kooperation mit den USA. Man hatte auch Afghanistan angeboten, dem Pakt beizutreten, allerdings nur unter der Bedingung, dass das Land die existierende Grenze zu Pakistan akzeptiert – eine Bedingung, die keine afghanische Regierung hätte annehmen können.

Mit der Aufnahme Pakistans in die SEATO erkannten die USA den territorialen Status Quo faktisch an und zerstörten den afghanischen Traum von einem eigenen paschtunischen Staat. Die dadurch langfristig zementierte territoriale Teilung paschtunischer Stammesgebiete machte aus Afghanistan und Pakistan endgültig erbitterte Gegner auf dem geostrategischen Schachbrett Südasiens.

In einem Artikel aus der „Zeit" vom März 1959 hieß es dazu:

> Dieser Streit schwelt, seitdem die Engländer die unruhigen Gebiete am Khyber-Paß – die ehemalige Nordwestprovinz – der Republik Pakistan überlassen haben. Kabul erkennt dies nicht an, und es fordert für die Pashtu sprechenden Stämme auf der pakistanischen Seite einen eigenen Staat, der nach den Kartenskizzen der Pashtunistan-Bewegung bis herunter nach Belutschistan, ja, sogar nach Karatschi reichen soll.

Die Afghanen hat diese Idee bisher schon erkleckliche Propagandagelder gekostet, und sie hat ihnen auch allerlei Ärger verursacht. Den Pashtunenführern gefällt sie nämlich so gut, daß sie am liebsten auch die in Afghanistan lebenden Pathan-Stämme in den neuen Staat einbeziehen möchten – und die machen immerhin fast die Hälfte der 12 Millionen Afghanen aus. Aber aus innenpolitischen Gründen kann Kabul dennoch nicht auf die Pashtunistan-Propaganda verzichten.

Auf jeden Fall haben sich die beiden islamischen Nachbarn wegen dieser Frage inzwischen vollkommen entzweit. Pakistan befindet sich dabei in der stärkeren Position, da Afghanistan – wie die europäische Schweiz – keinerlei Zugang zum Meer besitzt. Alle Waren kommen über den Hafen von Karatschi und müssen dann auf unzulänglichen Bergstraßen nach Kabul transportiert werden. Jede Zuspitzung des Konflikts also könnte den Lebensnerv Afghanistans abschnüren.[1]

Die strategische Partnerschaft der USA mit Pakistan und der ständig schwelende Konflikt mit Pakistan führten dazu, dass sich die afghanische Außen- und Wirtschaftspolitik mehr und mehr der Sowjetunion annäherte.

Abb. 90: Nikita Chruschtschow und Nikolai Bulganin beim Staatsbesuch in Kabul 1955

Die Moskauer Führung nutzte die Gunst der Stunde: Bei einem Besuch des sowjetischen Staats-und Parteichefs Nikita Chruschtschow und Ministerpräsident Nikolai Bulganin in Kabul im Jahre 1955 wurden ein Kommuniqué über die zukünftigen Wirtschaftsbeziehungen zwischen der UdSSR und Afghanistan unterzeichnet, das unter anderem eine Kreditzusage von 100 Millionen US-Dollar beinhaltete. Bis 1979 erhielt Afghanistan Kredite in Höhe von fast drei Milliarden US-Dollar, wovon rund 600 Millionen US-Dollar durch Waffen- und Munitionskäufe in die UdSSR zurückflossen. Fast 4.000 Offiziere wurden in der Sowjetunion ausgebildet und ideologisch geschult; sie bildeten später die militärische Speerspitze bei der Umwandlung Afghanistans in eine kommunistische Diktatur.

Beide Supermächte buhlten auch durch großangelegte Entwicklungshilfeprojekte um die Gunst der afghanischen Regierung: Die Sowjetunion setzte Infrastrukturprojekte um, die auch von strategischer Bedeutung waren; dazu gehörten unter anderem der Auf- und Ausbau der Luftwaffenbasis Bagram bei Kabul, die heute von den USA genutzt wird, und der aufwändige Bau einer Allwetterstraße über den Hindukusch nach Norden, wodurch mit dem 4.000 m hoch gelegenen Salang-Tunnel eine direkte, ganzjährig befahrbare Verkehrsachse von Kabul bis zur sowjetischen Grenze entstand.

Die USA waren hauptsächlich im Süden des Landes tätig und begannen in den frühen 1950er Jahren mit dem Bau des Kajaki-Staudamms, der neben der Stromerzeugung auch zur Bewässerung landwirtschaftlicher Flächen von der Größe Oberbayerns genutzt werden sollte. Es war ein extrem kostspieliges und ineffizientes Projekt: Die dort angesiedelten Stämme verließen das Gebiet wieder, nachdem sie festgestellt hatten, dass die Ernteerträge schlechter als erwartet waren, was auch von den schnell versalzenden Böden herrührte.

Außerdem bauten amerikanische Firmen eine Straße von Kabul nach Kandahar und den Flughafen in der Stadt, der allerdings völlig überdimensioniert war.

Afghanistan wird zum Schwerpunktland westdeutscher Entwicklungshilfe

Schon bald nach der Gründung der Bundesrepublik Deutschland im Jahre 1949 wurden von afghanischen Politikern, die in Deutschland studiert oder die Amani-Oberrealschule absolviert hatten, wieder wirtschaftliche Kontakte zu westdeutschen Firmen geknüpft, die bis 1941 in Afghanistan tätig gewesen waren.

Bereits 1950 vergab die gerade gegründete Bundesrepublik den ersten Handelskredit an Afghanistan, 1951 wurde die afghanische Handelsvertretung in München eröffnet und 1952 ein Wirtschaftsabkommen unterzeichnet. Das Institut für Auslandsbeziehungen in Stuttgart berichtete 1954 darüber:

> Das Wirtschaftsabkommen sieht Einzel- und Globalkompensationsgeschäfte vor. Wertmäßig war bei Abschluß des Abkommens ein beiderseitiger Warenaustausch in einer Höhe von je 25 Millionen Mark vorgesehen. Dieser Betrag wurde jedoch im März 1953 auf 95 Millionen Mark erhöht. [...] 1953 wurde Afghan-Baumwolle im Wert von fast 20 Millionen Mark nach Deutschland ausgeführt. Sie entspricht in der Qualität der amerikanischen Texas-Baumwolle, und eine Steigerung des Exportes dieser Ware würde von deutscher Seite wegen der großen Beliebtheit der Afghan-Baumwolle in deutschen Spinnereikreisen sehr begrüßt werden. Daneben bestehen in Deutschland gute Absatzmöglichkeiten für Felle, Schafsdärme, Teppiche, Ölsaaten, verschiedene Arten Trockenfrüchte und Mineralien, die allerdings erst in stärkerem Maß abgebaut werden müßten.[2]

Ab 1954 hatte Siemens wieder eine Niederlassung in Kabul und erhielt den Großauftrag, das bereits vor dem Krieg begonnene Kraftwerk Sarobi im Osten des Landes fertigzustellen. Es handelte sich hierbei um den ersten Bauauftrag für eine deutsche Firma im Ausland nach dem Zweiten Weltkrieg. Damit wurde der Bau von Kraftwerken in Afghanistan wieder aufgenommen, der schon 1912 in Dschebel-Seradsch im Norden Kabuls begonnen hatte und 1937 in Wardak und Pul-e-Chomri fortgeführt wurde.

Nach der Aufnahme diplomatischer Beziehungen 1954 intensivierten sich die Handels- und Wirtschaftsbeziehungen weiter, aber auch die technische Zusammenarbeit gedieh rasch: 1958 wurde ein Abkommen über die wirtschaftliche und technische Zusammenarbeit zwischen den beiden Ländern abgeschlossen, in dessen Rahmen unter anderem westdeutsche Hydrologen im afghanischen Ministerium für Bergbau und Industrie tätig wurden. Andere Experten wirkten am Aufbau der Seifen- und Speiseölproduktion im Norden Afghanistans und an der Errichtung von Elektrizitätswerken mit.

Der ehemalige afghanische Politiker und stellvertretende Premierminister in den 1970er Jahren, Dr. Abdul Hamad Samed, schrieb dazu:

> Afghanistan wurde erneut ein Schwerpunkt westdeutscher Entwicklungshilfe, die sich bis Ende der 70er Jahre auf etwa 400 Millionen US-Dollar belief. Damit war die Bundesrepublik Deutschland der drittwichtigste Geldgeber (nach der Sowjetunion und den USA), Afghanistan seinerseits der drittwichtigste Empfänger westdeutscher Entwicklungshilfe (nach Indien und Ägypten). Zu den Tätigkeitsbereichen zählte u.a. wieder die Ausbildung und Beratung der Polizei, außerdem der Aufbau des Gesundheitswesens sowie von Presse und Kommunikation. Das größte Projekt war jedoch die Entwicklung von Forst- und Landwirtschaft in einer ganzen Provinz (Paktia), gleichzeitig eines der größten westdeut-

schen Entwicklungsprojekte überhaupt. Ende der 60er Jahre arbeiteten über 800 deutsche Experten im Lande.

Nicht nur auf wirtschaftlichem Gebiet hatte die Bundesrepublik Deutschland wieder alte Positionen eingenommen und im Vergleich zur Vorkriegszeit ausgedehnt, sondern dies galt auch für den kulturellen Bereich. Schon 1950 kamen 20 Afghanen als eine der ersten ausländischen Gruppen nach dem Krieg zum Studium in die Bundesrepublik. Die deutsche Schule unterrichtete weiterhin, und Schüler von ihr sowie andere Afghanen erhielten DAAD-Stipendien für ein Studium in der Bundesrepublik. Die Universitäten Bochum, Köln und Bonn gingen Partnerschaften mit der Kabuler Universität ein. Dort wurden zudem ein Goethe-Institut sowie eine Außenstelle des Deutschen Archäologischen Instituts gegründet. Überhaupt wurde in den 60er und 70er Jahren der Einsatz von westdeutschen Wissenschaftlern, darunter Ethnologen, Geologen und Botaniker, in Afghanistan stark gefördert. Das Land wurde des Weiteren beim Aufbau von Berufsschulen unterstützt und eine deutsche Technische Oberschule in Kabul errichtet.[3]

Der Spiegel berichtete am 18.10.1971:

[...] um die Gunst des auf seine Neutralität strikt bedachten Entwicklungslandes am Hindukusch rivalisierten Russen und Amerikaner, Deutsche und Chinesen: Über eine Milliarde Dollar ließen sich die Russen, 480 Millionen Dollar die Amerikaner und 340 Millionen Dollar die Deutschen ihre Nachbarschaft oder Freundschaft zu Afghanistan kosten.

Die Russen bauten eine selbst für Panzer befahrbare Asphaltstraße von ihrer Grenze zur Hauptstadt Kabul, die Amerikaner eine Verbindungsstraße von Kabul nach Westpakistan. Die Russen errichteten den Flughafen von Kabul, die Amerikaner den Flughafen von Kandahar. Die Chinesen bauten Fischzucht-Anstalten sowie das Textilwerk von Bagrami bei Kabul und schlossen „als Zeichen für gute Nachbarschaft" („Kabul Times") ein Warenabkommen über 2,5 Millionen US-Dollar.

Die deutsche Entwicklungshilfe floß wesentlich in das regionale Entwicklungsprojekt der Provinz Paktia. Rund hundert deutsche Experten und Berater arbeiten an dem von den Afghanen als vorbildlich gepriesenen Verbundprojekt für land- und forstwirtschaftliche Nutzung, Handwerk und Dorfberatung.

Dem bunten Gemisch an Entwicklungshilfe verdanken die Afghanen eine sowjetisch ausgerüstete und ausgebildete Armee, eine von den Briten aufgebaute Feuerwehr und eine Polizei nach deutschem Muster. An der Universität Kabul lehren amerikanische Landwirte und Ingenieure, deutsche Naturwissenschaftler, sowjetische Techniker und französische Mediziner. Und Beratergruppen der verschiedenen Geberländer schlagen der afghanischen Regierung ihre jeweiligen Konzepte für den wirtschaftlichen Fortschritt des Landes vor.[4]

Die Blütezeit der Amani- bzw. Nedjat-Oberrealschule

Auch die Nedjat-Oberrealschule erlebte mit den enger werdenden Beziehungen zwischen der Bundesrepublik Deutschland und Afghanistan eine erneute Blütezeit. Die Afghanen hatten den Unterrichtsbetrieb nach der Ausweisung der

Deutschen 1941 in eigener Regie mit ehemaligen Schülern als Deutschlehrer betrieben und sogar Literaturunterricht und Theateraufführungen organisiert.

Abb. 91: Aufführung von „Der Kaufmann von Venedig" 1945

Der Direktor der Schule, Hamidullah Seraj, schrieb dazu in einem Artikel für das Magazin „Mitteilungen" des Instituts für Auslandsbeziehungen im Jahre 1954:

> Der Elementarunterricht wird bis zur 10. Klasse geführt. Ende der 10. Klasse beginnt der Unterricht über Stilkunde, an den sich in der 11. und 12. Klasse der Unterricht über deutsche Literaturgeschichte im Zusammenhang mit der europäischen Geistesgeschichte schließt. Klassenlektüre von Dramen und Novellen auch modernerer Autoren bringt den Schülern die Verlebendigung der deutschen Dichtkunst. Besonders die Dramenlektüre erweckt ein lebhaftes Interesse, und auf Wunsch der Schüler der 12. Klasse wurde im Jahre 1952 Lessings „Emilia Galotti" in deutscher Sprache einstudiert und mit großem Erfolg in zwei Aufführungen vor ehemaligen Schülern der Schule und vor Mitgliedern der deutschen und österreichischen Kolonie gespielt. [5]

Nach und nach wurden wieder Lehrkräfte nach Kabul entsandt. Mehr als 20 Lehrerinnen und Lehrer unterrichteten zunächst noch im alten Schulgebäude; ab Mitte der 1970er Jahre bezog die Schule, die nach einem Brand nicht mehr genutzt werden konnte, ihre neuen, von der Firma Hochtief errichteten Gebäude direkt gegenüber dem Präsidentenpalast. Der gesamte Unterricht in der Oberstufe fand auf Deutsch statt, viele Schüler nutzten anschließend die Gelegenheit, in Deutschland zu studieren. Es gab eine Theatergruppe, auf dem Spielplan standen Stücke von Kleist und Lessing; regelmäßig fanden Konzerte oder musikalische Aufführungen statt.

Abb. 92: Nach der Aufführung von „Wilhelm Tell" 1962

Dr. Mir Hafisuddin Sadri, ein ehemaliger Schüler, berichtete in einem Text für die Festschrift zum 80jährigen Schuljubiläum 2004, dass die Schultheateraufführungen

> [...] zum integralen Bestandteil der alljährlichen Tradition in der Amani-Oberrealschule wurden. Die Schüler der Oberstufe führten anlässlich der Feierlichkeiten ihrer Reifeprüfungen Dramen europäischer, insbesondere der deutschsprachigen Dichter auf.

Hauptsächlich Lustspiele und Dramen der deutschen Klassiker, aber auch klassische und epische Dramen wurden aufgeführt. Bis zur Fertigstellung des neuen Schulgebäudes stellten die afghanischen Kino- und Theaterpaläste und Radio Afghanistan ihre Säle für die öffentlichen Theateraufführungen zur Verfügung. Theaterstücke wurden mehrmals für die deutschsprechenden Afghanen und für die etwa 4000 in Kabul arbeitenden und lebenden Deutschen vorgeführt, die bis Anfang der 1970er Jahre die größte ausländische Gemeinde in Kabul bildeten. Für eine Uraufführung war der Kunstsaal des alten Hauptgebäudes im Alm Ganj Garten vorgesehen, der Anfang 1961 völlig abbrannte.

Abb. 93: Theaterpublikum

Abb. 94: Schulfest in den 1960er Jahren

Die Bundesrepublik Deutschland und Afghanistan im Kalten Krieg (1945–1979)

Abb. 95: Nach dem Brand entstand in den 1970er Jahren der Neubau der Amani-Oberrealschule, der auch die derzeitige Schule beherbergt

Abb. 96: Deutschunterricht 1974

Abb. 97: Chemieunterricht 1974

Abb. 98: Die „Kabul Times" berichtete 1974 auf der Frontseite über das 50-jährige Schuljubiläum der Amani-Oberrealschule und bildete die ersten sechs Abiturienten aus dem Jahr 1934 ab, die Ärzte und Ingenieure wurden (vgl. S. 104, Abb. 49)

Viele namhafte bundesdeutsche Politiker und Minister besuchten damals Afghanistan und auch die Amani-Oberrealschule, darunter der damalige Entwicklungshilfeminister Walter Scheel, die Bundeskanzler Kurt Georg Kiesinger und Ludwig Erhard sowie Bundespräsident Heinrich Lübke.

Abb. 99a-c: Bundespräsident Lübke (a) und Bundeskanzler Ludwig Erhard (b) sowie Kurt Georg Kiesinger (c) zu Besuch in Kabul

Abb. 99b

Abb. 99c

Abb. 100: Bundeskanzler Kiesinger legt einen Kranz am Mausoleum des 1933 ermordeten Königs Nadir Schah nieder

Abb. 101: König Zahir Schah zu Besuch in Deutschland

Der Kalte Krieg – eine neue Dimension im Great Game um Afghanistan

Da die Bundesrepublik Deutschland fest im westlichen Bündnissystem eingebunden war und die „Containment"-Strategie der USA auch mit Blick auf die eigene Konfrontation mit der kommunistischen Expansion mittrug, hatten die engen wirtschaftlichen und kulturellen Beziehungen des Landes mit Afghanistan selbstverständlich auch eine bündnispolitische Komponente: Man unterstützte durch die starke wirtschaftliche, technische und kulturelle Zusammenarbeit und die große Präsenz von Experten, Wissenschaftlern, Wirtschaftsvertretern und Lehrern jene Kräfte der afghanischen Politik, die sich für eine größere Annäherung an den Westen aussprachen und die den wachsenden sowjetischen Einfluss – wie schon in den 1920er und 1930er Jahren – mit Sorge beobachteten.

Allein für den Fünfjahresplan 1962–1967 gewährte die Bundesregierung Afghanistan Kredite in Höhe von mehr als 250 Millionen Mark, insgesamt floss zwischen 1950 und 1974 fast eine halbe Milliarde Mark. Damit war die Bundesrepublik Deutschland nach den USA und der UdSSR das drittwichtigste Geberland.

Trotz der enormen Summen, die im Rahmen der Entwicklungshilfe in das Land flossen, kam es dort zu keinen echten Fortschritten. Als Ende der 1960er Jahre eine mehrjährige Dürreperiode das Land heimsuchte, die Weizenpreise explodierten und Bauern ihr Vieh verkaufen mussten, um zu überleben, geriet die Macht König Zahir Schahs ins Wanken. Wie so oft in der Geschichte des Landes blockierten feudale Strukturen und Stammesinteressen notwendige Reformen:

> Die Mächtigen der Regionen verhinderten, daß wichtige Gesetze verabschiedet und Pläne eingehalten wurden. Sechs Jahre lang berieten sie über das Gesetz zur Errichtung einer Industrieentwicklungsbank. 1969/70 blieben 96 Vorlagen unerledigt liegen, obwohl sie die Ratifizierung der Abkommen über die für das Land notwendige Entwicklungshilfe behandelten.[6]

König Zahir Schah wurde 1973 durch einen Militärputsch entmachtet, der seinen Cousin, den früheren Ministerpräsidenten Mohammed Daoud Khan, an die Macht brachte. 1978 wurde dieser während des kommunistischen Putschs, der so genannten Saur-Revolution, ermordet. Sein Leichnam wurde 2008 in einem Massengrab in Kabul entdeckt und am 17. März 2009 mit einem Staatsbegräbnis beerdigt. Nach dem Einmarsch sowjetischer Truppen in Afghanistan im Jahre 1979 verließen die letzten westdeutschen Experten das Land.

Literaturhinweise

Baraki, Matin: Die Beziehungen zwischen Afghanistan und der Bundesrepublik Deutschland 1945–1978. Dargestellt anhand der wichtigsten entwicklungspolitischen Projekte. Frankfurt a.M./Berlin 1996
Popal, Ali Ahmad: Eine historische Übersicht über die deutsche Kulturarbeit in Afghanistan. In: Zeitschrift für Kulturaustausch (16/1), Regensburg 1966, S. 14-17
Schetter, Conrad: Kleine Geschichte Afghanistans. München 2017
Der Spiegel vom 18.10.1971, Ausg. 43, Hamburg 1971, S. 142 f.
Zerwinsky, Susan (Hrsg.): Lessing in Kabul. München 2008
Die Zeit vom 27. 03. 1959, 17/1959

Anmerkungen

1 *Die Zeit* v. 27.03.1959, 17/1959.
2 *Institut für Auslandsbeziehungen*: Mitteilungen. Stuttgart 1954, S. 241.
3 *Samed*, Abdul Hamed. In: http://fa1.spd-berlin.de/Einladungen/afghbezg.pdf.
4 *Der Spiegel* vom 18.10.1971, Ausg. 43, Hamburg 1971, S. 142 f.
5 *Institut für Auslandsbeziehungen* (wie Anm. 2), S. 203–205.
6 *Der Spiegel* (wie Anm. 4), S. 144.

Reinhard Schlagintweit
Afghanistan in der Erinnerung eines deutschen Diplomaten (1958–1961)*

Afghanistan war mein und meiner Familie Lieblingsposten in einer mehr als 40 Jahre dauernden Tätigkeit im Auswärtigen Dienst. Nicht nur uns ging es so. Ich kenne niemand, der damals, und auch später noch, in Afghanistan lebte und der nicht sein Leben lang von diesem Land und seinen Menschen schwärmte.

Im letzten Jahr meines Dienstes in der Türkei hatte ich bei der Personalabteilung in Bonn mein Interesse an einem Posten in Afghanistan angemeldet. Ich war gern in der Türkei und hoffte wohl, in Afghanistan eine Steigerung der für uns so anderen, reizvollen Welt des muslimischen Orients zu erleben. Von Afghanistan hatte ich keine Ahnung. Mich reizte das Unbekannte, Abenteuerliche, das ich mit diesem Namen verband. Als ich meiner Frau beichtete, was ich mit dem Personalreferat besprochen hatte, war sie nicht begeistert. Wir waren eine fünfköpfige Familie, das jüngste Kind war noch keine zwei Jahre alt. Gerade zu dieser Zeit gab es einen ernsten Konflikt zwischen Afghanistan und seinem Nachbarn Pakistan. Pakistan sperrte zeitweise den Khyberpass, den wichtigsten Grenzübergang; häufig mussten Transitgüter nach Kabul wochenlang auf die Genehmigung zur Weiterfahrt warten. Für eine Mutter von drei Kindern war das nicht besonders verlockend. Nach ein paar Wochen, als keine Alarmnachrichten mehr eintrafen, sagte sie: Also wenn du so gerne nach Afghanistan willst – ich komme mit. Das schaffen wir schon.

Afghanistan war mein zweiter Posten im Auswärtigen Dienst. Meine Familie und ich lebten vom März 1958 bis September 1961 in Kabul. Diese dreieinhalb Jahre gehörten zu den schönsten meines Berufslebens. Wir fühlten uns menschlich wohl und gewannen gute Freunde. Die großartige, unzerstörte Landschaft hatte etwas zu Herzen und zur Seele gehendes. In Kabul wurde unser jüngster Sohn geboren. Wir unternahmen wunderbare Reisen und genossen die natürliche Gastfreundschaft, die uns überall entgegengebracht wurde. Meine Frau weinte, als sie Ende 1961 das Flugzeug nach Deutschland bestieg. Auch mich hat, wie Sie sehen, Afghanistan seither nicht wieder losgelassen.

Der Reiz dieses Landes bestand natürlich auch in seinem vormodernen Charakter. Wir trafen in Afghanistan auf eine Welt, die von Industrialisierung,

---

* Rede von Reinhard Schlagintweit, Kulturattaché der Deutschen Botschaft Kabul von 1958 bis 1961, anlässlich der Eröffnung einer Afghanistan-Ausstellung im Mauritianum Altenburg im Jahr 2011. Die kursivierten Zusätze im Folgenden stammen jeweils von Mathias Friedel und dienen der zeitlichen Einordnung.

Konsumwirtschaft, Verstädterung noch kaum berührt schien. Gleichzeitig war ich Zeuge politischer und sozialer Veränderungen, deren Bedeutung weit über die Grenzen des kleinen Landes hinausging. Afghanistan war vor 50 Jahren noch nicht ‚entdeckt'. Hippies gab es noch nicht, die belebten erst 10 Jahre später die Basare und fuhren per Bus oder Anhalter weiter nach Indien. Es kamen noch nicht einmal Touristen. Drogen waren kein Thema. Wenn, ganz selten, ein deutscher Student sich auf der Durchreise bei der Botschaft meldete, luden wir ihn zum Mittagessen ein.

In Kabul gab es damals noch wenig Autos. Als ich in den ersten Wochen im Hotel wohnte, brachte mich morgens eine Pferdedroschke in die Botschaft. Unser Haus war eins der wenigen, das ein Blechdach besaß; Küche und Abstellräume waren, wie die meisten Nachbarhäuser, nur mit Lehm gedeckt und mussten nach Regen oder Schnee mit einer einfachen Steinwalze wieder dicht gemacht werden. Eine elektrische Pumpe versorgte das Haus mit Grundwasser. Vor dem Haus wuschen sich viele Menschen in den Wassergräben, die zwischen Straße und Häusern entlangführten und auch anderen Zwecken dienten.

Abb. 102a-g: Reinhard Schlagintweit machte während seiner Dienstzeit in Afghanistan mit seiner Familie (f und g) ausgedehnte Reisen durch das ganze Land und fotografierte dabei Landschaften, Menschen und Bauwerke wie die Freitagsmoschee von Herat (b).

Abb. 102b

Abb. 102c

Abb. 102d

Abb. 102e

Afghanistan in der Erinnerung eines deutschen Diplomaten — 173

Abb. 102f

Abb. 102g

Ich spürte täglich, wie stark Afghanistan vom Islam geprägt war. Das Fastengebot im Ramadhan und das Alkoholverbot wurden, im Gegensatz zur Türkei, strikt eingehalten. Alle Frauen trugen den Ganzkörperschleier, der in Afghanistan Chodiri genannt wird; während des ersten Jahres unseres Aufenthalts sah ich das Gesicht keiner einzigen afghanischen Frau. Die Gespräche mit Kollegen vom Außenministerium oder mit anderen Bekannten ließen eine tief sitzende, mystische Form des Glaubens ahnen. Ein seit langem in der Gegend tätiger deutscher Fachschullehrer vermittelte den Besuch von angesehenen Heiligen. Manchmal sahen wir an der Straße, weitab von Kabul, wie imposante alte Männer hinter einer Bettelschale hockten, die eine unglaubliche Würde ausstrahlten. Sie bettelten nicht aus Armut, sondern weil sie sich, wahrscheinlich in einem reifen Alter, zu einem Leben in Demut, ohne Besitz und Bindungen entschlossen hatten.

Nach einem Jahr erlebten wir mit, wie die Schleier (Chodiri)-Pflicht aufgehoben wurde. Am afghanischen Nationaltag erschienen der König, der Ministerpräsident und andere Angehörige der königlichen Familie und des Kabinetts zum ersten Mal in Begleitung ihrer Frauen in der königlichen Loge. Die Damen waren unverschleiert, trugen aber Kopftuch und Mantel.

Das wurde in Kabul als Befreiung empfunden. Die Bevölkerung akzeptierte die Neuerung, weil sie ihr nicht aufgezwungen wurde; jede Frau war frei, die Chodiri anzuziehen oder nur die Haare zu verhüllen. Am meisten freuten sich die Schulmädchen, die nun fröhlich in ihrer dunklen Schuluniform und mit weißem Kopftuch auf den Straßen herumliefen. Nur im Süden des Landes brannten einige Schulen.

Während unserer Zeit in Afghanistan war das ganze Land sicher. Wir fragten gar nicht, ob man ohne Gefahr mit den Kindern zu den Buddhas nach Bamian fahren und an den großartigen blauen Seen zelten konnte. Einmal wanderten meine Frau und ich mit einem deutschen Bekannten (und dessen afghanischen Koch) zehn Tage lang durch das Pandschirtal, später das Reich des Freiheitshelden Ahmed Schah Massud. Auf dem Weg zum über 4.000 Meter hohen Andschuman-Pass übernachteten wir im Zelt; manchmal auch bei Dorfbewohnern, die uns eingeladen hatten.

Alle Macht im Staat lag in den Händen der königlichen Familie, des beliebten, aber wenig aktiven Königs Zahir Schah und seines Neffen und Schwiegersohns, des Ministerpräsidenten Prinz Daud. Daud regierte das Land mit eiserner Faust. Räuber wurden ohne viel Federlesens aufgehängt. Die paschtunischen Stämme ließ man weitgehend in Ruhe. Konflikte zwischen den Sprachgruppen schien es nicht zu geben.

Die ethnische Vielfalt des Landes wurde erst am Nationalfeiertag sichtbar, wenn die Menschen aus dem ganzen Land nach Kabul strömten. Da tanzten wilde Paschtunen im Kreis andächtig zuschauender Städter, die langen Haare in die Luft schleudernd, während etwas weiter Turkmenenstämme ihre martialischen Reiterspiele austrugen.

Armut war damals kein dringendes Thema. Natürlich wusste jeder, dass Afghanistan zu den ärmsten Ländern der Erde gehörte; die Vereinten Nationen schätzten das Prokopfeinkommen auf 30–60 $ im Jahr. Aber die Menschen im Land kannten nichts anderes; es gab keine Alternative. Die meisten Frauen, auch die Mehrheit der Männer, konnten weder lesen noch schreiben. Die Regierung fing erst seit kurzem an, auch auf dem Land Schulen zu bauen. Von einem Gesundheitsdienst konnte außerhalb Kabuls und einer Handvoll anderer Städte keine Rede sein. Viele Missstände einer vormodernen Gesellschaft wie Kinderehen und Gewalt in der Familie, die heute mit Recht energisch bekämpft werden, waren uns damals nicht bekannt. Es gab sie natürlich; ich zweifle aber, ob sie unsere afghanischen Freunde beunruhigten.

Die afghanische Regierung hatte mit ausländischer Hilfe für die Jahre 1956–1961 zum ersten Mal einen Fünf-Jahres-Plan aufgestellt. Durch die Verbesserung der Infrastruktur, sowie einige Kraftwerke und den Bau der ersten Fabriken „Zement, Textil, Zucker", wollte man Voraussetzungen für die wirtschaftliche Entwicklung schaffen. Damals lief gerade die ausländische Entwicklungshilfe an. Es gab ein älteres amerikanisches Programm; mit zwei großen Staudämmen wurde das Hilmand-Tal landwirtschaftlich entwickelt; dazu kamen der Bau der Straße von Kabul nach Kandahar und des Flugplatzes Kandahar. Die Vereinten Nationen unterhielten eine große Vertretung, ihre Berater saßen in vielen Ministerien. Ein weiteres Programm, das der Sowjetunion, konzentrierte sich auf die Erforschung von Bodenschätzen und den Bau von Straßen, und zunehmend auf den militärischen Sektor.

Nach den USA gab die Bundesrepublik Deutschland am meisten nicht-militärische Hilfe. Der Grund unserer Großzügigkeit waren nicht nur die bis in die Zeit des ersten Weltkriegs zurückreichenden freundschaftlichen Beziehungen, die seither fast ohne Unterbrechung von Beratern, Lehrern, Ingenieuren und Firmen gepflegt worden waren. Sondern auch, weil Bonn sichergehen wollte, dass Afghanistan, ein blockfreier Staat, der enge Beziehungen zur Sowjetunion unterhielt, die DDR nicht völkerrechtlich anerkannte. Es war die Zeit der Hallstein-Doktrin und der ‚sogenannten' DDR.

Im Rahmen der Wirtschaftshilfe unterstützten wir den Bau des Kraftwerks Sarobi, das die Versorgung von Kabul sicherte, und den Ausbau der Textilfabrik in Gulbahar; beide wurden von deutschen Firmen durchgeführt. Das wichtigste Projekt der Technischen Hilfe waren Berufsschulen, 3 technische Schulen in Kabul, Kandahar und Khost, sowie eine Handwerksschule und eine Lehrerbildungsanstalt. Dazu kamen in meiner Zeit eine Mission der Bundesanstalt für

Bodenforschung zur Erkundung von Bodenschätzen und eine hydrologische Mission, die die Wasservorräte des Landes untersuchte und die Behörden bei ihrer Nutzung beriet.

Nicht zu vergessen die deutschsprachige Oberrealschule. Zu unserer Zeit hieß sie Nedschat-Schule, später erhielt sie wieder ihren alten Namen Amani, nach König Amanullah, der sie 1924 gegründet hatte. Zu meiner Zeit unterrichteten dort zwischen drei und fünf deutsche Gymnasiallehrer, die vom Auswärtigen Amt bezahlt wurden, afghanische Buben in naturwissenschaftlichen Fächern und Deutsch. Viele wichtige Persönlichkeiten sprachen gut Deutsch, weil sie die Schule besucht und/oder in Deutschland studiert hatten.

Die Deutsche Botschaft hatte damals nur drei Diplomaten: den Botschafter, den Wirtschaftsreferenten und mich. In meine Verantwortung fielen die ersten Veranstaltungen mit westlicher Kunst. Den Anfang machte ein junger deutscher Gitarrist, der schon in Ankara bei uns gespielt hatte. Als er auf dem Weg nach Indien durch Kabul kam, dachten wir uns aus, dass er zusammen mit afghanischen Musikern ein Konzert geben könnte; jeder sollte seine Musik spielen, die Afghanen ihre indisch klingenden einstimmigen Weisen, Siegfried Behrends Bach und Villa-Lobos.

So geschah es. Das Konzert fand im einzigen Kabuler Kino statt, es hatte erst vor kurzem eröffnet. An diesem Abend war es bis auf den letzten Platz besetzt. Das jugendliche, durchweg männliche Publikum hockte im Schneidersitz auf den Sesseln und spuckte Nussschalen auf den Boden. Wahrscheinlich waren sie vorher noch nie in einem Kinosaal gewesen. Ihre Begeisterung äußerten sie durch aufmunternde Zurufe.

Auch die bildende Kunst erlebte durch uns eine Premiere. Am Rand der Stadt gab es ein Messegelände mit Pavillons, in dem befreundete Staaten einmal im Jahr Nutzfahrzeuge und Maschinen zeigten. Anlässlich des Nationalfeiertags 1960 benutzten wir das Deutsche Haus, das zufällig leer stand, um während der Festwochen moderne Kunst auszustellen; das Auswärtige Amt hatte uns dafür ein paar Dutzend Lithographien zur Verfügung gestellt. Das war das erste Mal, dass so etwas in Kabul auftauchte. Der König eröffnete unsere Ausstellung, das ganze Kabinett begleitete ihn. Die „Galerie" war gut besucht. Vormittags kam das städtische Bürgertum, Lehrer, Studenten, Beamte; die Männer im dunklen Anzug und mit der üblichen Karakul-Fellmütze, viele Frauen unter der Schatri; nachmittags drängte sich das Landvolk mit Turban, langem Hemd und weiten weißen Hosen durch die Räume.

Zu dieser Zeit zeigten sich aber bereits dunkle Wolken am politischen Himmel. Am bedrückendsten war die immer stärker werdende Stellung des nördlichen Nachbarn. Wenige Jahre vorher war es der Sowjetunion gelungen, eine politische Schlüsselfunktion in die Hand zu bekommen; sie hatte zugesagt, die afghanischen Streitkräfte auszurüsten und zu schulen. Man nahm das in Kabul zunächst kaum bewusst wahr, wollte es vielleicht auch nicht ganz wahrhaben, weil es so gar nicht in dieses konservative, von Traditionen geprägte Land passte. Das war so gekommen: Anfang 1955 hatte Prinz Daud zunächst die Amerikaner um Militärhilfe gebeten. Daud hatte vom Nachbarn Pakistan verlangt, es sollte seinen Paschtunen das Recht auf Selbstbestimmung geben; das hieß praktisch, ihnen die Möglichkeit zu geben, sich dem von Paschtunen geprägten Afghanistan anzuschließen; diese Forderung hatte zu schweren Spannungen mit Pakistan geführt. Nun musste Afghanistan seine Streitkräfte ausbauen. Der Gegner Pakistan war aber der Verbündete der USA im den amerikanischen Regionalbündnissen Bagdad-Pakt und South East Asian Treaty. In dieser Situation konnte der amerikanische Außenminister Dulles nicht anders, als auf die afghanische Bitte mit „Nein" zu antworten.

Daraufhin wandte man sich an den Nachbarn im Norden. Der reagierte prompt. Noch im gleichen Jahr reisten die beiden starken Männer des Kreml, Parteichef Chruschtschow und Ministerpräsident Bulganin, persönlich nach Kabul. Im Gepäck hatten sie die Bereitschaft, die Streitkräfte materiell und personell zu modernisieren, dazu noch einen Entwicklungskredit über die damals sensationelle Summe von 100 Millionen Dollar und ein großzügiges Stipendienprogramm, das die afghanische Regierung verpflichtete, jährlich eine größere Zahl Akademiker zur Ausbildung in die Sowjetunion zu schicken. Damit sicherte sich die Sowjetunion einen bestimmenden Einfluss auf das politische Geschehen in Afghanistan.

In den 50er Jahren hatte Afghanistan begonnen, sein Bildungssystem auf breitere Schichten der Bevölkerung auszudehnen. Mit Studenten und Hochschulabsolventen, auch aus der Provinz, entstand eine neue soziale Gruppe. Während unserer Zeit in Kabul erlangten sie zum ersten Mal Zugang zu öffentlichen Berufen und entwickelten ein politisches Bewusstsein. Zu dieser Gruppe gehörten Journalisten und Lehrer, mit denen ich zu tun hatte. Wenn ich sie besser kennen lernte, hörte ich, wie kritisch sie den Zustand ihrer Gesellschaft sahen. Sie verglichen die Rückständigkeit Afghanistans mit der Entwicklung der Nachbarn, vor allem mit den zentralasiatischen Provinzen der Sowjetunion. Schon wenn man mit dem Flugzeug nach Norden flog, sah man, wie sich jenseits der Grenze die Landschaft veränderte: statt trockener Steppe sorgfältig angelegte, grün schimmernde Felder, stattliche Dörfer, in denen es Schulen gab und die Kranken versorgt wurden. Die Menschen dort gehörten zur gleichen Kultur wie sie selbst. Die Rückständigkeit des eigenen Landes musste also an etwas anderem liegen, sei es die traditionelle Regierung, sei es die in Afghanistan viel unbedingter ausgeübte Religion. Die Verhältnisse in den zentralasiatischen Sowjet-Provinzen erhielten für viele kritische Intellektuelle Modellcharakter.

Aber zunächst versuchten die traditionellen Eliten in Kabul, die sowjetische Präsenz zurückzudrängen; das massive Auftreten der kommunistischen Weltmacht war innen- und außenpolitisch auf Kritik gestoßen.

Als erstes wurde der Ministerpräsident ausgewechselt. 1963 trat Ministerpräsident Prinz Daud, wohl nicht freiwillig, zurück. Als Grund vermutete man Unzufriedenheit darüber, dass Dauds Paschtunistan-Politik das Land in gefährlicher Weise isoliert hatte; die daraus entstandene Abhängigkeit von der Sowjetunion wurde weder von den politischen Eliten noch von der Bevölkerung gebilligt. Ein Bürgerlicher, der bisherige Bergbauminister Mohammed Jussuf, übernahm die Regierung. Er bemühte sich, das außenpolitische Gleichgewicht wiederherzustellen. Liberale Persönlichkeiten traten ins Kabinett ein, die Beziehungen zu den USA und Europa wurden ostentativ gepflegt.

In diesem Zusammenhang besuchte König Zahir Schah mit seiner Frau 1964 Deutschland. Ich war inzwischen nach Bonn versetzt worden; zu meiner Zuständigkeit gehörte auch Afghanistan. Meine Frau und ich durften die Gäste auf ihrer Reise durch das Bundesgebiet begleiten. Ich werde nie vergessen, wie ich mit dem damaligen Hofdichter, der zum Gefolge des Königs gehörte, im Auto durch Oberbayern fuhr. Der an karge Hochgebirge und Wüsten gewohnte Mann brach während der Fahrt aus dem Stehgreif in rhythmischen Gesang aus, um die herrliche grüne Landschaft zu rühmen.

Dem schwachen Ministerpräsidenten, der über keine Hausmacht verfügte, unter einem schwachen König gelang es nicht, den außenpolitischen Kurs des Landes zu korrigieren. Es entstand zwar eine neue Verfassung mit einem Parlament und einem besseren Rechtssystem. Ohne ein Parteiengesetz konnten sich die ohnehin wenig aktiven gemäßigten Kräfte nicht formieren. Fünf Ministerpräsidenten in zehn Jahren waren nicht in der Lage, die Stellung der Sowjetunion zu erschüttern. Die Führung war nicht einmal stark genug, um die Bildung radikaler Gruppierungen am Rand der Legalität zu verhindern. Auf der Linken bildeten sich zwei kommunistische und eine maoistische Partei; rechts formierten sich militante islamische Verbände.

Ein traditioneller Schwachpunkt der afghanischen Sozialstruktur war schon seit jeher der tiefe Graben zwischen Stadt und Land. Bei meinen Reisen hatte ich oft gespürt, wie fremd die Menschen in den Dörfern und die Eliten in der Hauptstadt einander waren. Jeder Beamte, jeder Lehrer betrachtete einen Posten in der Provinz als Verbannung und versuchte, möglichst bald wieder nach Kabul versetzt zu werden; dort war gewöhnlich auch die Familie geblieben. Die Landbevölkerung sah in der fernen Regierung vor allem eine Quelle von Unannehmlichkeiten wie Steuern, Arbeitsfron und Wehrdienst. Die schwachen Verbindungen zwischen Kabul und den Dörfern rissen ab, als zwischen 1969 bis 1972 eine schwere Dürre das Land heimsuchte. Die Regierung schaffte es nicht, die Hilfslieferungen aus befreundeten Staaten effektiv zu verteilen und das Schicksal der Menschen zu lindern. Der Not fielen etwa 100.000 Menschen zum Opfer. Erstmals übte die Bevölkerung auch am König Kritik; er wurde für das Versagen des Staates verantwortlich gemacht. Ein Jahr später setzte Prinz Daud, der elf Jahre lang kein politisches Amt bekleidet hatte, den König ab und rief die Republik aus. Ohne das Versagen bei der Dürre wäre es kaum möglich gewesen, die Monarchie, bisher die tragende Säule des Staates, mit einem Handstreich abzuschaffen.

Prinz Daud, der neue Präsident, hatte schon die Sowjets ins Land geholt. Jetzt war er mit Hilfe der in der Sowjetunion ausgebildeten Offiziere und Politiker erneut an die Macht gekommen. Es dauerte aber nicht lange, da wurde ihm klar, dass Politiker, die eine religionsfeindliche Ideologie durchsetzen wollten, nicht dazu taugten, ein Land mit einer so streng religiösen Bevölkerung wie Afghanistan zu führen. Mit finanzieller und politischer Unterstützung des Schahs von Iran versuchte er, diese Kräfte in der Regierung und bei den Streitkräften zurückzudrängen. Es war zu spät. 1978 putschten kommunistische Parteiführer und Offiziere und erklärten Afghanistan zur sozialistischen Republik; Prinz Daud wurde ermordet. Schon nach zwei Jahren mussten die kommunistischen Führer sowjetische Truppen zu Hilfe rufen; sie sahen keinen anderen Weg, um mit den muslimischen Gruppen fertig zu werden, die in den Dörfern gegen sie angetreten waren und sich als überlegen erwiesen.

In der gegenwärtigen Situation ist es vielleicht nützlich, sich daran zu erinnern, dass auch die afghanischen Kommunisten, ohne und mit der Sowjetunion, die afghanische Gesellschaft in einer modernen Richtung entwickeln wollten. Die meisten von ihnen und ihre Helfer – Studenten, Lehrer, Künstler – waren keine Ideologen, die einer abstrakten Philosophie anhingen und das Eigentum abschaffen wollten; sondern auch Idealisten, die hofften, mit Hilfe eines in der Nachbarschaft erfolgreichen Gesellschaftsmodells mit der bedrückenden Armut, der beschämenden Rückständigkeit ihres Landes fertig zu werden. Viele ihrer Reformen waren vernünftig und an der Zeit: die Landreform und die Abschaffung des Brautpreises, Maßnahmen, die den unteren Schichten der Landbevölkerung zugutekommen sollten; die Studenten, die in die Dörfer kamen, um auch Erwachsenen Lesen und Schreiben beizubringen; die Ausbildungs- und Berufsmöglichkeiten der Frauen. Aber diese Verbesserungen trafen auf tief verwurzelte Traditionen; daher wurden sie als unislamisch verworfen und als fremd bekämpft. In dem erbitterten Machtkampf zwischen radikalen islamischen Gruppen und Vertretern einer in der Stadt angesiedelten Lebensweise gingen sie unter. Wenigstens teilweise. In der Stadt, also in Kabul und in den nicht-paschtunischen Städten des Nordens, setzten sie sich weitgehend durch und hielten sich, bis die Taliban wieder die Einhaltung der traditionellen Lebensweise erzwangen.

Vor fünfzig Jahren *[d.h. seit den 1960er Jahren]* hatte gerade eine neue Phase im Great Game, der politischen und ideologischen Rivalität um Afghanistan, begonnen, welche die damaligen Großmächte seit mehr als 150 Jahren untereinander austrugen. Nachdem Großbritannien sich von Indien aus Jahrzehnte lang eine Art Protektorat über den Pufferstaat gesichert hatte, baute sich jetzt, nach dem Abzug der Briten aus dem Subkontinent, der nördliche Nachbar als Kontrollmacht auf.

Die weitere Entwicklung verfolgte ich nur aus der Ferne. Die Sowjetunion musste 1989 geschlagen abziehen und jeden Anspruch auf Dominanz aufgeben. Der afghanische Staat war schon vorher im Kampf zwischen Besatzungsmacht und Freiheitskämpfern zerrieben worden; nun brachen Bürgerkrieg und Chaos aus.

Die USA, die einzige übrig gebliebene Weltmacht, zögerten lange, bevor sie sich in diesem strategisch wichtigen politischen Vakuum engagierten. Aber als nach dem 11.9.2001 mit dem Krieg gegen den Terror ein neuer globaler Machtkampf ausgebrochen war, glaubten sie, das arme Land am Hindukusch sei zur Partei geworden; die USA selbst würden von dort bedroht. Sie vertrieben die reaktionären Machthaber, setzten eine neue Führung ein und versuchten, einen Staat nach ihren Vorstellungen zu bauen, wenn es nicht anders ging, auch mit Gewalt.

Aber Amerika war, ähnlich wie zwei Jahrzehnte früher die Sowjetunion, dieser Aufgabe nicht gewachsen, als die Afghanen sich gegen die fremde Bevormundung wehrten. Gegenwärtig *[= 2011]* zieht auch Washington sich wieder zurück. Als Folge drohen, wie vor 20 Jahren *[= nach 1990]*, Staatszerfall und Bürgerkrieg.

Ich möchte wenigstens kurz einen weiteren Vorgang erwähnen, der etwa in der Zeit, in der ich in Afghanistan lebte, anlief und seither die Auseinandersetzungen im historischen ‚Großen Spiel' um Afghanistan begleitet: ‚Entwicklung'.

Mit Fünfjahres-Plan, Bildungswesen, Infrastruktur, Entwicklungshilfe und fremden Heeren begann damals die Moderne, intensiver, direkter als bisher in die Gesellschaften des Landes einzudringen. Noch deutlicher wird dies am Beispiel der Haltung zu Armut. Eine neue Dynamik setzte ein, die das Leben und Denken der Menschen veränderte, aber auch hohe soziale Kosten verursachte, wie Verunsicherung, blutige Konflikte, die Aufgabe von Traditionen. Die Prozesse, die damals anliefen, sind heute, 50 Jahre später *[= wiederum das Jahr 2011]*, noch lange nicht zu Ende.

Die geschichtliche Periode, in der Amerika und Europa im „Größeren Mittleren Osten" Ordnung schaffen und durch unmittelbare Einwirkung Werte vermitteln konnten, geht zu Ende. Neue Kräfte entstehen, die politische und soziale Veränderungen ohne uns, und auch gegen uns, durchsetzen, mit unseren Instrumenten, unserer Technologie, aber ohne unseren Schutz, und in vielen Fällen auch ohne unsere Werte. Afghanistan stehen wieder schmerzliche Prozesse bevor, Prozesse, deren Charakter und Auswirkungen wir nicht kennen.

Die Staatengemeinschaft muss versuchen, Wege zu finden, um dem afghanischen Volk auch unter schwierigen Umständen zu helfen, die Armut zu bekämpfen, seine Wirtschaft zu verbessern, und Sicherheit zu schaffen. Nur wenn es hier Fortschritte gibt, kann der Staat von innen wiederaufgebaut werden, ein Staat, der zu den Menschen und ihrer Kultur passt und ihren Bedürfnissen entspricht.

Literaturhinweis

Schlagintweit, Reinhard: In Afghanistan. Tagebücher 1958–1961. Mit einem Nachtrag zu 1996. Hrsg. v. Thomas *Loy* u. Olaf *Günther*. Potsdam 2016

Volker Bausch
Eine deutsch-afghanische Familiengeschichte – Episode 2 (nach 1945)[1]

Ausgerechnet die gesamten Kriegsjahre verbrachten Elisabeth und Mariam in Deutschland; da beide jedoch afghanische Pässe besaßen, wurden sie nach Kriegsende in einem der amerikanischen Lager für „Displaced Persons" interniert, die unter anderem für ehemalige KZ-Häftlinge oder Ausländer errichtet worden waren. Dort lernte sie Karl „Charly" Dlouhy kennen, einen Österreicher, der viele Jahre im Iran gelebt und gearbeitet hatte und mit einer Iranerin verheiratet war. Die beiden beschlossen, bei passender Gelegenheit nach Teheran zu reisen, um sich dort mit ihren jeweiligen Partnern zu treffe. Als Elisabeth 1947 einen Brief von Omar erhielt, in dem er mitteilte, dass er aus der Haft entlassen worden sei und bei seinen Eltern in Herat – nahe der iranischen Grenze – wohnte, machte sie sich mit ihrer Tochter auf den abenteuerlichen Weg nach Teheran über Paris, Marseille, Beirut und Bagdad.

Als ihr Omar dort gegenübertrat, war nichts mehr übrig vom einst so gewitzten Intellektuellen und charmanten Geschichtenerzähler, und auch nichts mehr vom markigen Familienvater, der er zuletzt in Kabul gewesen war.

Elisabeth und Mariam trafen auf einen durch die lange Haft gebrochenen und grimmigen Mann, der verkündete, dass er die fünfzehnjährige Mariam bereits verlobt habe, und dass Mutter und Tochter sofort nach Afghanistan zu reisen hätten, was er bei den iranischen Behörden auch schon beantragt habe. Diese gaben dem Ersuchen Omars statt und setzten den aggressiven und unberechenbaren Mann jedoch vorübergehend fest, sodass Elisabeth und Mariam alleine nach Kabul reisten, wo Elisabeth umgehend die Scheidung von ihrem Mann in die Wege leitete.

Omar traf bald darauf ebenfalls in Kabul ein und tat alles, Elisabeth umzustimmen, nicht zuletzt auch deshalb, weil er vom ausgewählten Bräutigam schon eine beträchtliche Summe des Brautpreises als Anzahlung erhalten hatte.

Es bestand jederzeit die Gefahr, dass Omar per Gerichtsbeschluss das Sorgerecht für seine Tochter erzwingen konnte, was nach islamischem Recht möglich war – eine Tatsache, die Elisabeth große Sorge bereitete.

Bei einer privaten Einladung kam es zu einer schicksalhaften Begegnung für Mariam: Sie und ihre Mutter trafen auf einen jungen, weltgewandten und gebildeten Paschtunen aus einer der einflussreichsten und wohlhabendsten Familien des Landes kam: Gholam Sarwar Nasher. Die Nasher waren paschtunische Stammesfürsten aus Ghazni und begründeten im frühen 20. Jahrhunderts das heutige Kunduz. Die Hafenstadt Sher Khan Bandar am Pandsch-Fluss ist nach Gholam Sarwars Vater benannt. Sarwar hielt schon bald um Mariams Hand an und wurde erhört. Wenn auch Mariam viel zu jung war, so befand Elisabeth den jungen Khan als die bessere Wahl als den drohenden „Kandidaten" Omars, der ein unsympathischer älterer Mann war.

Mariam wurde im Jahr 1948 die (Zweit-)Ehefrau von Gholam Sarwar Nasher, doch war dies mit weniger Einschränkungen verbunden als das Leben ihrer Mutter im Kabul der 1930er Jahre. Gholam Sarwar nahm seine junge Frau mit auf die Jagd und auf ausgedehnte Reisen in die ganze Welt.

Abb. 103: Mariam mit ihrem Mann Gholam Sarwar

Gholam Sarwar lebte in Kunduz, wie es der Oxford-Professor Peter Levi nicht ohne Ironie in seinem Afghanistan-Buch beschrieb, als ein „aufgeklärter Despot"[2] und führte neben Ländereien, die von seinem Vater gegründete „Spinzar Company", die vor allem Baumwollfabriken aber auch Hotels und Kinos im ganzen Land unterhielt und zu den größten Unternehmen des Landes gehörte. Mariam führte eine Mädchenschule und brachte fünf Kinder zur Welt, die afghanisch, aber auch deutsch erzogen wurden. Mariam führte das Weihnachtsfest in Kunduz ein: ein großer Baum wurde geschmückt, man sang zusammen Weihnachtslieder, backte Plätzchen und beschenkte sich.

Abb. 104: Der japanische Thronfolger mit seiner Frau zu Besuch in Kunduz

Illustre Besucher kamen aus der ganzen Welt. Nicht nur der japanische Thronfolger Akihito, sondern auch Prinz Philip und Omar Sharif zählten in dieser Zeit zu den Gästen im Hause Nasher.

Abb. 105: Prinz Philip zu Besuch in Kunduz

Elisabeths Kontakt zu Karl „Charly" Dlouhy war nie abgerissen und als er sie in Kabul besuchte, wurden die beiden ein Paar und heirateten kurze Zeit später. Elisabeth eröffnete eine kleine Boutique mit afghanischen Handarbeiten in Kabul, doch besuchte sie ihre Tochter und ihre Enkel regelmäßig mit dem Auto – sie fuhr über den langen Salang-Pass, denn sie hatte auch im fortgeschrittenen Alter noch das Fahren erlernt.

Trotz großer Bedenken gestattete Gholam Sarwar seiner ältesten Tochter, ein Medizinstudium in Prag aufzunehmen. Prag, da die meisten Ärzte des Spinzar-Krankenhauses in Kunduz Tschechen waren und Nasher sie sehr schätzte. Diana befand sich in Prag, als der ehemalige Ministerpräsident Daoud Khan 1973 mit sowjetischer Hilfe einen Putsch gegen seinen Schwager, König Zahir Schah, organisierte, in dessen Folge auch Gholam Sarwar festgenommen und ins Deh-Mazang-Gefängnis geworfen wurde, in dem auch Omar seine Haftzeit verbracht hatte. 1975 wurde vor einem Militärtribunal Anklage gegen Gholam Sarwar wegen angeblicher Brandstiftung erhoben, und in einem Schauprozess wurde er zu acht Jahren Gefängnis verurteilt. 1978 wurde er nach einem Herzinfarkt aus der Haft entlassen, doch angesichts der politischen Wirren während der kommunistischen Herrschaft, die 1978 mit der Ermordung Daoud Khans begonnen hatte, beschloss die Familie Nasher, das Land zu verlassen und in ihre zweite Heimat Deutschland zu ziehen. Sie kehrten nicht mehr dauerhaft dorthin zurück.

Abb. 106: Nasher mit König Zahir

Elisabeth Dlouhy-Wolff verstarb 1998 in Freiburg im Alter von 92 Jahren, ihre Tochter Mariam lebte bis zum Jahr 2017.

Anmerkungen

1 Erneut sei auf das Buch von Diana Nasher „Töchterland", München 2013, verwiesen.
2 *Levi*, Peter: The Light Garden of the Angel King. Journeys in Afghanistan. Harmondsworth [u.a.] 1984, S. 132; eigene Übersetzung.

Mathias Friedel
Honecker am Hindukusch: Die DDR und Afghanistan (1973–1990)

Außen- und Entwicklungspolitik im Schatten der Sowjetunion

Als sich Erich Honecker im August 1970 mit Leonid Breschnew in Moskau besprach, um Walter Ulbricht als Paladin des SED-Staates zu beerben, schrieb ihm der Kreml-Chef unmissverständlich ins Stammbuch, die DDR ...

> [...] ist das Ergebnis des 2. Weltkrieges, sie ist unsere Errungenschaft, die mit dem Opfer des Sowjetvolkes, mit dem Blut der Sowjetsoldaten erzielt wurde. Die DDR ist nicht nur eure, sie ist unsere gemeinsame Sache.[1]

Für Honecker, seit Mai 1971 Partei- und dann auch Staatschef der DDR bis zu ihrem Zusammenbruch 1989, war die unverbrüchliche Bindung an Moskau eine Selbstverständlichkeit. Wenig später, noch im Mai 1971, versicherte er wiederum sowjetischen Funktionären im Kreml:

> Für uns war, ist und bleibt es die Hauptsache, einen einheitlichen Standpunkt mit der Führung ihrer Partei, der KPdSU, zu haben und auch weiterhin die völlige Übereinstimmung in allen innen- außenpolitischen Fragen zu gewährleisten.[2]

Die DDR hing in ihrer ganzen Existenz am Tropf der Sowjetunion. Keine wesentliche Entscheidung ging ohne das Placet Moskaus, nicht der Mauerbau 1961 und nicht die gesamte DDR-Deutschlandpolitik seit 1949. Nicht anders verhielt es sich in der Außenpolitik der DDR und somit der Entwicklungshilfe für andere Staaten – etwa Afghanistan. Diese an die UdSSR gekittete „Außenpolitik in engen Grenzen" (H. Wentker) bröckelte erst unter Gorbatschow, mit dessen Politik der gealterte Honecker nun in keiner Weise mehr einverstanden war.

In Entwicklungsländern betrieb die DDR, wie auch andere Ostblockstaaten und die UdSSR selbst, eine Außenpolitik oder bilaterale Zusammenarbeit, die man als sozialistische Bündnispolitik bezeichnen kann und ganze Maßnahmenpakete umfassen konnte. Sie reichten vom Ausbau der diplomatischen und Parteibeziehungen, der Ankurbelung des Außenhandels, der – stets streng geheim gehaltenen – nachrichtendienstlichen und militärischen Zusammenarbeit, einschließlich Waffenlieferungen, bis zu klassischen Finanzhilfen und Materiallieferungen, die auch verschiedenste Ressortzugehörigkeiten (Zentralkomitee/ZK der SED, Außenministerium, Ministerium für Außenhandel, Erziehungsministerium, Stasi, Nationale Volkarmee/NVA etc.) querschnittsmäßig betrafen.

Dass die DDR nie von Entwicklungshilfe sprach, war mehr als eine semantische Abgrenzung zu diesem in der gesamten westlichen Welt gängigen Begriff, sondern ein Programm: Man sprach von Solidaritätsleistungen oder solidarischer Hilfe für andere Staaten. Und folglich hatte die DDR auch nie ein Entwicklungshilfeministerium, sondern dieses war seit 1960 in eine als regierungsunabhängig apostrophierte – tatsächlich dem ZK der SED unterstellte – gesellschaftliche Organisation namens „Solidaritätskomitee der DDR" ausgelagert. Dieses sammelte unter der DDR-Bevölkerung Spenden und kassierte im Übrigen auch allerlei Zwangsbeiträge von Mitgliedern der Massenorganisationen.

Eine Besonderheit in der DDR-Entwicklungshilfe waren die dem ZK der SED unterstellten „Brigaden der Freundschaft" der Massenorganisation Freie Deutsche Jugend (FDJ). Seit Mitte der 1960er Jahre wurden diese DDR-weit aus etwa 300 Aktivisten – es waren keine Jugendlichen, sondern erwachsene Facharbeiter, Lehrer, Ingenieure usw. – bestehenden Einheiten im Ausland hauptsächlich zur Ausbildung im (Berufs-)Schulwesen oder für den Aufbau von Produktionsstätten eingesetzt.

Durch diese Organisationsformen konnten die Freiwilligkeit, Brüderlichkeit und Hilfsbereitschaft des sozialistischen Menschen herausgestrichen werden.

So rosarot war die Realität freilich nicht. Wenn etwa das Politbüro der SED im September 1971 verlautbarte, für die Leistungssportler der DDR bestehe auf der Aschenbahn „kein Unterschied zur militärischen Ebene", denn diese stünden „wie der Soldat der DDR [...] an der Staatsgrenze seinem imperialistischen Feind"[3] gegenüber, zeigt dies beispielhaft, dass praktisch alles in der DDR ideologiegetränkt war. Diese Ideologielastigkeit galt auch für die Entwicklungshilfe. In ideologischer Lesart sollte diese grundsätzlich Unterstützung für progressive, sogenannte Befreiungsbewegungen im Ausland – also sozialistische, oder solche, die es werden wollten – sein. Kurt Seibt, 1976 bis 1989 Präsident des Solidaritätskomitees, fasste dies 1983 in folgende Worte:

> Solidarität – das feste Band der Zusammengehörigkeit der Arbeiter und Werktätigen aller Länder – vervielfacht die Kräfte im Kampf gegen Unterdrückung und Ausbeutung, gegen Kriegsdrohung und Kriegsgefahr. Solidarität stärkt die weltweite Front des Kampfes um den Frieden. Die Werktätigen unserer Republik [...], für die die antiimperialistische internationalistische Solidarität seit jeher ein Herzensbedürfnis ist, sind sich ihrer hohen Verantwortung für die solidarische Unterstützung der nationalen Befreiungsbewegungen, der Kämpfer für nationale Unabhängigkeit und sozialen Fortschritt bewußt.[4]

Mit uneigennütziger Solidarität, wie es die SED-Sprachrohre tagein tagaus propagierten, hatte das recht wenig zu tun. Es ging vorrangig um eine handfeste sozialistische Bündnispolitik. Und hier war die DDR in einigen Ländern Afrikas, Asiens und Lateinamerikas schon lange aktiv. Seit 1964 hatte die DDR ihre ökonomischen und politischen Aktivitäten in Entwicklungsländern „dramatisch erhöht"[5]. Kaum eine Dekade später unterstützte man mit allen möglichen Mitteln, um nur einige Beispiele zu nennen, Bewegungen und Regime in Afrika, Asien und Lateinamerika, so in Mosambik, Angola, Südjemen, Syrien, die PLO in Israel, den ANC in Südafrika, Chile, Nicaragua.

Verstanden als sozialistische Bündnispolitik hatte die DDR-Entwicklungshilfe in der gesamten Dritten Welt veritable Gründe, die mit den Mechanismen des Kalten Krieges zu tun hatten. Die Spaltung der Welt vollzog sich auch in der Dritten Welt. Hier wurden mit den Staaten der westlichen Hemisphäre gewissermaßen Stellvertreterkriege mit den Mitteln der Entwicklungshilfe ausgefochten. Es galt, durch Hilfe und Unterstützung, die jeweiligen Dritte Welt-Staaten an das eigene Lager zu binden und auch Ideologieexport zu betreiben. Auf der Gegenseite agierten die USA – deutlich abgestuft auch die Bundesrepublik Deutschland – ähnlich. Aufmerksam registrierte etwa der US-Geheimdienst CIA in seinen Analysen die gegenwärtigen Entwicklungen der ‚solidarischen' Hilfen aus der UdSSR wie allen Ostblockstaaten in die Dritte Welt. Umso mehr, wenn auch Hilfen in bis dato nicht sozialistische Staaten gingen – unsichere Kantonisten also. In Washington stellte man Anfang der 1980er Jahre besorgt fest:

> Ostdeutschland ist ein aktiver Partner der UdSSR in ihrem Bemühen, die kommunistische Präsenz und Einflussnahme in der Dritten Welt zu verstärken. Die ostdeutschen Programme [...] dienen den außenpolitischen Interessen Moskaus.[6]

In ihrem eigenen Kosmos nahm die Entwicklungshilfe für die DDR geradezu eine Funktion der Staatsraison ein. Denn sie konnte mit dieser Form der positiven Außenpolitik ihr Dasein als souveräner Staat unterstreichen. Für die SED-Oberen hatte das beharrliche Zurschaustellen der Eigenstaatlichkeit praktisch bis zum Ende der DDR eine herausragende Bedeutung, die bisweilen schon Züge eines ausgewachsenen Minderwertigkeitskomplexes annehmen konnte. Dass dies so war, lag vor allem an der bundesrepublikanischen Deutschlandpolitik. Seit Konrad Adenauer waren der Alleinvertretungsanspruch – nur die Bundesrepublik sei als freier, demokratischer Staat legitimiert, für das gesamte deutsche Volk zu sprechen – und die Hallstein-Doktrin – die Bundesrepublik unterhalte zu Staaten, die die DDR anerkannten, keine Beziehungen – Richtschnur in der Deutschlandpolitik gewesen. Beide Maximen fielen zwar mit dem Grundlagenvertrag 1972, nach dem namentlich in der Dritten Welt eine regelrechte Anerkennungswelle der DDR einsetzte, doch im besonders sensiblen deutsch-deutschen Verhältnis waren für Honeckers DDR nur abgestufte „Beziehungen besonderer Art" zur Bundesrepublik herausgesprungen. Statt Botschaften richtete man Ständige Vertretungen ein und das Bundesverfassungsgericht hatte der Bundesregierung überdies ins Stammbuch geschrieben, dass sie das Wiedervereinigungsgebot des Grundgesetzes zu beachten habe. Formal völkerrechtlich hat die Bundesrepublik die DDR nie anerkannt. Dieser Nichtanerkennungskomplex blieb für die Führungsriege der SED bestimmend.

Afghanistan – „eine große Sache, die selbst von Kommunisten nicht verstanden wird"

Während die DDR sich in Afrika, Lateinamerika und Teilen Asiens intensiv außen-, sicherheits- und entwicklungspolitisch engagierte, spielte Afghanistan bis zum Ende der 1970er Jahre keine Rolle, weder realpolitisch noch ideologisch. Der Beweis ist anhand der Berichterstattung des SED-Zentralorgans „Neues Deutschland" (ND) leicht zu führen: Afghanistan kam in den Jahren 1973 bis einschließlich 1977 praktisch kaum vor (Diagramm 1).

Diagramm 1: Anzahl der Beiträge über Afghanistan im ND (1973 – 3.10.1990)

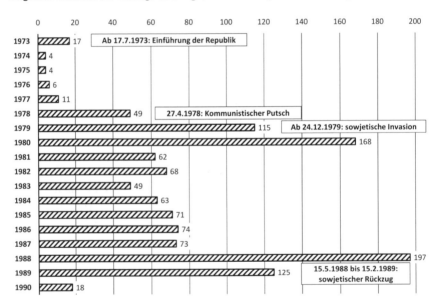

Quelle: Eigene Auswertung nach dem Archiv des ND (https://www.nd-archiv.de). Gesamt: 1174 Beiträge im ND mit Hauptbezug zu Afghanistan (= vorkommend in den Titeln/Untertiteln der Beiträge).

Da das ND das unangefochtene Leitmedium im System der SED-Medienlenkung war und namentlich Honecker täglich die Berichterstattung des Organs besprach, ja sogar in Details eingriff – Breschnew und Honecker unterhielten sich gar über die Qualität einzelner Fotos im ND![7] –, war die Nichterwähnung Afghanistans Programm. Allenfalls kam das Land vor, wenn die Beziehungen zur UdSSR Gegenstand waren. Zudem war der andere Teil Deutschlands, die Bundesrepublik, von dem man sich zwanghaft abzugrenzen versuchte, am Hindukusch intensiv engagiert. Und überdies war das Land bis 1973 unter Mohammed Zahir Schah eine Monarchie, allerdings eine konstitutionelle mit Zweikammerparlament, ein aus SED-Sicht letztlich reaktionäres System (wie die nicht minder als reaktionär apostrophierte Bundesrepublik). Selbst als Mohammed Daoud Khan im Juli 1973 gegen seine königliche Verwandtschaft putschte, die Monarchie abschaffte und daraufhin eine afghanische Republik errichtete, blieb das Interesse Ostberlins überschaubar. Dabei hatte Daoud sogar die Unterstützung der afghanischen Kommunisten, der schon 1965 begründeten und zeitweise illegalen Demokratischen Volkspartei Afghanistans (DVPA), sowie anfangs auch der Sowjetunion gesucht. Die DDR bequemte sich überhaupt erst im Januar 1973 dazu, diplomatische Beziehungen zu Afghanistan aufzunehmen. Ja selbst auf dem Feld der recht unpolitischen wissenschaftlichen Forschung zeigte man sich wenig kontaktfreudig: Einem aufstrebenden Iranisten bzw. Afghanisten an der späteren Sektion für Asienwissenschaften der Ostberliner Humboldt Universität (HU), Manfred Lorenz, wurde drei Jahre in Folge die Genehmigung für einen Forschungsaufenthalt in Afghanistan „immer abgelehnt" und erst 1976 gestattet[8] – dabei schrieb er ein Lehrbuch der paschtunischen Sprache!

Die Situation änderte sich gründlich im April 1978, als die afghanischen Kommunisten in der Saur-Revolution genannten Erhebung gegen Daoud putschten, diesen töteten und Afghanistan somit praktisch über Nacht zu einem Bruderstaat auch für die DDR wurde. Denn die Sowjetunion hatte das dann Demokratische Republik Afghanistan (DRA) und zuletzt, 1987, Republik Afghanistan getaufte Regime unverzüglich unter ihre Fittiche genommen und massiv unterstützt.

Dabei bargen die innerkommunistischen Verhältnisse Afghanistans von Anfang an erheblichen Zündstoff. Die Partei war in zwei letztlich verfeindete und überdies von verschiedenen Völkerschaften dominierte Fraktionen gespalten: Die urban geprägte Partscham („Flagge") unter Führung von Babrak Karmal – ein Absolvent des deutschen Amani- bzw. Nejat-Gymnasiums in Kabul – verfolgte eher ein gemäßigtes sozialistisches Programm. Revolutionär marxistisch-leninistische Ziele betrieb hingegen die paschtunisch dominierte Chalq („Volk") unter Nur Muhammad Taraki. 1978 wurde dieser zunächst Ministerpräsident der DRA. Bald schon, im Juli des Jahres, wurden Babrak Karmal – anfangs stellvertretender Ministerpräsident – und andere Partscham-Regierungsmitglieder abgesetzt, Karmal im August aus der DVPA ausgeschlossen. Dann putschte wiederum Hafizullah Amin (Chalq), der bisherige Außenminister – er hatte einst in den USA studiert, was ihn für die Sowjets verdächtig machte – gegen Taraki. Im März 1979 wurde Amin Ministerpräsident, im September ließ er Taraki ermorden. Parallel zu den innerkommunistischen Kämpfen formierte sich ab März 1979 religiös-fundamentalistischer bewaffneter Widerstand gegen die sozialistische Umgestaltung – auch beginnende Säkularisierung – des Landes: die Geburtsstunde der Mudschaheddin. Als Amin dann noch versuchte, Islam und Kommunismus ansatzweise miteinander in Einklang zu bringen, griff die UdSSR ein: Ab dem 24. Dezember 1979 begann die sowjetische Invasion des Landes. Amin wurde von sowjetischen Spezialeinheiten getötet und der Favorit des Kreml Babrak Karmal als Regierungschef eingesetzt. Dies blieb er bis zum 20. November 1986 – als wiederum Gorbatschow ihn fallen ließ und später durch den bisherigen DRA-Geheimdienstchef Mohammed Nadschibullah (amtiert September 1987 bis April 1992) ersetzte. Gorbatschow war es auch, der in Afghanistan die ‚Notbremse' zog: Der sowjetische Truppenabzug begann im Mai 1988 und endete im Februar 1989. Drei Jahre später kollabierte das kommunistische Regime Afghanistans.

Zu groß war 1978 für die Sowjetunion die Versuchung gewesen, auch in Südasien einen kommunistischen Pufferstaat gegen den Westen an ihrer langen Grenze von rund 2.400 km zu Afghanistan zu haben. Auch dies führte zu der fatalen Fehleinschätzung des Kreml, das junge kommunistische System selbst mit militärischen Mitteln aufrecht erhalten zu müssen. Mit der Invasion ab 1979 hatte die UdSSR nicht nur finanzielle, personelle und militärische Ressourcen in erheblichem Maße gebunden, sie ließ sich zudem in einen verlustreichen Guerillakrieg hineinziehen und erschien in den Augen der Welt (sogar in Teilen der kommunistischen) als Aggressor. In der Rückschau sagte einer der Hauptbefürworter der Invasion, der Chef des sowjetischen Geheimdienstes KGB (1967–82) und dann Nachfolger Breschnews im Kreml (1982–84) Juri Andropow dem nach Moskau gereisten Stasi-Chef Erich Mielke, es wäre für die UdSSR eine „ganz gefährliche" Lage entstanden, hätte man Amin mit mutmaßlicher Unterstützung aus den USA weiter „den Islam entwickeln" lassen – deshalb habe man intervenieren müssen. Der sprachlich stets konfuse Mielke entgegnete überraschenderweise, Afghanistan sei „eine große Sache, die selbst von Kommunisten nicht verstanden wird."[9] Das blieb es wohl auch.

Die Entdeckung des „Bruderstaates" Afghanistan

Unmittelbar nach der kommunistischen April-Revolution 1978 in Afghanistan trat die DDR auf den Plan, um ganz im Sinne Moskaus am Hindukusch aktiv zu werden. Bezeichnenderweise musste man sich in Ostberlin aber erst einmal kundig machen über die neuen afghanischen Genossen. Der erwähnte Afghanistan-Spezialist Manfred Lorenz von der HU Berlin erinnerte sich:

> Ich erhielt in Berlin einen Anruf vom Zentralkomitee der SED. Man kannte die neuen Kräfte nicht und hat von mir alles Material übernommen, das ich damals [...; *beim Forschungsaufenthalt 1976]* nach Berlin mitnehmen konnte.[10]

Sehr zeitig, vom 10. bis 13. Juli 1978, schickte man eine höherrangige SED-Delegation unter Leitung des stellvertretenden DDR-Außenministers Klaus Willerding nach Kabul zu Taraki, um mehr als nur erste Kontakte zu den afghanischen Genossen zu knüpfen. Im Gepäck hatte man einen auf Weisung Honeckers ausgearbeiteten Beschluss des Politbüros des ZK der SED[11], nach dem die „Revolution in Afghanistan" in „enger Abstimmung mit der UdSSR" zu unterstützen und die Beziehungen umgehend „systematisch" auszubauen seien. Konkrete Planungen hatte man auch schon vereinbart, darunter den Ausbau der staatlichen und der Parteibeziehungen, Hilfe im Schul- und Hochschul- sowie Gesundheitswesen, Aufnahme des Außenhandels, Abschluss zwischenstaatlicher Abkommen. Bei der „materiellen Solidarität" – in pecuniae – war man zurückhaltender und wollte dies „im Rahmen der Möglichkeiten" sondieren. Das Solidaritätskomitee wurde beauftragt, zwei Lieferungen von Hilfsgütern kurzfristig zu organisieren und diese öffentlich als „Manifestation der Solidarität zu gestalten." Die „Publikationsarbeit in den Medien der DDR" über das kommunistische Afghanistan sei „zu aktivieren", hieß es knapp. Das gelang freilich anstandslos: Im SED-Organ ND (Diagramm 1) stiegen die Beiträge über Afghanistan folglich von 11 1977 in den Jahren 1978 und 1979 auf 49 und 115 Beiträge sprunghaft an.

Die „Solidaritätslieferungen" aus der DDR – die erste kam per „Interflug" wohl im September 1978 in Kabul an – umfassten diverse Hilfsgüter für das notleidende Land: Medikamente, Impfstoffe und orthopädische Hilfsmittel, Decken, Bekleidung, Kindernahrung, Schulhefte und andere Unterrichts- und Lehrmaterialien. Höherpreisige Lieferungen bestanden aus Nähmaschinen, Motorrädern, ein Prüfstand für Verbrennungsmotoren, Laborausrüstungen sowie wissenschaftliche Literatur für die Universität Kabul. Mit dem Abzug der Russen 1988/89 endeten auch die Hilfslieferungen. Zuletzt war noch eine Meldung über ein „Meeting der Solidarität" mit einer afghanischen Delegation in Karl-Marx-Stadt (Chemnitz) im Oktober 1989 auszumachen[12].

Abb. 107: Solidaritätslieferung nach Afghanistan in Jahr 1978

Abb. 108: Eine Lieferung aus der DDR im Jahr 1987

Zunächst hatte man aber, was wohl am leichtesten fiel, die diplomatischen und die Parteibeziehungen angekurbelt. Der erste DDR-Botschafter Kraft Bumbel übergab im November 1979 in Kabul sein Beglaubigungsschreiben (der afghanische Kollege in Ostberlin erst im November 1981!). Schließlich eröffnete die DDR Anfang 1980 ihre Botschaft in Kabul – bislang (seit 1973) hatte die DDR-Botschaft in Teheran die Beziehungen zu Afghanistan sozusagen miterledigt. Dann folgte eine ganze Reihe an zwischenstaatlichen Abkommen und Protokollen, am Ende waren es ungefähr 30, darunter das erste Handelsabkommen vom 13.7.1978, ein Kulturabkommen (Januar 1979), ein Abkommen über den Studentenaustausch (Dezember 1981), ein Freundschaftsvertrag vom 21. Mai 1982 – der DDR-typisch eher akklamatorischen Charakter trug und sich vornehmlich in Allgemeinplätzen bewegte –, ein Konsularvertrag ebenfalls vom 21. Mai 1982, ein Vertrag über Zusammenarbeit im Außenhandel und in Wissenschaft, Bildung, Sport, Kultur vom 27. Januar 1986.

Künftig nahmen dann auch verschiedene Partei- und Staatsdelegationen der DDR regelmäßig an den Feierlichkeiten zu den Jahrestagen der April-Revolution in Afghanistan teil – zum 1. Jahrestag 1979 eine FDJ-Delegation. Noch im April 1989, kurz vor dem Abgesang der DDR, besuchte zuletzt eine eher zweitklassig besetzte DDR-Delegation Kabul, um an den Feierlichkeiten zum 11. Jahrestag der April-Revolution teilzunehmen. Umgekehrt gab es auch eine Reihe von afghanischen Gegenbesuchen in der DDR, z.B. am 23.10.1980 der des stellvertretenden Ministerpräsidenten Afghanistans Sultan Ali Keschtmand, der in Ostberlin mit Honecker konferierte. Letzterer versäumte es nicht, darauf hinzuweisen, dass sein Wirtschaftsprogramm jetzt schon die „große Überlegenheit über die BRD" zeige[13] – ob das den afghanischen Gast beeindruckte, sei dahingestellt. Es kamen Parteidelegationen und freilich auch die Diplomaten wie der afghanische Außenminister Abdul Wakil in die DDR. Zu Margot Honecker, ‚Der Minister' für Volksbildung', wie es parteiamtlich hieß, kamen zum Meinungsaustausch über das Bildungswesen schon im Januar 1979 und Oktober 1981 afghanische Delegationen.[14] Und im Mai 1982 traf Babrak Karmal Erich Honecker in Berlin, worauf noch zurückzukommen sein wird.

DDR-typisch berichtete das ND ausgiebig von den jeweils ausgetauschten Brüderlichkeitsformeln und Glückwünschen zwischen DVPA und SED. In der Besprechung der afghanischen Hauptakteure, namentlich des dann ermordeten Taraki und Karmals, lassen sich übrigens kaum Nuancen feststellen.

Bezeichnenderweise gehörte es zu den frühen Investitionen in Afghanistan, dass die DDR der kommunistischen Bruderpartei in Kabul im Juli 1981 eine Druckerei für die Herstellung ihrer Parteipresse lieferte (mehrere der Druckmaschinen sollen noch bis in die Gegenwart in Betrieb gewesen sein).[15] Über den Stellenwert der Agitation im Marxismus-Leninismus – eine Grundvoraussetzung für das Glücken der sozialistischen Revolution also – hatte man den Journalisten-Genossen schon weit vor der Inbetriebnahme der Druckmaschinen eine von DDR-Journalisten durchgeführte Schulung in Kabul spendiert. Später, im Sommer 1983, modernisierte man auch noch die technische Ausstattung des Senders Radio Kabul, der nunmehr seine Sendezeit erhöhte.

Nach dem sowjetischen Gewaltakt von 1979, der die Ressourcen der UdSSR fortan strapazierte[16], war es für die DDR mit Kleinlieferungen nach Afghanistan nicht mehr getan. Unmittelbar nach der Invasion waren in Moskau schon die Würfel für eine Strategie gefallen, das jungkommunistische Afghanistan auch stärker mit „brüderlicher Hilfe"[17] stützen zu müssen, um – neben dem prioritären Ausbau des afghanischen Sicherheitsapparats – die ökonomischen Verhältnisse zügig zu konsolidieren. Im Gegensatz zur sowjetischen Besatzung etwas Positives also. Nicht umsonst ließ die SED die Invasion Afghanistans in allen öffentlichen Verlautbarungen als „Hilfsaktion der Sowjetunion"[18] ins rechte Licht rücken, was angesichts der auch unter den Ostblockstaaten herrschenden Bestürzung über das sowjetische Eingreifen, das an die Interventionen in Ungarn, Polen und der Tschechoslowakei 1956 und 1968 erinnerte, durchaus ins Auge fiel[19].

Man werde, entschied man im Kreml, auch

> [...] andere Staaten der sozialistischen Gemeinschaft dazu auffordern, eine aktivere Rolle einzunehmen, um Afghanistan mit Hilfe in politischer, ökonomischer und anderer Hinsicht zu unterstützen.[20]

Auf die Begehrlichkeiten des Kreml reagierte die SED-Führung wie gewohnt prompt.

„Ihr habt keine Dollars, und wir haben keine Dollars"

Dabei kamen die Hilfsleistungen nach Afghanistan für die DDR eigentlich zur Unzeit. Finanziell und ökonomisch gesehen hatte man wenig zu verschenken, denn Honecker war unmittelbar 1971 mit einem Programm („Einheit von Wirtschafts- und Sozialpolitik") angetreten, um den Lebensstandard der DDR-Bürger wesentlich anzuheben – selbstredend mindestens auf das Niveau Westdeutschlands. Bis Ende der 1970er Jahre hatte man umfassende Investitionsprogramme aufgelegt. Man baute im Plattenbau abertausende Wohnungen, stampfte ganze Stadtteile aus dem Boden, deren Zufahrtsflächen bisweilen in Matsch und Schlamm versanken, weil sie nicht fertiggestellt werden konnten, und machte den Bürgern überdies noch einige kostspielige soziale Geschenke besonders im Bereich der Familienpolitik. Um all das zu finanzieren, musste die DDR Kredite auch in harter Währung aufnehmen. Zwischen 1970 und 1989 stieg ihre Staatsverschuldung um das Zwanzigfache.

Vor diesen Hintergründen – und auch der Schwäche der DDR-Währung im Allgemeinen – verwundert es nicht, dass die Finanzvolumina der DDR-Entwicklungshilfen auf dem Globus im Vergleich etwa zum bundesdeutschen Kontrahenten recht schwachbrüstig blieben. Insgesamt leistete die DDR in den 1980er Jahren ungefähr 200 Millionen US-Dollar Entwicklungshilfe weltweit pro Jahr und verausgabte dafür rd. 0,15% ihres Bruttosozialprodukts (BSP) – Tendenz fallend. Bei der Bundesrepublik waren es im selben Zeitraum etwa der Fünfzehnfache Mitteleinsatz in US-Dollar und in etwa das Dreifache (rd. 0,45%) des BSP![21]

In harter Währung gewährte die DDR[22] Afghanistan in den Jahren 1979/80 bis Mitte 1988, als der sowjetische Truppenabzug schon im Gange war, Regierungskredite in Höhe von 35 Mio. US-Dollar. Maximal war ein Kreditrahmen von 40 Mio. Dollar eingeplant. Größere Beträge aus diesen Krediten flossen in die Modernisierung von Radio Kabul, den Ausbau der Energieversorgung des Landes – darunter ein Umspannwerk im Norden Kabuls – und kleinere Projekte. Die Rückzahlungen erfolgten meist durch Warenlieferungen, was wiederum den Außenhandel beförderte (auch die Außenhandelsstatistik der DDR). Damit verausgabe die DDR etwa 2% ihrer jährlichen Entwicklungshilfeausgaben in harter Währung für Afghanistan.

An Leistungen („Soli-Leistungen"), die über das erwähnte Solidaritätskomitee der DDR abgewickelt wurden, wurden bis 1988 29,3 Mio. DDR-Mark verausgabt. Das waren jeweils unter 2% der global eingesetzten Solidaritätsmittel pro Jahr. Darin inbegriffen waren Sachleistungen, Kosten für die Ausbildung von Afghanen und für die medizinische Versorgung, darunter ab 1983 die Ausbildung von Lehrern in Elektrotechnik durch eine „Brigade der Freundschaft" der FDJ in der Berufsschule Technikum I in Kabul. Der Löwenanteil der „Soli"-Mittel entfiel mit 17 Mio. DDR-Mark in den Jahren 1979–88 darauf, dass insgesamt rund 700 Afghanen in der DDR studieren oder beruflich qualifiziert werden konnten. Etwa 300 afghanische Patienten wurden im selben Zeitraum in der DDR medizinisch versorgt. Weitaus geringer war die Zahl von DDR-Bürgern, die in Afghanistan selbst eingesetzt wurden, also v.a. Hochschullehrer an der Universität Kabul und Gymnasial- bzw. Berufsschullehrer an den Kabuler Schulen. 1988 waren dies 21 „DDR-Kader".

Als die Afghanen im Dezember 1984 für die frühen DDR-Regierungskredite aus dem Februar 1980 und Mai 1982 in Höhe von 9,8 Mio. US-Dollar günstigstenfalls um einen Schuldenschnitt baten, lehnte die SED-Führung das Ansinnen rundweg ab: „wird nicht zugestimmt".[23] Eine Stundung gewährte man ironischerweise bis zum 1. Januar 1991 – Neujahr im wiedervereinigten Deutschland. Ab da sollten durch Warenlieferungen aus Afghanistan die Schulden getilgt werden.

Der Außenhandelsumsatz der DDR mit Afghanistan wiederum – womit das Land seine Schulden abtrug – blieb bescheiden und erreichte nicht einmal 1% des gesamten Umsatzes der DDR mit Entwicklungsländern. Am höchsten war er 1987. Die DDR exportierte oft Überschusswaren oder Ladenhüter – einmal wohl auch NVA-Rationen mit Schweinespeck (!) –, während Afghanistan vor allem landwirtschaftliche Produkte und insbesondere nicht verderbliche Waren wie Trockenfrüchte in die DDR exportierte. Die Ausfuhr der DDR nach Afghanistan war stets wesentlich höher (mindestens um 50%) als die Einfuhr in die DDR.

Tab. 1: Außenhandelsumsatz der DDR mit Afghanistan 1978–88 (in Millionen Valuta-Mark)

Jahr	Außenhandelsumsatz der DDR mit Entwicklungsländern	Differenz zum Vorjahr	Davon mit Afghanistan	Differenz zum Vorjahr	Umsatz in%
1978	5.027		0,2		0,00
1979	5.670	+643	8,1	+7,9	0,14
1980	7.331	+1.661	19,1	+11,0	0,26
1981	6.542	-789	38,7	+19,6	0,59
1982	8.429	+1.887	47,8	+9,1	0,57
1983	8.638	+209	46,6	-1,2	0,54
1984	8.243	-395	43,6	-3,0	0,53
1985	8.244	+1	53,9	+10,3	0,65
1986	7.938	-306	39,0	-14,9	0,49
1987	6.683	-1.255	55,1	+16,1	0,82
1988	5.889	-794	45,3	-9,8	0,77

Quelle: *Statistisches Jahrbuch* 1985 [... 1989, ... 1990] der Deutschen Demokratischen Republik. Berlin (O) 1985–90, S. 241 f., 240–242, 278 u. *Spanger*, Hans-Joachim/*Brock*, Lothar: Die beiden deutschen Staaten in der Dritten Welt. Die Entwicklungspolitik der DDR – eine Herausforderung für die Bundesrepublik Deutschland? Opladen 1987, S. 251. – Vor 1978 war in den Quellen kein Umsatz ausgewiesen.

Dennoch: Im Rahmen der Möglichkeiten der DDR legte man sich durchaus ins Zeug für Afghanistan – auch auf der politischen Bühne. Als Babrak Karmal, der vom Kreml eingesetzte afghanische Staatschef, erstmals im Mai 1982 die DDR besuchte[24], um den Freundschaftsvertrag, den Konsularvertrag sowie ein Abkommen im Gesundheitswesen feierlich zu unterzeichnen, bereitete man ihm ein fulminantes Programm. Neben Honecker[25] traf er weitere hochrangige Vertreter der DDR, nahm eine Millionenspende in DDR-Mark in Empfang, konnte für die bestehende, von der DDR eingerichtete Parteidruckerei der DVPA in Kabul jetzt noch ein Fotolabor sein eigen nennen und wurde überdies mit dem Orden „Großer Stern der Völkerfreundschaft" dekoriert. Karmal absolvierte ein großes Programm mit Stationen in Berlin, Potsdam und Erfurt. In Potsdam besuchte er nicht nur die Bezirksparteischule der SED, wo er afghanische Studenten traf, sondern auch die Gedenkstätte des Potsdamer Abkommens Schloss Cecilienhof. Letzteres war nicht ohne Hintergedanken vorgesehen worden: Zeigte doch das Potsdamer Abkommen von 1945, aufgrund dessen der Eiserne Vorhang in Europa zementiert wurde, dass die DDR nur durch die Sowjetunion und ihre Einbindung in den Ostblock die ‚Errungenschaften' des Sozialismus hatte aufbauen und wahren können – das war ein Fingerzeig auch auf die afghanische Situation.

Abb. 109: Babrak Karmal 1982 in der DDR

Honecker versicherte dem afghanischen Gast im kleinen Kreis, dessen Land stehe nun im „unverbrüchlichen Bündnis" mit der DDR wie der UdSSR; es sei Teil eines „festen Kampfbündnisses unserer Parteien, Staaten und Völker". Die „Beziehungen unserer Bruderparteien" seien das „Kernstück" der Beziehungen DDR–Afghanistan, ergänzte Honecker später. Karmal revanchierte sich bei seinem Gastgeber herzlich: „Wir sind nahe beieinander, wir sind Brüder." Er lud

Honecker im Übrigen auch zum Gegenbesuch nach Afghanistan ein, doch die Offerte blieb unerhört. Honecker scheint sich nach der Aktenlage auch nie näher mit Afghanistan befasst zu haben.[26]

Von hohem Aktualitätswert sind die längeren Ausführungen Karmals[27] über die Probleme seines Landes. Wie man in einer „vorfeudalistischen Gesellschaft" – die Bodenreform bzw. Kollektivierung war derzeit im Gange – die sozialistische Revolution durchsetzen solle, sei das größte Problem, sagte er. Er wies auch auf das ideologische Handicap hin, dass es 1978 nur 50.000 Arbeiter im ganzen Land gegeben habe. Und schließlich:

> Andere Probleme, die wir haben, betreffen die Religion, die noch dazu verschiedene Sekten hat, die Schiiten und die Sunniten. Darüber hinaus besteht unser Volk aus vielen Nationalitäten und Stämmen. Allein in Afghanistan leben zur Zeit 25 verschiedene Nationalitäten [...]. Die Nationalitäten haben also eigene Sprachen, eine eigene Kultur, eigene Traditionen und manchmal auch eigene Stammes- bzw. religiöse Zugehörigkeiten.

Die großen innerparteilichen Verwerfungen – die Konflikte zwischen Partscham und Chalq – innerhalb der DVPA streifte man nur kurz. Honecker hatte für seinen afghanischen Gesprächspartner immerhin den Ratschlag parat, er solle es machen wie die SED in den 1950er Jahren: die „Fraktionisten wurden rausgeschmissen".[28]

Bei all den überwältigenden Problemen des Landes versäumte Honecker es nicht, Karmal auch eine andere Frage zu stellen: „Ihr habt noch eine deutsche Schule der Bundesrepublik in Kabul?"[29]. Gemeint war freilich die Amani-Schule. Karmal – einst Absolvent dieser traditionsreichen deutschen Schule – entgegnete, diese sei ebenso ein „Problem" wie das Goethe-Institut in Kabul. Es seien „Zentren der Konterrevolution", die „sehr konspirativ tätig" sind. Honecker fügte, nach dem Einwurf „Das sind alles Agenten!", über die beiden bundesdeutschen Einrichtungen vielsagend hinzu:

> Die schicken alle schlechten Berichte nach Bonn. Deshalb sagte mir *[Bundeskanzler Helmut]* Schmidt, er sei über Afghanistan besser informiert als ich.

Man sieht: Der deutsch-deutsche Kalte Krieg setzte sich auch in Kabul fort. In der Tat hat die DDR die Amani-Schule, von der die letzten westdeutschen Lehrer erst 1984 gen Heimat abzogen, stets boykottiert; die bundesrepublikanische Botschaft war schon früher geräumt und erst 2001 wiedereröffnet worden. Stattdessen unterstützte die DDR die Kabuler Mahmud-Hotaki-Schule. Hingegen das 1966 gegründete Goethe-Institut zu Kabul blieb. Es hatte erst 1992 seine Pforten schließen müssen.

Auf den schnöden Mammon kamen Honecker und Karmal[30] dann auch zu sprechen. Letzterer beklagte, dass ein weiteres Hauptproblem seines Landes die

Energieversorgung sei. Zwar fördere die UdSSR derzeit den Bau einer Stromtrasse vom Norden Afghanistans bis Kabul, doch eine Gasturbine werde dringend benötigt. Offenbar so dringend, dass Karmal bei seinem Gastgeber die Hand aufhielt: „Wir haben leider keine Dollars in bar. Vielleicht kann man das auf Kreditbasis machen?". Honecker entgegnete hemdsärmelig:

> Ihr habt keine Dollars, und wir haben keine Dollars, und trotzdem kann man zusammenarbeiten.

Unter diesen Vorzeichen tat man das auch: Die DDR konzentrierte sich, neben den übrigen geschilderten Aktivitäten, bei den Hilfsleistungen für Afghanistan auf das, was man hatte, nämlich Fähigkeiten und Personal. So lag der Schwerpunkt der DDR-Hilfen in der Tat im Bildungsbereich. Und hier leistete man durchaus viel, namentlich was die Ausbildung afghanischer Studenten in der DDR und die Vermittlung der deutschen Sprache in Afghanistan selbst anbelangte. Nachdem die kommunistische Regierung Afghanistans den Exklusivstatus der bundesrepublikanischen Amani-Schule aufgehoben hatte, konnte Deutsch auch an anderen Schulen des Landes gelehrt werden. Am Mahmud-Hotaki-Gymnasium in Kabul wurde im Sommer 1983 erstmals der Deutschunterricht ab der Unterstufe eingeführt. Ab 1986 diente die Hotaki-Schule dann als Modellschule, um Deutsch auch an anderen Schulen in Kabul sowie in der Provinz Balkh im Norden als Fach einzuführen. Alleine in Kabul lernten 1987 bis zu 4.000 afghanische Schüler Deutsch. Und auch an der Universität Kabul lehrten Dozenten aus der DDR. Doch auch hier gilt: Den eingesetzten ostdeutschen Lehrern war wohl klar, dass „es bei der DDR-Präsenz in Afghanistan in erster Linie darum ging, der Sowjetunion unsere Solidarität zu beweisen"[31].

Entwicklungshilfe unter ‚Tschekisten'

Jenseits der Bildungsoffensiven, die die DDR in Afghanistan vollführte, gab es auch Zusammenarbeit im Sicherheitsbereich. Das Ministerium für Staatssicherheit der DDR (MfS) hatte, wie üblich, auch in der diplomatischen Vertretung in Kabul eine Residentur errichtet. Die für Terrorakte (!) ausgebildete Stasi-Spezialeinheit „Arbeitsgruppe des Ministers/Sonderfragen" (AGM/S) bekümmerte sich von dort aus, wohl in Zusammenarbeit mit dem KGB, um die nachrichtendienstliche Ausbildung der Genossen im afghanischen Geheimdienst und stattete diese überdies mit technischem Gerät, v.a. Fernmelde- und Überwachungstechnik, aus. Auch das verstand die DDR unter solidarischer Hilfe für Bruderstaaten. Dass der afghanische Geheimdienst KHAD („Staatlicher Nachrichtendienst") ein brutaler Repressionsapparat war, in dem schätzungsweise 90.000 hauptamtliche Mitarbeiter und Spitzel arbeiteten und der Zehntausende Todesopfer auf dem Gewissen hatte, störte freilich nicht.

Abb. 110: Afghanische Studenten einer medizinischen Fachschule in der DDR

Eigenständige Operationen waren dem MfS in Afghanistan offenbar nicht gestattet – das Land war die Domäne des sowjetischen KGB. Es scheint, als habe man dort ein weiteres Engagement der Stasi auch nicht gewünscht. Auch die zuständige MfS-Hauptverwaltung A (Auslandsspionage) scheint in Afghanistan keine größeren Aktivitäten an den Tag gelegt zu haben.

Neben Waffenlieferungen an Afghanistan in geringerem Umfang beschränkte sich die militärische Zusammenarbeit mit der NVA jedoch im Wesentlichen darauf, afghanische Soldaten bzw. Offiziersanwärter in der DDR ausbilden zu lassen. Dafür nutzte man, allerdings für eine Vielzahl von Kadern aus der Dritten Welt, das ehemalige Seebad der nationalsozialistischen Organisation „Kraft durch Freude" Prora auf Rügen. In der gigantomanischen Anlage trainierten in der Offiziersschule „Otto Winzer" Afghanen neben Afrikanern, Palästinensern, Chilenen und Vietnamesen. Die Konflikte unter den Muslimen und zwischen Muslimen und Nichtmuslimen waren im Übrigen groß. Deutsch gelernt wurde auch hier: Man schickte die Anwärter zu Sprachkursen. Und erst jüngste Forschungen haben erbracht, dass das MfS wenig Vertrauen in die bruderstaatlichen Kadetten hatte und diese großflächig bespitzelte. Auf Afghanen – in Prora wurden bis Oktober (!) 1989 rund 100 ausgebildet – setzte man dann auch einmal einen als „zivil" und „weiblich" klassifizierten[32] Zuträger in einer Diskothek an, um Informationen über die Kameraden zu ermitteln.

Ob auch die afghanischen Auszubildenden und Studenten in der DDR durch „Inoffizielle Mitarbeiter" (IM) des MfS bearbeitet wurden, liegt bis heute im Dunkeln. An der HU Berlin[33], wo auch Afghanen studieren konnten, waren nach dem auch heute noch bruchstückhaften Kenntnisstand mindestens zwischen 150 und 200 IMs aktiv – es könnten auch wesentlich mehr gewesen sein. Alleine an der Sektion Asienwissenschaften der HU wurden noch 1992 10 IMs unter den Professoren, Dozenten und Angestellten enttarnt – wohlgemerkt nur solche, die 1992 noch an der Universität angestellt waren. Wie viele IMs es vorher gab und auch wie viele unter den Studenten waren, ist unerforscht.

Und umgekehrt: Unter all den DDR-Hochschullehrern, -Lehrern, -Ausbildern oder Freundschaftsbrigadieren, die über die Jahre in Afghanistan wirkten, dürften auch Zuträger tätig gewesen sein:

> Seit 1981 unterrichteten überdies DDR-Hochschullehrer an der Universität Kabul, sie lehrten vorrangig gesellschaftswissenschaftliche Fächer. Wenn dies auch einem Ideologieexport gleichkam, so waren die Lehrenden oftmals dem MfS oder dem KGB verpflichtet.[34]

Wie schmal der Grat für DDR-Bürger, die in Afghanistan tätig waren, werden konnte, zeigt das folgende Beispiel: 1983/84 durfte eine siebenköpfige Studentengruppe der Afghanistik unter dem erwähnten Professor Lorenz von der HU Berlin an der Universität Kabul ein halbes Jahr lang Sprachstudien betreiben. Eine Studentin, Kerstin Beck (heute: Maksen), nutzte den Aufenthalt, statt mit den anderen im März 1984 in die DDR zurückzureisen, zur Flucht via Pakistan in die Bundesrepublik. Umgehend drahtete die DDR-Botschaft in Kabul den Vorfall nach Berlin, ließ eine umfassende Suchaktion durchführen, während in der Heimat bereits Haftbefehl gegen Beck wegen ‚Republikflucht' erlassen worden war. Nach der sensationellen Flucht, die für die heute in Hamburg lebende Beck glücklich ausging, waren weitere Studienaufenthalte von DDR-Studenten in Kabul sistiert.

Die Schattenseite des DDR-Engagements am Hindukusch – denn letztlich war es Entwicklungshilfe einer kommunistischen Diktatur für eine andere – harrt nach wie vor der Erforschung.

Was bleibt?

Mit dem Abzug der Russen ab Mai 1988 zog auch das DDR-Personal sukzessive aus Afghanistan ab, wie ehedem nach 1978 das bundesrepublikanische. Die Unterstützung vor Ort, auch im Sprachenunterricht, war damit vorbei. Sie war allerdings ohnehin im Wesentlichen auf Kabul und Umgegend begrenzt.

Von bleibendem Wert sind dennoch hauptsächlich die vermittelten Sprachkenntnisse mitsamt der ermöglichten Berufs- bzw. Schul- und Hochschulbildung. Allerdings: Was die nachhaltige Wirkung der Entwicklungshilfe im Bildungsbereich der DDR – auch der Bundesrepublik – für Afghanistan anbelangt, so muss man sich wohl vor nostalgischen Überbewertungen hüten. Die deutsche Sprache beherrschen nach dem landesweiten und repräsentativen Survey of the Afghan People 2006[35] – wohl eines der größten kontinuierlichen Umfrageprogramme im Land – sage und schreibe Null Prozent der über 6.200 Befragten in 32 von 34 Provinzen Afghanistans. Russisch sprachen 1%, Englisch 8%. Elf Jahre später – 2017 – gaben in der selben Umfrage weniger als 0,5% der befragten rd. 10.000 Afghanen an, Deutsch (gleichauf mit Russisch) zu sprechen, Englisch konnten 5%.

Jenseits des offenbar recht kontinuierlichen Positiv-Images der Deutschen in Afghanistan sind diese Ergebnisse nicht erstaunlich. Wer zur gebildeten afghanischen Schicht gehörte, der verließ im Gefolge der Bürgerkriege (ab 1989) und der Taliban-Herrschaft (ab 1996) das Land, wenn er nicht in ebenjenen Wirren umkam. Viele, die unbeschadet ihre Heimat verlassen konnten, leben noch heute im wiedervereinigten Deutschland.

Literaturhinweise

Zur Außenpolitik der DDR
Siebs, Benno-Eide: Die Außenpolitik der DDR 1976–1989. Strategien und Grenzen. Paderborn [u.a.] 1999
Wentker, Hermann: Außenpolitik in engen Grenzen. Die DDR im internationalen System 1949–1989. München 2007

Zum deutsch-deutschen Verhältnis in der Entwicklungshilfe
Bücking, Hans-Jörg (Hrsg.): Entwicklungspolitische Zusammenarbeit in der Bundesrepublik Deutschland und der DDR. Berlin 1998
Spanger, Hans-Joachim/*Brock*, Lothar: Die beiden deutschen Staaten in der Dritten Welt. Die Entwicklungspolitik der DDR – eine Herausforderung für die Bundesrepublik Deutschland? Opladen 1987

Beispielhafte Studien für die Bündnispolitik der DDR in Entwicklungsländern

Döring, Hans-Joachim: Es geht um unsere Existenz. Die Politik der DDR gegenüber der Dritten Welt am Beispiel von Mosambik und Äthiopien. Berlin 1999

Emmerling, Inga: Die DDR und Chile (1960–1989). Außenpolitik, Außenhandel und Solidarität. Berlin 2013

Heyden, Ulrich van der: GDR Development Policy in Africa. Doctrine and Strategies between Illusions and Reality 1960–1990. The example (South) Africa. Berlin 2013

Maeke, Lutz: DDR und PLO. Die Palästinapolitik des SED-Staates. Berlin/Boston 2017

NVA und MfS und die Entwicklungsländer (mit Teilbezug zu Afghanistan)

Bengtson-Krallert, Matthias: Die DDR und der internationale Terrorismus. Marburg 2017

Borchert, Jürgen: Die Zusammenarbeit des Ministeriums für Staatssicherheit (MfS) mit dem sowjetischen KGB in den 70er und 80er Jahren. Ein Kapitel aus der Geschichte der SED-Herrschaft. Berlin 2006

Storkmann, Klaus P.: Geheime Solidarität. Militärbeziehungen und Militärhilfen der DDR in die „Dritte Welt". Berlin 2012

– *ders.*: Operative Personenkontrolle „Prophet" und IM „Koran". Die Überwachung ausländischer Militärs in der NVA durch das MfS. In: Gerbergasse 18, Thüringer Vierteljahreshefte für Zeitgeschichte und Politik 1 (2017), S. 36–41

Sowjetische Besatzung und Politik in Afghanistan und afghanischer Kommunismus

Bradsher, Henry S.: Afghan communism and Soviet intervention. Karachi/Oxford [u.a.], 2. Aufl., 2002

Braithwaite, Rodric: Afgantsy. The Russians in Afghanistan 1979–89. London 2012

Chiari, Bernhard: Der sowjetische Einmarsch in Afghanistan und die Besatzung von 1979 bis 1989. In: *ders.* (Hrsg.): Afghanistan. Wegweiser zur Geschichte. Paderborn [u.a.], 3. Aufl., 2009, S. 61–73

Giustozzi, Antonio: War, politics and society in Afghanistan 1978–1992. London 2000 [Ausführlich zur kommunistischen Umgestaltung des Landes]

Robinson, Paul/*Dixon*, Jay: Aiding Afghanistan. A History of Soviet Assistance to a Developing Country. London 2013

Gedruckte Quellen, auch aus sowjetischen und ostdeutschen Beständen

The Soviet Union and Afghanistan, 1978–1982: Documents from the Russian and East German Archives. In: Cold War International History Project [CWIHP] Bulletin, Nr. 8–9 (1996/97), S. 133–184

US-Soviet Relations and the Turn Toward Confrontation, 1977–1980. In: ebd. S. 103–127

Erinnerungen von bundesrepublikanischen und DDR-Zeitzeugen an Afghanistan in den Jahren 1978–90

Beck, Kerstin: Verschleierte Flucht. Aus der DDR über Afghanistan in die Freiheit. Berlin 2005 [*Studierte 1983/84 Afghanistik in Kabul und nutzte den Aufenthalt zur Flucht in die Bundesrepublik*]

Bettin, Ingrid: Flucht nach Afghanistan. Würzburg 2007 [*Die westdeutsche Lehrerin Bettin war mit ihrem Ehemann, der an der Amani-Schule unterrichtete, 1977 bis Ende 1979 in Kabul*]

Lindner, Horst: Paß auf, daß alle gesund wiederkommen. In: *Malchow*, Birgit (Hrsg.): Der Letzte macht das Licht aus. Wie DDR-Diplomaten das Jahr 1990 im Ausland erlebten. Berlin 1999, S. 180–194 [*Lindner war der letzte DDR-Botschafter in Afghanistan*]

Lorenz, Manfred: Der Sprachen wegen nach Kabul. In: Loy, Thomas/*Günther*, Olaf (Hrsg.): Begegnungen am Hindukusch. Potsdam 2015, S. 27–33 [*Lorenz war seit 1982 Professor für Iranistik an der HU Berlin; Forschungsaufenthalte in Afghanistan seit 1976*]

Ruttig, Thomas: Aus Bündnistreue zur Sowjetunion. Eine kurze Suche nach der DDR-Entwicklungszusammenarbeit mit Afghanistan und den Spuren, die sie hinterlassen hat. In: *Kunze*, Thomas (Hrsg.): Ostalgie international. Erinnerungen an die DDR von Nicaragua bis Vietnam. Berlin 2010, S. 127–138 [*Ruttig war nach dem Afghanistik-Studium, u.a. 1983/84 an der Kabuler Universität, 1985–89 im DDR-Außenministerium und an der Botschaft in Kabul tätig*]

Zerwinsky, Susan (Hrsg.): Lessing in Kabul. Deutsche Sprache, Literatur und Germanistik in Afghanistan. München 2008 [*u.a. mit Beiträgen von André Wejwoda, Deutschlehrer aus der DDR an der Mahmud-Hotaki-Schule Kabul 1985–88, S. 26 ff. und S. 133 ff.*]

Anmerkungen

1 Zit. n. *Friedel*, Mathias (Hrsg.): Von der Teilung zur Wiedervereinigung. Dokumente zur Deutschen Frage in der Zeit des Kalten Krieges (1945–1989/90). Wiesbaden 2006, S. 225.

2 Zit. n. *Wiegrefe*, Klaus: Honecker und Brešnev auf der Krim 1976. In: Vierteljahrshefte für Zeitgeschichte 4 (1993), S. 589–619, hier S. 592.

3 Zit. n. *May*, Jürgen: Erinnerungen an den DDR-Leistungssport und meine Flucht in den Westen. In: *Friedel*, Mathias (Hrsg.): Von Spitzenathleten zu „Sportverrätern". Sportlerfluchten aus der DDR. Wiesbaden 2017, S. 57–81, hier S. 70.

4 Zit. n. *Schulz*, Siegfried: Entwicklungshilfe der DDR. Von der Qualität zur Quantität? In: Vereinte Nationen Nr. 1 (1986), S. 11–14, hier S. 13.

5 CIA Electronic Reading Room, Washington (*https://www.cia.gov/library/readingroom/*), Dok. CIA-RDP79T01003A002200170001-8, Recent Upsurge in East German Economic Assistance to Less Developed Countries, 1.3.1965, o.S. – Auch im Folgenden jeweils eigene Übersetzungen aus dem Englischen.

6 CIA (wie Anm. 5), Dok. CIA-RDP85T00283R000100050009-3, East Germany: Soviet Partner in the LDCs, 1.10.1983, S. III.

7 Honecker: „Das ‚Neue Deutschland' hat Dein Interview auf der ersten Seite groß mit einem schönen Bild gebracht." Breschnew: „Darüber habe ich mich sehr gefreut." Niederschrift über das Gespräch am 19.8.1976. Zit. n. *Wiegrefe* (wie oben Anm. 2), S. 605 f.

8 *Lorenz*, Manfred: Der Sprachen wegen nach Kabul. In: Loy, Thomas/*Günther*, Olaf (Hrsg.): Begegnungen am Hindukusch. Potsdam 2015, S. 27–33, hier S. 28.

9 *Der Bundesbeauftragte für die Unterlagen des Staatssicherheitsdienstes der ehemaligen Deutschen Demokratischen Republik* (BStU), ZAIG 5383, Protokoll über die Besprechung v. 11.7.1981, fol. 10 (Andropow) u. 18 (Mielke).
10 *Lorenz* (wie Anm. 8), S. 32.
11 *Stiftung Archiv der Parteien und Massenorganisationen der DDR im Bundesarchiv* (SAPMO-BA), Politbüro des ZK der SED, DY 30/J IV 2/2/1736, Protokoll Nr. 29/78 des Politbüros, 25.7.1978, TOP 3.
12 Neues Deutschland [ND] v. 27.10.1989.
13 SAPMO-BA, Büro Honecker, DY 30/2367, Gesprächsprotokoll v. 23.10.1980, fol. 69.
14 „DDR und DR Afghanistan erweitern Zusammenarbeit". In: ND v. 24.1.1979; „Gast aus Afghanistan bei Volksbildungsminister". In: ND v. 17.10.1981.
15 „Afghanistan erhielt DDR-Druckerei". In: ND v. 23.07.1981. Das Folgende: „Kurs für junge Journalisten Afghanistans". In: ND v. 2.11.1979. Zu Radio Kabul: „Neue Studios für Radio Afghanistan". In: ND v. 11.8.1983.
16 In Washington rechnete man die hohen Millionenbeträge in US-Dollar, die von der Sowjetunion nach Afghanistan flossen, aufmerksam mit und resümierte: Afghanistan „became one oft the USSR's largest economic aid beneficiaries". In: CIA (wie Anm. 5), Dok. CIA-RDP85S00315R000300010004-5, Soviet and East European Economic Assistance Programs in Non-Communist Less Developed Countries, 1982 and 1983, 1.11.1984, S. 14.
17 Protokoll des Politbüros der KPdSU, 28. Januar 1980. In: The Soviet Union and Afghanistan, 1978–1982: Documents from the Russian and East German Archives. In: Cold War International History Project [CWIHP] Bulletin, Nr. 8–9 (1996/97), S. 133–184, hier S. 164. – Auch im Folgenden eigene Übersetzungen aus dem Englischen.
18 SAPMO-BA (wie Anm. 11), DY 30/J IV 2/2/1816, Protokoll Nr. 53/79 des Politbüros, 28.12.1979, TOP 1.
19 CIA (wie Anm. 5), Dok. CIA-RDP81B00401R000600190013-5, Worldwide Reaction to the Soviet Invasion of Afghanistan, Februar 1980, S. 10.
20 CWIHP Bulletin (wie Anm. 17), Protokoll des Politbüros der KPdSU, 10.4.1980, S. 172.
21 Die Zahlen n. *Schulz* (wie Anm. 4), S. 11 f. mit Anm. 4.
22 Das Folgende nach SAPMO-BA (wie Anm. 11), DY 30/J IV 2/2/2286, Protokoll Nr. 29/88 des Politbüros, 26.7.1988, TOP 4.
23 SAPMO-BA (wie Anm. 11), DY 30/J IV 2/2/2099, Protokoll Nr. 7/85 des Politbüros, 19.2.1985, TOP 7.
24 Programm und Bericht in: SAPMO-BA (wie Anm. 11), DY 30/J IV 2/2/1930, Protokoll Nr. 4/82 des Politbüros, 26.1.1982, TOP 5 und DY 30/J IV 2/2/1944, Protokoll Nr. 18/82, 4.5.1982, TOP 10.
25 Die folgenden Zit. n. den Niederschriften der Gespräche Honecker–Karmal am 19.5. und 21.5.1982. In: SAPMO-BA (wie Anm. 13), Büro Honecker, DY 30/2367.
26 Ebd. fol. 86 (19.5.1982), fol. 132 (21.5.1982), fol. 145 (21.5.1982).
27 Ebd. fol. 87 und 136 (19.5.1982). – Kurt Krüger, 1982–1986 DDR-Botschafter in Afghanistan, sagte Anfang 1985 einem amerikanischen Offiziellen, „it would require 20 or 30 years for a Marxist system like East Germany's to begin to take hold in Afghanistan." In: CIA (wie Anm. 5), Dok. CIA-RDP85T01058R000405790001-1, Afghanistan Situation Report, 29.1.1985, S. 2.
28 DY 30/2367 (wie Anm. 25), fol. 105 (19.5.1982).
29 Ebd. fol. 140 und im Folgenden fol. 141 (21.5.1982).
30 Ebd. fol. 145 und 147 (21.5.1982).

31 „Wir konnten nur erste Samenkörner ausstreuen", Interview mit Dr. André Wejwoda. In: *Zerwinsky*, Susan (Hrsg.): Lessing in Kabul. Deutsche Sprache, Literatur und Germanistik in Afghanistan. München 2008, S. 28.

32 *Storkmann*, Klaus: Operative Personenkontrolle „Prophet" und IM „Koran". Die Überwachung ausländischer Militärs in der NVA durch das MfS. In: Gerbergasse 18, Thüringer Vierteljahreshefte für Zeitgeschichte und Politik 1 (2017), S. 36–41, hier S. 41.

33 Die Angaben nach: *Eckert*, Rainer: Die Humboldt-Universität zwischen Stasiverstrickung und friedlicher Revolution. In: Horch und Guck 31 (2000), S. 16–22 u. *Kowalczuk*, Ilko-Sascha: Die Humboldt-Universität zu Berlin und das Ministerium für Staatssicherheit. In: *Jarausch*, Konrad H. [u.a.] (Hrsg.): Geschichte der Universität Unter den Linden: Biographie einer Institution: Bd. 3. Sozialistisches Experiment und Erneuerung in der Demokratie – die Humboldt-Universität zu Berlin 1945–2010. Berlin 2012, S. 437–554.

34 *Kowalczuk*, Ilko-Sascha: Stasi konkret. Überwachung und Repression in der DDR. München 2013, S. 260.

35 Afghanistan in 2006. A Survey of the Afghan People. Hrsg.: The Asia Foundation. San Francisco 2006, S. 109 f. Und im Folgenden: Afghanistan in 2017. A Survey ... San Francisco 2017, S. 253 f.

Irene Salimi
Die Amani-Schule nach 1990[*]

Frau Irene Salimi übernahm 1989 nach Abzug des letzten deutschen Geschäftsträgers und aller Botschaftsangehörigen aus Kabul die Verwaltung der Liegenschaften des Auswärtigen Amts bis zur erneuten Einsetzung eines deutschen Botschafters im Jahre 2002. Auf ihre Initiative hin wurde 2003 mit dem Aufbau eines Kinderhospitals begonnen, das 2005 als „Irene Salimi Kinderhospital" (www.irene-salimi-kinderhospital.org) seinen Betrieb aufnahm. Das Hospital verfügt über 50 Betten zur stationären Behandlung, Röntgen, Labor, Physiotherapie und Operationssäle. Seit 2005 wurden tausende von Patientinnen und Patienten dort behandelt.

Sie erinnert sich:

Während der russischen Besetzung (bis Februar 1989) und des kommunistischen Regimes war eine Kontaktaufnahme mit der Amani-Schule nicht möglich. Nach dem Einmarsch der Mujaheddin Ende April 1992 konnte ich das Botschaftsgelände aus Sicherheitsgründen nicht verlassen. Trotz intensiven bewaffneten Auseinandersetzungen und Raketenbeschuss gelang es mir, während einer so genannten „Ruhepause" die Schule zu besuchen.

Die Schule war zu einer primitiven, schmutzigen Militärkaserne umfunktioniert worden. Dort hausten circa 1.200 Männer. Schlösser und Türen der Klassenzimmer, in denen geschlafen, gekocht, gewaschen usw. wurde, waren herausgebrochen. An den beschädigten Wänden stapelten sich Raketen und Munition. Sämtliche elektrischen Anlagen wie Schalter, Steckdosen, Lampen, Sicherungskästen waren mutwillig herausgerissen, nicht mehr vorhanden. Sanitäre Anlagen wie Waschbecken und Toiletten größtenteils abmontiert oder zerstört und der Boden in den unteren Räumen voller Exkremente – kein Wasser und im ganzen Gebäude furchtbarer Gestank! Dreck und Abfälle überall!

Von der Bestuhlung nur die Metallgestelle vorhanden. Holzsitze und sogar die Holzdecken zu Brennholz verarbeitet.

Bei einem meiner Besuche im Außenministerium und Gesprächen mit dem damaligen stellvertretenden Außenminister Hamed Karzai habe ich wegen des katastrophalen Zustands der Schule scharfen Protest erhoben. Nach meiner ausführlichen Schilderung zeigte er sich zutiefst besorgt und versprach Hilfe – nach einiger Zeit wurde die Schule vom Militär geräumt.

Heftige Raketen- und Bombenangriffe auf Kabul 1994 und 1995 *[d.h. während des Bürgerkriegs]*. Im Mai 1995 besuchten ca. 1.000 Schüler und Schülerinnen die Schule bis zur 12. Klasse (Mädchen nur in den unteren Klassen) und wurden von etwa 60 Lehrerinnen und Lehrern unterrichtet.

Trotz fast täglicher Raketenangriffe ließ ich mich unangemeldet im Juli 1996 in der Schule blicken. Außer wie üblich Herr Ahmed Shah *[dienstältester Deutschlehrer]* waren nur wenige Lehrer anwesend, ebenso keine Jungen unter 12 Jahren. Die Suche nach Mädchen und Lehrerinnen war vergeblich. Die Anwesenheit junger Männer im Alter von ca. 20-30 Jahren wurde mir mit der Unterbringung der „Schüler" in einer ausgebombten Schule im Stadtteil Karte Seh erklärt.

Herbst 1996: Einzug der Taleban in Kabul

---

[*] Die kursivierten Zusätze im Folgenden stammen jeweils von Volker Bausch.

Immer wieder Kämpfe, Schießereien, Raketen usw. mit vielen Verletzten und Übergriffe auf die *[schiitischen]* Hazaras gehörten zum Alltag.

Im Juni 1997 wurden in der zerstörten und ausgeraubten Schule in vorhandenen 6 Klassen nur Islam und „Geometrie" gelehrt. Vorsprache von fünf Lehrern in der Botschaft mit der Bitte um Hilfe für Naturalien (Mehl, Fett, usw.), da seit 6 Monaten kein Gehalt. Jeder versuchte, mit einem Nebenverdienst wie Arbeiten im Bazar das tägliche Brot für die Familie anzuschaffen. Ein Trauerspiel!

Abb. 111a-b: Unterricht während der Taliban-Zeit. Alle Lehrer und die älteren Schüler mussten Bärte und Turbane tragen.

Abb. 111b

Auch Lehrer der „Deutschen Technischen Schule" baten in der Botschaft um Hilfe.
Später wurde bekannt, dass unsere Schule eine Ausbildungsstätte für Mullahs beherbergt.

Abb. 112: Amani-Oberrealschule nach dem Bürgerkrieg und der Taliban-Zeit im Jahr 2002

Sultan Karimi

„Das Land von Maulana brennt." Wie die Mediothek Afghanistan sich seit 1993 für Frieden am Hindukusch engagiert

Ursprung und Gründung der Mediothek Afghanistan

Kabul 1992 – Deutschland freut sich noch über die Wiedervereinigung und die westliche Welt feiert ihren Sieg über den Kommunismus. Doch Afghanistan stürzt der Abzug der Sowjetarmee ins Chaos. Nach dem Zusammenbruch der Regierung Nadschibullah übernehmen Mudschaheddin die Hauptstadt. Eine wilde Koalition aus bis an die Zähne bewaffneten Gruppen, die sich untereinander spinnefeind sind und schnell beginnen, sich gegenseitig zu bekriegen. Nach dem Ende des Kalten Krieges beginnt eine neue Kriegsphase. Die Geschichte Afghanistans, das 1979 von der Sowjetunion besetzt wurde und damit zu einem Hauptschauplatz des Kalten Krieges wurde, scheint sich zu wiederholen.

Aber davon hört man kaum etwas in Deutschland, die wenigen Nachrichten waren erschütternd und traurig: Vergewaltigungen, Plünderungen, Zerstörung. In Kabul tobt an jeder Ecke ein Krieg: die Bewaffneten gegeneinander und alle gegen die Bevölkerung. Fabriken, Straßen, Häuser, aber auch Theater, Bibliotheken und Museen werden zerstört. Die Polizei und die Armee brechen auseinander.

Ich bin in dieser Zeit im Rahmen des Fachkräfteprogramms Afghanistan der deutschen Gesellschaft für Technische Zusammenarbeit (GTZ, heute GIZ) nach Afghanistan gefahren. Als gebürtiger Kabuler, der bereits seit mehr als zehn Jahren in Deutschland lebte, hatte ich Bilder vom Land der Akazienbäume im Kopf. Kabul, die Stadt meiner Jugend, war wunderschön, im Winter gesäumt von schneebedeckten Bergen, im Frühjahr blühten wilde Tulpen und wir aßen Maulbeeren. Ich wollte helfen, meine Heimat wiederaufzubauen. Doch das erwies sich als äußerst schwierig.

Die verschiedenen Bürgerkriegsparteien hatten Kabul untereinander aufgeteilt. Abdul Rashid Dostum, ein usbekischer Warlord, kontrolliert mit seiner Miliz den Flughafen. Ahmad Schah Massud hat mit der Djamiat-e Islami den Norden der Stadt unter Kontrolle. Abdul Rasul Sayyaf kontrolliert das Paghman-Tal, wo er auch heute noch sitzt. Gulbuddin Hekmatjar, der 2016 mit der Regierung ein Friedensabkommen unterzeichnet hat, lässt seine Truppen vom Süden aus die Stadt beschießen. Die Hizb-e Wahdat unter ihrem damaligen

Führer Abdul Ali Mazari bekriegt die anderen Fraktionen von der Westseite der Hauptstadt aus.

An jeder Kreuzung in Kabul stehen bewaffnete Gruppen, die sich hinter Sandsäcken verschanzen. Viele Kämpfer haben Stinger-Raketen auf den Schultern und Haschisch-Zigaretten in der Hand. Um sich im kalten afghanischen Winter zu wärmen, verbrennen sie alles, was brennbar ist. Bibliotheken werden geplündert, Bücher werden genauso verbrannt wie Fenster, Türen und Strommasten. Alles, was nicht niet- und nagelfest ist, wird demontiert und nach Pakistan verkauft.

Man konnte nur noch retten, was noch zu retten war. Mein Elternhaus im Stadtteil Shar-e-Nau, im Zentrum von Kabul, blieb zum Glück von Plünderung und Zerstörung verschont. Aber wie lange? Mein Vater hatte eine große Bibliothek mit vielen Tausend Büchern. Ich musste etwas unternehmen, um sie zu retten.

Mein Onkel, der damals in unserem Haus wohnte, und ich packten alles, was wertvoll war, in eiserne Kisten: Bücher, Landkarten und Bilder. Auf Eselsrücken brachten wir die Kisten bis zur Dschalalabad Road, Pul-e Charkhi im Osten Kabuls. Von dort wurden sie über den Khyberpass nach Peschawar transportiert. Dort, auf der pakistanischen Seite der Durand-Linie, waren sie bei Familienangehörigen und Freunden erst einmal sicher. Etwa 2.000 Bücher verschifften wir nach Deutschland, die anderen blieben in Peschawar. So wurde der Grundstock der Mediensammlung der Mediothek gelegt und vor den Flammen in Afghanistan gerettet.

Als ich zurück in Deutschland war, diskutierten wir mit deutschen und afghanischen Freunden, wie es weitergehen soll. Im Sommer 1993 beschlossen wir in Linz am Rhein, wo ich damals lebte, einen Verein zur gründen, um afghanisches Kulturgut zu retten. Wir kannten die Bilder von brennenden Büchern und anderen Kulturgütern. Wir wollten aktiv werden, um möglichst viel zu retten. Wie sollten wir unsere Initiative nennen? Eine Sammlung von Medien, also nannten wir sie Mediothek. Das war die Geburtsstunde der Mediothek Afghanistan.

Erste Schritte der Mediothek

Den Verein zu gründen, war noch das Einfachste. Ziel des Vereins war und ist es, einen Beitrag zum Wiederaufbau und der deutsch-afghanischen Zusammenarbeit zu leisten. Leider interessierte sich damals kaum jemand für das Land am Hindukusch. Die Mediothek war die Arbeit von Afghanistan-Liebhabern. Eine unserer ersten und wichtigsten Unterstützerinnen war Dr. Annemarie Schimmel, die weltbekannte Orientalistin aus Bonn.

Wir – meine Freundin und spätere Frau Almut Wieland-Karimi und ich – hatten zahlreiche Gespräche mit renommierten deutschen und afghanischen Experten geführt. Wissenschaftlern und Afghanistan-Liebhabern wie den Islamwissenschaftlern Professor Dr. Bert Fragner und Professor Dr. Peter Heine, Dr. Musa Samimy, dem ehemaligen Leiter der Afghanistan-Redaktion der Deutschen Welle, Professor Dr. Siegmar Breckle, der an der Uni in Kabul Botanik gelehrt hatte, dem Juristen Professor Dr. Hermann-Josef Blanke, dem Schriftsteller und Journalisten Dr. Rahim Rassul sowie dem Journalisten Meraj Amiri.

In diesem Zusammenhang war das Treffen mit Professor Annemarie Schimmel von herausragender Bedeutung. In ihrer Bonner Wohnung in der Nähe der Universität hatte sie uns als Studierenden islamische Mystik und das Leben der Sufis nähergebracht. Mystiker, Musiker und Dichter von Nordafrika bis Südasien waren ihr Spezialgebiet. Berühmt wurde sie durch ihre Arbeiten über den Mystiker und Dichter Maulana Dschalaluddin Rumi, der ursprünglich aus der Provinz Balkh in Nord-Afghanistan stammte und daher dort unter dem Beinamen „Balkhi" bekannt ist.

Bei einem Besuch fragten wir sie, ob sie Ehrenvorsitzende der Mediothek werden und den Aufbau der Mediothek Afghanistan unterstützen würde. Da antwortete Schimmel mit den Sätzen: „Das Land von Maulana brennt. Wie kann ich da ruhig sitzen?" Sie hat uns von Anfang an unterstützt und uns viele ihrer Bücher für die Mediensammlung geschenkt.

Auch viele der Deutschen, die in den 1960er und 70er Jahren in Afghanistan gearbeitet hatten, beispielsweise in der Entwicklungshilfe und als Lehrer und Dozenten, und das Land lieben gelernt hatten, schickten uns ihre Sammlungen von Fotos, Karten, Büchern und vielem mehr.

Unsere Freunde in Peschawar waren ebenfalls nicht untätig. Dort hatte die Mediothek ihre erste Dependance. Vieles von dem, was in Afghanistan gestohlen und geplündert wurde, landete in Pakistan auf dem Basar. Wir sammelten ein wenig Geld und gaben unseren afghanischen Freunden in Peschawar den Auftrag, systematisch Bücher und andere Medien aus Afghanistan dort aufzukaufen, um sie in Sicherheit zu bringen. Besonders hilfreich war Shahjehan Schah, Professor für Journalistik an der dortigen Universität. Er hatte in Berlin studiert und war schon damals mit seiner Familie eine Anlaufstelle voller Gastfreundschaft für alle Deutschen in Pakistan.

Das Bildungssystem in Afghanistan war in der Zeit des Bürgerkriegs zusammengebrochen. Kinder brauchten Möglichkeiten zu lernen. Kulturschaffende und Lehrer brauchten Geld, um ihren Lebensunterhalt zu verdienen. Viele von ihnen verkauften aus Verzweiflung Obst und Gemüse auf der Straße. Insbesondere Frauen brauchten Unterstützung. So sammelten wir Spenden in Deutschland, schickten sie über Kuriere nach Kabul, so dass Lehrerinnen Mädchen regelmäßig unterrichten konnten, zumeist in ihren eigenen äußerst bescheidenen Wohnungen.

Aber wir wollten auch den politischen Diskurs über Afghanistan in Gang bringen. In Deutschland wurde in dieser Zeit wenig über das Land gesprochen. Es gab kaum Interesse. Deshalb setzte es sich die Mediothek zur Aufgabe, die Diskussion wiederzubeleben und Informationen über das Land zusammenzutragen. Mit Unterstützung des Auswärtigen Amtes organisierten wir eine Reihe von Konferenzen und Seminaren.

Die wichtigste davon war „Afghanistan. A Country Without a State?" (Afghanistan – Land ohne Staat?) im Juni 2000 in München, die fast 100 der wichtigsten Afghanistan-Experten aus aller Welt zusammenbrachte. Der Diplomat Reinhard Schlagintweit und der Ethnologe Dr. Conrad Schetter hatten die Konferenz konzipiert. Sie war Teil einer Veranstaltungsreihe, die mit der Konferenz „Afghanistan Research" (Afghanistan Forschung) im Mai 1998 in Bonn begann. Es folgte ein Seminar zum Thema „Democratic Platform Building" (Aufbau demokratischer Plattformen) und eine Konferenz im Februar 1999 in Bonn über „Social Change in Afghanistan" (Sozialer Wandel in Afghanistan).

Der Terror-Angriff auf das World Trade Center in New York und das Pentagon in Washington am 11. September 2001 war ein Einschnitt. Die USA entschlossen sich, die Taliban in Afghanistan anzugreifen, weil diese sich weigerten, Al-Qaida-Chef Osama Bin Laden, der die Verantwortung für die Anschläge übernommen hatte, auszuliefern. Die Taliban kämpften nicht, sondern zogen sich zurück. Die Zukunft Afghanistans war wieder offen.

Deutschland, das lange historische Beziehungen zu Afghanistan unterhielt, richtete als Gastgeber unter der Schirmherrschaft der Vereinten Nationen die Petersberg-Konferenz im Dezember 2001 aus, auf der über die Zukunft des Landes beraten wurde. Es war klar, dass Deutschland sich in der nahen Zukunft stark in Afghanistan engagieren würde. In der Folge organisierten wir zwei weitere Seminare: „Fachkräfte für Afghanistan" im Dezember 2001 in Berlin und „Reconstruction and Sustainable Development in Afghanistan" (Wiederaufbau und nachhaltige Entwicklung) im Februar 2002 in Dessau.

Afghanistan im Fokus der Weltöffentlichkeit

Der internationale politische Fokus der Weltöffentlichkeit richtete sich nach dem 11. September 2001 auf das Land am Hindukusch. Plötzlich ist Afghanistan-Expertise gefragt. Die Erwartungen an einen internationalen Konsens zur

Zukunft des Landes sind hoch auf der Petersberg-Konferenz im Dezember 2001. Der kleine Ort am Rhein wird zum Zentrum für Vertreter einiger afghanischer Fraktionen (die Taliban und demokratische Gruppierungen sitzen nicht mit am Tisch), Diplomaten, internationaler Journalisten und Afghanistan-Freunde. Die Stimmung ist erwartungsvoll und optimistisch.

Die internationale Gemeinschaft einigt sich auf einen sehr ehrgeizigen Fahrplan für Afghanistan. Für Afghanen und Freunde in aller Welt ist dieser mit großen Hoffnungen verbunden. Wir, die wir die Mediothek gegründet hatten, sahen eine Chance darin, dass es zum ersten Mal einen internationalen Konsens und gemeinsame Ziele gab. Bereits auf der Konferenz „Ein Land ohne Staat?" hatten wir dies thematisiert. Staatsbildung, Demokratisierung und Einhaltung der Menschenrechte – diese zentralen Werte machten der Mediothek Hoffnung und setzten einen Rahmen.

Schnell war klar, dass dies der Zeitpunkt war, auf den wir so lange gewartet hatten. Wir begannen mit viel Enthusiasmus, unsere Aktivitäten nach Afghanistan zu verlagern. Auch die Familie Karimi zog mit zwei kleinen Kindern nach Kabul. Das war ein Wagnis: Viele der afghanischen und deutschen Freunde und Familienmitglieder waren besorgt um unsere Sicherheit, da offensichtlich nicht klar war, wie sich die politische Situation entwickeln würde. Meine Frau Almut Wieland-Karimi, die über die islamischen Mystiker und deren Rolle in Afghanistan promoviert hatte, wurde die Gründungsdirektorin der Friedrich-Ebert-Stiftung (FES) in Afghanistan. Wir hatten somit zwei Standbeine: Mediothek und FES. Unser älterer Sohn besuchte zunächst die ehemals deutsche Amani-Schule, bis im Jahr 2004 auch eine kleine internationale Schule, die zunächst nur sechs Schüler hatte, ihre Arbeit aufnahm.

Innerhalb kürzester Zeit haben sich die Ausgangsbedingungen vor Ort vollkommen geändert. Zwar sind die Häuser in Kabul zerstört und es gibt keinen Strom, aber dafür gibt es zum ersten Mal seit vielen Jahren Hoffnung und jede Menge Tatkraft. Das neue Ziel der Mediothek wird der Aufbau eines demokratischen Afghanistan auf Graswurzelebene.

Die Mission der Mediothek wird es, zu einem friedlichen und demokratischen Afghanistan durch Bildung, Förderung von Gemeinschaft, Medienentwicklung und Konflikttransformation beizutragen. Unsere Ziele sind es:
- Strukturen der Zivilgesellschaft und ihre Fähigkeit zur Friedensbildung zu stärken,
- Pluralistische Medien zu entwickeln und zu unterstützen,
- Demokratische Werte sowie eine Kultur der Toleranz und Gewaltfreiheit zu fördern,

- Plattformen für den Dialog und friedliche Interaktion zu schaffen,
- Zum Aufbau von Gemeinschaft, Institutionen und der Nation beizutragen.

Kurz: Wir hatten uns viel vorgenommen und es gab noch mehr zu tun.

Aufbau der Gemeinschaftsforen (Community Centers)

Gemeinschaftszentrum ist ein völlig neuer Begriff in der afghanischen Gesellschaft. Durch Jahrzehnte des Krieges, der Fundamentalisierung und des Extremismus war kein Raum für soziale, politische und kulturelle Aktivitäten geblieben. Besonders die junge Generation in Afghanistan war eifrig und stark interessiert, sich für den Aufbau ihres Landes und die Demokratisierung einzusetzen. Für dieses Engagement gab es weder in Kabul noch in den Provinzen einen Raum. Daher entschlossen wir uns, dezentral und auf der Ebene der Zivilgesellschaft zu arbeiten.

Geschützte offene Räume waren insbesondere für junge Leute, Frauen und Kulturschaffende wichtig. Für diese Zielgruppen gründeten wir sieben Gemeinschaftsforen mit Programmen und Aktivitäten in den Provinzen Balkh, Kunduz, Nangarhar, Khost, Kabul, Wardak und Herat. Wir wollten Orte schaffen, an denen man sich treffen kann, um zu diskutieren, gemeinsam Gedichte zu lesen, Theater zu spielen und vieles mehr. Ein afghanisches Sprichwort wies uns den Weg: „Wenn du mit uns sitzt, wirst du wie wir. Wenn du mit dem Topf sitzt, dann brennst du an und wirst schwarz".

Die Gemeinschaftsforen waren nicht nur geschützte Räume, es wurden auch Kurse angeboten, um Fähigkeiten am Computer und im Internet zu erwerben, Englisch zu lernen und manches andere. Man möge sich vor Augen führen: Laptops, Computer, Internet und Handys waren damals noch Unbekannte in Afghanistan.

In Kunduz war die Mediothek bereits aktiv, bevor dort die Bundeswehr eintraf und ein so genanntes Provincial Reconstruction Team (PRT) einrichtete. Die japanische Regierung half uns finanziell beim Aufbau eines Friedensforums. In Mazar-e-Scharif, der Hauptstadt der Provinz Balkh, bauten wir mit Unterstützung des Bundesministeriums für Wirtschaftliche Zusammenarbeit und Entwicklung (BMZ) das Maulana Jalaluddin Balkhi Peace Forum auf – benannt nach dem berühmtesten Sohn der Region. Bei den beiden Neubauten suchten wir den Rat von afghanischen Architekten und versuchten, lokale Bautraditionen, Ästhetik und Materialien einzubeziehen.

Eine unserer wichtigsten Aktivitäten für die Post-Konfliktgesellschaft waren unter anderem Friedenskarawanen, bei denen Menschen aus unterschiedlichen

Provinzen zusammenkommen, um sich über gemeinsame und unterschiedliche Traditionen (Geschichte, Musik, Dichtung, Tanz, politische Strukturen) auszutauschen. Neben traditionellen Formen des Erzählens boten wir auch moderne Methoden der Konfliktlösung an, zum Beispiel moderierte Workshops, um in einem offenen und respektvollen Diskurs mehr über die Einstellungen und Interessen der jeweils anderen zu lernen.

Teilnehmerinnen und Teilnehmer waren Menschen, die als Multiplikatoren fungieren konnten, die sich in ihrer Gemeinschaft Respekt und einen guten Namen erworben hatten – wie Herr Saber Naqshbandi, ein Künstler und Maler, in Mazar-e Sharif, Abdullah Rassuly, ein sozial engagierter Aktivist, in Kunduz oder Farooq Mangal, ein Journalist, der auch als freier Korrespondent für die New York Times und andere internationale Zeitungen schreibt, in Khost. Zum Beispiel zog aus Khost eine Friedenskarawane nach Kunduz oder aus Balkh nach Nangarhar. Da trafen sich dann Afghanen unterschiedlicher Ethnien und kulturellen Hintergrunds und machten zusammen Picknicks, nahmen an gemeinsamen Workshops teil, lasen zusammen Gedichte und hörten Musik und feierten zusammen – so funktionieren die Friedenskarawanen.

Ein Land wie Afghanistan verfügt über eine alte Erzählkultur. In Ermangelung von Massenmedien wird Geschichte mündlich überliefert. Dabei sind es vor allem die alten Männer, die Geschichten erzählen und die meist von Feindschaft und Gewalt und von den eigenen Heldentaten handeln. Der Fluss Amu Darya im Norden des Landes beispielsweise war in der Geschichte oft ein Kampfplatz und entsprechend klingen die Heldengeschichten in Kunduz und Umgebung. Durch unsere Friedenskarawane kamen Menschen aus der Provinz Khost im Südosten dorthin, aber als Freunde, als Gäste. Das war für alle Seiten ein bewegendes Erlebnis.

Der Koordinator der Mediothek aus Khost berichtete zwei Monate nach einer Karawane im Jahr 2005: „Die Teilnehmer reden ununterbrochen über die Begegnung mit den neuen Freunden in Kunduz, deren Gastfreundschaft und die gemeinsamen Erlebnisse. Erwachsene Männer lagen sich in den Armen und weinten, weil sie plötzlich verstanden: Wir sind doch Brüder! Eine neue Erzählung und Wahrnehmung ist entstanden."

Die Idee der Friedenskarawanen war es, den Charakter der Erzählungen über die jeweils anderen zu ändern. Erzählungen sind ein Kern der afghanischen Gesellschaft, da ein Großteil der Menschen Analphabeten sind. Aufgrund des jahrzehntelangen Konflikts gab es viele negative Berichte über Menschen aus anderen Provinzen, die im direkten Austausch mit vorher nicht bekannten Menschen geändert und objektiviert wurde. Andere, verständnisvollere, friedvollere, positivere Narrative entstanden und Vorurteile wurden abgebaut.

Medienarbeit

Über Afghanistan wurde viel gesprochen. Zugleich kamen die Afghanen selbst nur wenig zu Wort. Es wurde über Frauen aus westlicher Perspektive gesprochen. Über Demokratisierung wurde gesprochen, aber ohne ein vertieftes Verständnis der afghanischen Geschichte sowie der politischen und gesellschaftlichen Verhältnisse. Der Diskurs über Afghanistan wurde von draußen – mit anderen Perspektiven und Interessen – dominiert. Für die Mediothek war und ist eine zweite wichtige Säule, die journalistischen Kapazitäten aufzubauen, damit die afghanischen Journalisten von sich selbst und der eigenen Situation berichten können. Afghanistan sollte auch aus einer afghanischen Perspektive gesehen und erklärt werden.

Ein Denker in Nangarhar sagte zu mir im Jahr 2003: „Alles, was die New York Times über Afghanistan schreibt, wird ein paar Tage später bei uns nachgeplappert." Dies war solange der Fall wie die afghanischen Journalisten und Denker keine eigenen Medien hatten und nicht in der Lage waren, ihre Sichtweise in die Diskussion einzubringen. Davon abgesehen gelten Medien nicht umsonst weltweit als vierter Pfeiler der Demokratie. Der Aufbau professioneller und unabhängiger Medien war essentiell, wenn Afghanistan demokratisch werden sollte.

Die Mediothek begann mit starker Unterstützung des Auswärtigen Amtes, diese Lücke zu füllen und Medienkapazitäten aufzubauen, indem wir Trainings für Journalisten im ganzen Land auf dezentraler Ebene durchführen. Die Journalisten erhielten die Möglichkeit, Grundkurse zu besuchen und später auch investigatives Recherchieren zu lernen.

Unser Partner dabei wurde die „Initiative Freie Presse" (IFP), ein Verein, den die Journalistin Britta Petersen 2002 ins Leben gerufen hat. „Ich kam im Januar 2002 zum ersten Mal nach Kabul, um für die Financial Times Deutschland über Afghanistan zu berichten", erinnert sie sich. „Damals wurde mir bewusst, dass nicht nur Häuser und Straßen kaputt sind. Es gab keine Presse, es gab überhaupt keine Medien mehr. Unter den Taliban gab es nur Radio Scharia – und das war nun auch weg. Daher habe ich sofort angeboten mitzuhelfen, als Sultan Karimi sagte, er wolle mit der Mediothek in die Ausbildung von Journalisten und den Aufbau von Medien einsteigen."

Afghanistan stand damals auf der Agenda der Medien weit oben. Daher schlugen viele Journalistinnen und Journalisten sofort ein, als Petersen in Berlin herumhorchte, wer bereit wäre, für ein paar Wochen nach Afghanistan zu gehen, um dort junge Kolleginnen und Kollegen auszubilden. Für viele war das eine spannende Gelegenheit, Arbeit und Hilfe miteinander zu verbinden. Britta

Petersen kündigte 2003 ihre Stelle als Redakteurin bei der Financial Times Deutschland (FTD) und zog in zwei Zimmer in der Mediothek in Kabul, um von dort die Medienarbeit der IFP in Kunduz, Mazar, Dschalalabad, Herat und Wardak zu koordinieren. Die IFP hat einen erfolgreichen und wichtigen Beitrag zur afghanischen Medienlandschaft geleistet, gleichzeitig bekamen die ausländischen Journalisten Einblicke in die afghanische Gesellschaft und Unterstützung bei der Recherche.

2004 kam mit der Ankunft der Bundeswehr und dem Provincial Reconstruction Team (PRT) in Kunduz eine neue Aufgabe hinzu. Politisches Ziel war es, dass in den PRTs Soldaten und Zivilisten gemeinsam zu Sicherheit und Wiederaufbau in Afghanistan beitragen. Eine echte Herausforderung angesichts der unterschiedlichen Arbeitsstrukturen und -kulturen von Armee und Nicht-Regierungsorganisationen. Es gab so manchen Krach.

Die Mediothek bot der Bundeswehr an, ihre neue Zeitung „Stimme der Freiheit" (Sedaye Azadi) in den Räumen des Gemeinschaftsforums zu produzieren. Die afghanischen Redakteurinnen und Redakteure wurden zudem geschult. Das ging eine Weile lang ziemlich gut. Doch irgendwann begannen einige Eltern daran zu zweifeln, dass es eine gute Idee sei, wenn ihre Töchter, die als Redakteurinnen bei Sedaye Azadi arbeiteten oder in die Mediothek kamen, um Theater-Workshops zu besuchen, den ganzen Tag an einem Ort verbringen, an dem Soldaten ein- und ausgehen. Die Redaktion musste verlegt werden.

Dies ist ein gutes Beispiel für die vielen Fallstricke der zivil-militärischen Zusammenarbeit, aber auch für das Versuch-und-Irrtum-Prinzip, dem damals alle folgten, die beim Aufbau Afghanistans dabei waren. Die Mediothek war dabei gut aufgestellt, denn sie war tief verankert in der lokalen Gesellschaft, gleichzeitig auch offen, Neues auszuprobieren und vorsichtig genug, wieder zurück zu rudern, um das Erreichte nicht zu gefährden.

Aus den Medienworkshops entwickelten sich später die Medienhäuser der Mediothek, wo der Schwerpunkt auf Journalistenausbildung und Medienproduktion lag. Hinzu kamen die Veröffentlichung und Übersetzung von Kinderbüchern und Lexika.

Das erste Projekt neben den Trainings war die Gründung der Zeitschrift „Afghanistan Today", die unter den Namen „Afghanistan Emruz" und „Nananai Afghanistan" auch auf Dari und Paschtu herausgegeben wurde. „Afghanistan Today" ist einerseits eine Plattform für Journalisten, auf der sie ihre Beiträge veröffentlichen können. Sie gibt Journalistinnen und Journalisten einen Raum für freie Meinungsäußerung sowie kritische und soziale Beiträge. Andererseits verfolgt sie einen *Learning by Doing*-Ansatz, indem noch unerfahrene von erfahrenen Journalisten bei der Produktion von Beiträgen angeleitet und gecoacht werden.

„Afghanistan Today" startete als Magazin zunächst in Kunduz und wurde dann als Wochenzeitung in vielen Provinzen Afghanistans herausgegeben, später auch als Online-Plattform. Friederike Böge, heute Auslandskorrespondentin für die FAZ in China, unterstützte die Mediothek zwei Jahre lang als Friedensfachkraft in Kunduz, finanziert vom damaligen Deutschen Entwicklungsdienst (DED). Sie hat einen maßgeblichen Anteil am Aufbau des Magazins, das bis heute viele Leser in ganz Afghanistan erreicht.

Das erste Medienhaus entstand 2004 in der Provinz Wardak, wo wir die Ausbildung für Journalisten aus den paschtunischen Provinzen im Süden zentralisieren wollten. Vor allem in Kandahar, aber auch in Khost war es damals problematisch, ausländische Trainer einzusetzen, da die Sicherheitslage zu instabil war. Wardak, das nur eineinhalb Autostunden von Kabul entfernt war, schien eine gute Lösung, so konnten die Trainer jeden Tag pendeln.

Doch auch dies änderte sich schnell. Bereits 2005 kam es auch in Wardak verstärkt zu Angriffen und das Ausbildungszentrum musste geschlossen werden. Heute gibt es Medienhäuser in Dschalalabad, Khost, Herat, Mazar-e-Scharif, Kunduz und in Peschawar (Pakistan). Das pakistanische Medienhaus ist inzwischen eigenständig geworden und hat seinen Sitz nach Islamabad verlegt. Zu den friedensfördernden Aktivitäten gehören auch Workshops für paschtunische Journalisten von beiden Seiten der Grenze. Daraus ist ein Netzwerk entstanden, in dem sich die Kollegen aus Afghanistan und Pakistan regelmäßig austauschen.

Mohammed Atif Faqirzadeh hat nicht nur einen großen Teil der Medienarbeit für die Mediothek von Kabul aus koordiniert, sondern er hat sich auch einen guten Ruf als Übersetzer und Dolmetscher in den drei Sprachen Englisch, Dari und Paschtu erworben. Auch er hadert mit der schlechten Sicherheitslage und der politischen Instabilität, ist aber überzeugt, dass er vor Ort einen Beitrag für eine bessere Zukunft seines Heimatslandes leisten kann.

Ein weiterer Baustein wurden die Sommerakademien für Medienschaffende im Norden von Kabul, an denen Journalisten aus ganz Afghanistan in jedem Sommer für zehn Tage teilnehmen. Sie lernen, experimentieren und produzieren Beiträge für Radio, TV, Zeitungen und soziale Medien. Dabei werden sie von internationalen Journalisten begleitet. So wird auch ein Netzwerk geschaffen und werden Meinungen ausgetauscht, zwischen afghanischen und den internationalen Kollegen. An der konzeptionellen Entwicklung dieser Sommerakademien, die inzwischen seit über 10 Jahren stattfinden, hat Christine Röhrs einen maßgeblichen Anteil. Auch sie war Friedensfachkraft des DED bei der Mediothek. Inzwischen ist sie Büroleiterin der „Deutschen Presseagentur" (dpa) in Pakistan.

Brückenbau Deutschland/Europa und Afghanistan

Bei all diesen Aktivitäten war es auch stets unser Ziel, Brücken zwischen Afghanistan und Deutschland sowie Europa zu bauen. Die Mediothek, besonders in Kabul, aber auch in den Provinzen war stets ein Anlaufzentrum für Menschen, die sich für Afghanistan interessieren und daraus entstanden viele Kooperationen.

So wurde beispielsweise 2003 in der Mediothek in Kabul die afghanische Sektion der Schriftstellervereinigung PEN International gegründet. Es entstand in Kabul eine Brücke zwischen Intellektuellen und Denkern aus dem In- und Ausland. Dasselbe gilt für die internationale Jugendorganisation AIESEC, die 2004 in der Mediothek in Kabul für sich einen Platz fand.

Begleitet durch die IFP und andere Partner, wie die deutschen politischen Stiftungen, die Deutsche Botschaft, das Goethe-Institut und zahlreiche afghanische Nichtregierungsorganisationen, wurde die Mediothek zum Anlaufzentrum für europäische Journalisten, Experten, Politiker und Aufbauhelfer. Journalisten aus fast allen deutschen bekannten Redaktionen kamen, von der FAZ und der FTD über die taz, Welt, Spiegel, Handelsblatt und Deutschlandradio. Der Campus der Mediothek im Stadtteil Qala-ye Fatullah wurde schnell bekannt. Wir wurden zu einer Art Informationsagentur, jeder, der etwas wollte oder brauchte, kam zu uns. Ob es die Telefonnummer von einem Minister war, ein Auto mit Fahrer nach Kunduz oder ein Bett für die Nacht.

Von Anfang an war die Mediothek als Brückenkopf zwischen Deutschland, Europa und Afghanistan gedacht. Dies war eine zentrale Idee. Afghanistan soll, kann und darf in der globalisierten Welt nicht allein gelassen werden. Der Konflikt in Afghanistan ist ein globaler Konflikt, ob in Zeiten des Kalten Krieges oder danach. Gerade deswegen sollte die internationale Gemeinschaft versuchen, den Konflikt gemeinsam zu lösen. Ein gemeinsamer Friedensfahrplan ist eine große Herausforderung. Die Mediothek hat versucht, im Rahmen ihrer Möglichkeiten dazu beizutragen.

Auch hat die Mediothek viel von Dr. Ulrich Erhardt, einem Partner der Beratungsfirma Denkmodell aus Berlin, profitiert. Er hat sich von Anfang an für *capacity building* sowohl der afghanischen Zivilgesellschaft als auch der Regierung engagiert. Viele Mitarbeiter und Partner der Mediothek wurden von Erhardt in Themen wie Zeitmanagement, Strategiebildung, Netzwerkaufbau und Moderationstechniken geschult. „Die Mediothek Afghanistan ist eine kluge Organisation. Sie glaubt nicht an Lösungen von außen, sondern fungiert als Hebamme, die vor Ort im Entstehen begriffene Initiativen der afghanischen Zivilgesellschaft unterstützt, das Licht der Welt zu erblicken. Mit ihrer dezentralen

Struktur erlaubt sie ein intelligentes Eingehen auf lokale, individuelle Bedarfe. Sie ist ein Ort, wo ein friedliches, demokratisches, Frauen achtendes Afghanistan das Licht der Welt erblickt", so Erhardt.

Der Campus der Mediothek in Kabul, aber auch die Gemeinschaftsforen an den anderen Standorten wie Kunduz, Balkh, Dschalalabad und Khost, waren und sind ein Ort der Begegnung von internationalen Gästen und Afghanen, insbesondere auch den im Ausland lebenden Afghanen.

Ein besonderes Ereignis in diesem Zusammenhang war im Jahr 2004 ein gemeinsames Konzert der Trägerin des deutschen Jazzpreises, Ulrike Haage, und weiterer deutscher Musiker mit traditionellen afghanischen Künstlern unter der Leitung von Ustad Takhari. Diese Jam-Session in Kabul ist allen, die dabei waren, als ein lebendiges Beispiel dafür in Erinnerung, dass die Mediothek wirklich eine Brücke zwischen Orient und Okzident geworden ist.

Auch der viel zu früh verstorbene TV-Moderator und Schriftsteller Dr. Roger Willemsen war bei seinem ersten Aufenthalt in Kabul unser Gast. Er ist danach noch öfter an den Hindukusch zurückgekehrt und hat zwei Bücher über seine Reisen geschrieben.

Friedensdialog innerhalb Afghanistans und mit Nachbarstaaten

Darüber hinaus hat die Mediothek in den vergangenen 15 Jahren in Afghanistan über 100 Workshops und Konferenzen zu unterschiedlichen Fragen organisiert: Umwelt, sozialpolitisches Engagement, Bildung etc. Vor allem aber zu Friedensthemen. Dutzende dieser Konferenzen fanden nicht nur in der Hauptstadt, sondern in den afghanischen Provinzen statt, mit nationalen Akteuren aus Kabul und den Nachbarstaaten, aber auch mit vielen lokalen Vertreterinnen und Vertretern, wie von lokalen Ratsversammlungen (Schuras und Dschirgas), Frauenorganisationen, Künstlergruppen und weiteren.

Beispiele für diese Konferenzen sind:
- „Peace for the Region – Joint Conference Afghanistan and Pakistan" (Frieden für die Region. Gemeinsame afghanisch-pakistanische Konferenz). Kabul, 14. bis 17. Juli 2008. Mit Vertreterinnen und Vertretern der afghanischen und pakistanischen Zivilgesellschaft sowie Regierungsvertretern.
- „Youth and the Rule of Law in Afghanistan" (Jugend und Rechtsstaatlichkeit). Kunduz, 22. November 2008. Mit jungen Multiplikatoren aus verschiedenen Provinzen Afghanistans.

- „The Future of Afghan Media – Challenges and Opportunities" (Die Zukunft der afghanischen Medienlandschaft – Herausforderungen und Chancen). Kabul, 16. und 17. Januar 2010. Mit Journalistinnen und Journalisten aus verschiedenen Provinzen Afghanistans, internationalen Medienvertretern und Diplomaten sowie afghanischen Regierungsvertretern, insbesondere vom Ministerium für Kultur und Information.
- „Mass Media Law" (Gesetz für die Massenmedien). Herat, 27. September 2011. Mit lokalen Journalistinnen und Journalisten aus den westlichen Provinzen Afghanistans.
- „Journalists and Reporting on Human Rights" (Journalisten und die Berichterstattung über Menschenrechte). Gemeinsam mit der afghanischen unabhängigen Kommission für Menschenrechte. Dschalalabad, 7. November 2012. Mit Journalistinnen und Journalisten, Menschenrechtlern und anderen zivilgesellschaftlichen Gruppierungen.
- „Youth Ambassadors in Afghanistan and Pakistan: Cross-Border Dialogue for Reconciliation" (Jugendbotschafter aus Afghanistan und Pakistan. Grenzübergreifender Dialog zur Versöhnung). Mazar-e Sharif, Oktober 2015. Mit jungen Multiplikatoren aus ganz Afghanistan und aus Pakistan.
- „National Youth Congress. Youth Peace Dialogue" (Nationaler Jugendkongress. Jugenddialog zum Frieden). Kabul, 10. und 11. Oktober 2017. Mit jungen Vertreterinnen und Vertretern von lokalen Friedensinitiativen, Studierenden, jungen Lehrern und religiösen Würdenträgern.

Im Mittelpunkt aller Diskurse stand und steht das Thema, wie auf verschiedenen Ebenen Frieden nachhaltig geschaffen werden kann. Frieden schaffen durch Dialog und Diskurs ist unser Leitmotiv. Dabei versucht die Mediothek, auch eine Brücke zwischen afghanischer Regierung und Zivilgesellschaft zu bauen. Besonders wichtig ist es uns, dass die Afghanen selbst zu Wort kommen und ihren Gedanken ein Forum gegeben wird. „Ownership", wie es im entwicklungspolitischen Jargon heißt, afghanischer Gedanken ist wichtig, auch als Gegengewicht zur Dominanz der internationalen Debatte zu Afghanistan. Der Gesamtkoordinator der Mediothek, Hamidullah Zazai, ist schon in den Anfangsjahren der Mediensammlung in Peschawar als ganz junger Mann zu uns gestoßen und hat immer mehr Verantwortung übernommen. Unter anderem sein Verdienst ist es, dass immer wieder Menschen miteinander friedlich ihre Meinungen austauschen und nach gemeinsamen Lösungen suchen.

Abb. 113: Ein Seminar der Mediothek

Abb. 114: Garten der Mediothek Kabul

Abb. 115: Kunstausstellung im Maulana Balkhi Friedenszentrum Balkh

Abb. 116: Kunduz Community Center

Daher sind wir, wie bereits erwähnt, auch frühzeitig mit unserer Friedenskarawane nach Pakistan gezogen. Das Land spielt eine wichtige Rolle im Friedensprozess, nicht nur, weil es lange versucht hat und zum Teil immer noch versucht, auf die Politik in Afghanistan Einfluss zu nehmen. Neben dem politischen Diskurs über Pakistans Unterstützung militanter Gruppen in Afghanistan ist es aber auch wichtig zu sehen, dass durch die Teilung Britisch-Indiens hier Fakten geschaffen wurden, für die weder Afghanen noch Pakistanis etwas können.

Die derzeitige Grenze, die so genannte Durand-Linie, wurde von der britischen Kolonialmacht willkürlich durch die Siedlungsgebiete der Paschtunen hindurch gezogen und beeinflusst bis heute negativ das Leben der Familien, die auf beiden Seiten leben. Da ist es wichtig, bei aller Uneinigkeit auf Seite der Regierungen, den zivilgesellschaftlichen Diskurs nicht abbrechen zu lassen. Unsere gemeinsamen Journalisten-Workshops und unser Austausch der Jugendbotschafter fördern die grenzübergreifenden Begegnungen und die Zusammenarbeit in einer der gefährlichsten Regionen der Welt, wie es in den internationalen Medien immer heißt. Immer wieder thematisieren wir, wie man die Arbeit in diesem schwierigen Umfeld organisieren kann, wie man sich selbst vor terroristischer Gewalt schützt und wie man mit Traumata umgeht.

Die Zukunft Afghanistans. Die junge Generation

Die Zukunft Afghanistans liegt in den Händen der jungen Generation – das ist gewiss. Das Durchschnittsalter beträgt 18 Jahre. Diese jungen Menschen haben inzwischen zum Teil eine gute Ausbildung bekommen und sie wollen keinen Krieg mehr, sie wollen eine friedliche Zukunft. In den Gemeinschaftsforen und Medienhäusern in den Provinzen liegt der Fokus der Arbeit daher auf jungen Menschen, insbesondere jungen Frauen. Die Mediothek versucht, mindestens 30% Frauen in alle ihre Aktivitäten einzubeziehen.

Ein politischer und gesellschaftlicher Konsens über die Zukunft des Landes ist Voraussetzung dafür, dass nachhaltig Frieden entstehen kann. Dafür bedarf es politischer Dialogprozesse und Friedensarbeit, die sehr langwierig sein können. Hier leistet die Mediothek auf lokaler und regionaler Ebene ihren Beitrag: Kapazitäten aufzubauen, um zum Beispiel deutlich zu machen, dass eine heterogene Gesellschaft etwas Wertvolles ist und dass Toleranz und gegenseitiger Respekt erlernt werden können. Häufig scheitert Verständigung daran, dass es Vorurteile und Angst voreinander gibt, die verhindern, dass Menschen und Gruppen miteinander reden, um zu versuchen, Gemeinsamkeiten herauszufinden.

Frieden kann nicht militärisch erreicht oder erzwungen werden. Militärschläge bringen gesellschaftliche Kräfte, die nicht in den politischen Prozess integriert sind, nicht an den Verhandlungstisch. Vielmehr bedarf es eines langen, ja sehr langen Atems, um Vertrauen aufzubauen, möglichst unter Beteiligung aller Parteien auf lokaler, regionaler, nationaler und internationaler Ebene, damit sie versuchen, echte Friedensverhandlungen zu führen.

Einer der wenigen internationalen Partner Afghanistans, der weiterhin im Land sehr geschätzt und international als ehrlicher Makler angesehen wird, ist Deutschland. Würde Deutschland, das fast zwei Jahrzehnte umfassend zum afghanischen Wiederaufbau und zur Demokratisierung beigetragen hat, gewissermaßen als Pate für die Friedensbemühungen einstehen, könnten die Chancen auf einen Frieden in Afghanistan enorm steigen.

Solange es uns möglich sein wird, werden wir unsere afghanischen Partner und Mitarbeiter weiter in ihren täglichen Anstrengungen, positive Beiträge zur demokratischen und friedlichen Entwicklung zu leisten, unterstützen. Dies ist häufig schwierig: Die schlechte Sicherheitslage, Misstrauen, Sorgen über die Perspektiven in ihrem Land und Korruption erschweren ihre Arbeit. Aber uns ist es wichtig, einen nachhaltigen Beitrag zu leisten und das Land am Hindukusch nicht in Vergessenheit geraten zu lassen.

Dabei erfährt die Mediothek Afghanistan seit nunmehr zwei Jahrzehnten von der deutschen Seite Unterstützung, von Seiten des Auswärtigen Amtes, des Bundesministeriums für wirtschaftliche Zusammenarbeit und Entwicklung, privaten Spendern und Vereinsmitgliedern. In Deutschland haben wir kein Büro und auch keine bezahlten Mitarbeiter, alle sind ehrenamtlich tätig. Ihnen allen möchte ich herzlich danken! Der Vorstand besteht aus Dorothee Ritter-Fischbach und mir, Geschäftsführerin ist Dr. Almut Wieland-Karimi. Diese Struktur – Implementierung der Projekte dezentral in Afghanistan sowie ehrenamtliche Unterstützung und Projektförderung aus Deutschland – wollen wir beibehalten und damit auch die deutsch-afghanischen Beziehungen pflegen.

Was ist zu tun, o Moslems? Denn ich
erkenne mich selber nicht. Ich bin nicht
Christ, nicht Jude, nicht Parse, nicht
Muselmann. Ich bin nicht vom Osten,
nicht vom Osten, nicht vom Westen,
nicht vom Land, nicht von der See.
Mein Ort ist das Ortlose, meine Spur
ist das Spurlose; es ist weder Leib noch Seele,
denn ich gehöre der Seele
des Geliebten.

– Rumi –

Weiterführende Informationen:

http://mediothek-afghanistan.org/ (dreisprachige Webseite in Dari, Paschto und Englisch über die Aktivitäten der Mediothek wie z.B. Konferenzen, Workshops und Kurse)

Afghanistan in Zahlen (2009–2017)

Bevölkerung und Geographie (2016)	Afghanistan	Deutschland
Einwohner	34 Mio.	82 Mio.
Einwohner Kabul/Berlin	4,5 Mio.	3,5 Mio.
Bevölkerungswachstum pro Jahr	2,69%	1,2%
Lebenserwartung	61,3 Jahre	81,1 Jahre
Menschen jünger als 15 Jahre	43,86%	13,09%
Anzahl Unterernährte (in% der Bevölkerung)	23%	2,5%
Anteil der Landbevölkerung (in% der Bevölkerung)	72,87%	24,49%
Staatsfläche	652.860 km²	357.380 km²

Bildung (2015)	Afghanistan	Deutschland
Öffentliche Ausgaben für Bildung (in% des Bruttoinlandsprodukts)	3,32%	4,96%*
Zahl der Grundschulkinder pro Lehrerin oder Lehrer	44,33	12,23

Kommunikation (2016)	Afghanistan	Deutschland
Internetnutzer (Anteil der Bevölkerung in%)	10,6%	89,65%
Mobilfunkanschlüsse (pro 100 Einwohner)	66	114

Wasserversorgung (2015)	Afghanistan	Deutschland
Anteil der Bevölkerung mit angemessenem Anschluss an eine Trinkwasserversorgung	55,3%	100%
Anteil der Einwohner mit angemessenem Anschluss an eine Abwasserentsorgung	31,9%	99,2%

Medizinische Versorgung (2016)	Afghanistan	Deutschland
Anzahl der Kinder, die vor ihrem fünften Geburtstag sterben (pro 1.000 Lebendgeburten)	70,4	3,8
Anzahl der Mütter, die während der Schwangerschaft oder bei der Geburt ihres Kindes sterben (pro 100.000 Lebendgeburten)**	396	6
Anteil der einjährigen Kinder, die gegen Diphtherie, Keuchhusten und Tetanus geimpft sind	65%	95%

Arbeitsmarkt (2017)	Afghanistan	Deutschland
Anteil der Beschäftigten in der Landwirtschaft	61,6%	1,4%
Arbeitslosenquote	8,5%	3,8%

* Daten von 2014 für Deutschland.
** Daten von 2015 für Afghanistan und Deutschland.

Volkswirtschaftliche Daten (2016)	Afghanistan	Deutschland
Bruttonationaleinkommen pro Kopf pro Jahr	570 US-Dollar	43.850 US-Dollar
Wirtschaftswachstum pro Jahr	2,24%	1,95%
Ausländische Direktinvestitionen pro Jahr	98 Mio. US-Dollar	52.474 Mio. US-Dollar
Export von Waren und Dienstleistungen (Anteil am Bruttoinlandsprodukt)	6,9%	46,12%
Import von Waren und Dienstleistungen (Anteil am Bruttoinlandsprodukt)	49,03%	38,15%
Inflationsrate	2,17%	0,49%
Entwicklungszusammenarbeit Deutschlands mit Afghanistan		
Gesamtinvestitionen der deutschen Bundesregierung von 2009–2016		Über 3,5 Mrd. €
Maßnahmen 2009–2016		
Straßenbau bzw. Instandsetzung		Mehr als 1.100 km
Ausbildungsstätten/Schul-Neubau		400
Kraftwerk/Kleinstkraftwerkbau		28
Hausanschlüsse zur Wasserversorgung		77.000
Schulbesuch (zusätzliche Schüler und Schülerinnen von 2009–2013)		3,2 Mio., davon 1,4 Mio. Mädchen

Quelle: Bundesministerium für wirtschaftliche Zusammenarbeit und Entwicklung:
https://www.bmz.de/de/laender_regionen/asien/afghanistan/profil.html
https://www.germancooperation-afghanistan.de

Paul F. Glause
Stärkung der von Deutschland geförderten Schulen in Kabul
Ein Projekt des Auswärtigen Amtes, durchgeführt von der GIZ (2014–2018)

Mit dem Beginn des neuen Jahrtausends steht das Schulwesen in Afghanistan vor einem Neubeginn. Besonders Schulen für Mädchen sind neu zu errichten – die Taliban-Herrschaft hatte die Mädchen vom Schulbesuch ausgeschlossen. Zahlreiche Initiativen tragen zum Neuaufbau von Schulen bei, dörfliche Gemeinschaften wie örtliche, nationale und internationale Nichtregierungsorganisationen. Private Bildungseinrichtungen werden eröffnet, einige von ihnen, wie die im ganzen Land vertretenen „Afghan-Turk Schools", können sich einen hervorragenden Ruf und enormen Zulauf erarbeiten. In langjähriger Bildungszusammenarbeit mit Afghanistan verbundene westliche Staaten, darunter Frankreich, nehmen die Förderung „ihrer" Schulen wieder auf. Das millionenschwere „Education Quality Improvement Programme" (EQUIP) der Weltbank, zu dem viele Geberländer finanziell beitragen, fördert die Aus- und Fortbildung von Lehrkräften an staatlichen Schulen in breitem Umfang: Aus den vier 2002 noch bestehenden „Teacher Training Colleges" – nur für männliche Studierende! – werden 48, auch für angehende Lehrer*innen*, im Jahre 2014.

Mitte der 2000er Jahre beschließt die afghanische Regierung den „National Education Strategic Plan"; die zweite Fassung „NESP II, 2014–2020" sieht die Errichtung von „Modellschulen" in allen Provinzen des Landes vor. Beispielhaft für ihre jeweilige Provinz sollen diese moderne Lehrinhalte und Unterrichtsmethoden entwickeln und für die Gesamtheit der Schulen nutzbar machen.

Neben der Amani-Schule, deren Förderung wieder aufgenommen wird, unterstützt das deutsche Auswärtige Amt über die „Zentralstelle für das Auslandsschulwesen" (ZfA) zwei Mädchenschulen in Kabul: die Aische-i-Durani-Schule mit 1.300 Schülerinnen in den Jahrgangsstufen 1 bis 12, mitten im quirligen Basarviertel am Kabul-Fluss gelegen, und das Lycée Jamhuriat, ein Wirtschaftsgymnasium für Mädchen, mit gut 1.000 Schülerinnen in Jahrgangsstufen 4 bis 12. Die Förderung besteht zunächst in der Sicherung des Fremdsprachenunterrichts im Fach Deutsch – die Entsendung deutscher Fachlehrkräfte für andere Fächer, wie es Jahrzehnte zuvor Praxis gewesen war mit dem Ziel, auch deutsche Schulabschlüsse anzubieten, wird nicht mehr aufgenommen. Für den Deutschunterricht werden sechs Lehrkräfte aus Deutschland entsandt und die

Schulen mit Lehrwerken ausgestattet. Erste, dringend notwendige Renovierungsarbeiten an den Schulen ergänzen diese Maßnahmen bis 2014. Unterstützung kommt auch von einem langjährig aktiven Engagement ehemaliger Lehrkräfte der Amani-Schule nach ihrer Rückkehr nach Deutschland, dem „Förderverein Amani-Oberrealschule Kabul e.V." (FAOK e.V.); das Gründer-Ehepaar Meyer-Oehme aus Auggen in Baden-Württemberg leistet hier Außerordentliches und sichert bis Ende 2015 besonders für das Lycée Jamhuriat den Bustransport der Schülerinnen und den Mittagstisch. Auch Mittel der Katholischen Zentralstelle für Entwicklungshilfe können bis Ende 2015 dafür eingeworben werden.

2012 werden im Auswärtigen Amt Überlegungen angestellt, die drei Schulen noch einmal entschieden zu stärken. Im Auftrag an die „Deutsche Gesellschaft für Internationale Zusammenarbeit" (GIZ), die für die Bundesregierung Entwicklungsprojekte in aller Welt durchführt, heißt es dazu:

> Von der Bundesrepublik Deutschland werden seit Jahrzehnten drei traditionsreiche Schulen in Kabul gefördert [...]. In der Öffentlichkeit werden diese Einrichtungen als „deutsche Schulen" wahrgenommen, obwohl alle dem afghanischen Bildungsministerium unterstehen. In den drei Schulen sind weder der bauliche Zustand noch die Unterrichtsqualität in allgemeinbildenden und berufsvorbereitenden Fächern zufriedenstellend. [...] Das Projekt „Stärkung der von Deutschland geförderten Schulen in Kabul" soll diese drei Einrichtungen insgesamt in einen besseren Zustand versetzen und modellhaft eine qualitativ höherwertige Schulbildung etablieren.

Es wird das Ziel verfolgt,

> [...] einen Beitrag zur wirtschaftlichen und politischen Stabilität in Afghanistan zu leisten. Durch die Entwicklung von Modellschulen als Orientierung für afghanische Schulen wird ein wichtiger Beitrag zur Verbesserung der Bildung in Afghanistan als Voraussetzung für weitere wirtschaftliche Entwicklung geleistet.

Die geplante Maßnahme wird damit auch in den Kontext des Modellschulen-Konzepts des NESP II der afghanischen Seite gestellt. Eine gemeinsame Absichtserklärung („Memorandum of Understanding") zwischen GIZ und Bildungsminister Wardak hält dies im Sommer 2014 fest und konzediert auch, dass eine Entwicklung in diesem Sinne auch eine gewisse Unabhängigkeit von der staatlichen Ebene erforderlich macht:

> While the schools stay within the public system and Afghan ownership would be ensured, an innovative framework with an independent NGO – responsible for the school management – can achieve the objectives in a shorter period of time as well as lay the foundation for financial sustainability.

Damit sind für das Projekt Ziel und Rahmenbedingungen gesetzt; in vier Komponenten wird es Ende 2014 begonnen.

Verbesserung des Schulmanagements

Wie im „Memorandum of Understanding" bestimmt, wird 2016 die Nichtregierungsorganisation „Afghan Education for Excellence Org." (AEFEO) gegründet und bei den Behörden registriert. Sie ist als Mitgliederverein konzipiert, in etwa vergleichbar einem Schulträgerverein, wie er an vielen deutschen – allerdings zumeist privaten! – Auslandsschulen üblich ist. Vorsitzender des fünfköpfigen Vorstands von Persönlichkeiten aus Bildung, Wissenschaft und Politik ist Dr. Rangin Dadfar Spanta, Außenminister und Sicherheitsberater während der Präsidentschaft Hamid Karsais. Aufgaben und Kompetenzen der AEFEO sind in Memorandum und Satzung umrissen: die Profilierung zu Modellschulen mit einem modernen Angebot bei Betonung der mathematisch-naturwissenschaftlichen Fächer und der modernen Fremdsprachen, die Auswahl und Förderung geeigneten Lehr- und Verwaltungspersonals, die Entscheidung über leistungsgerechte Vergütungen und Beförderungen, die Zulassung neuer Schüler nach Leistung und Begabung, der Betrieb der Gebäude und technischen Einrichtungen. Über Details der Ausgestaltung wird zurzeit, Anfang 2018, noch mit dem Ministerium verhandelt.

Mit Beteiligung von Schulentwicklungs-Experten aus Deutschland sind 2016 und 2017 intensive Trainings mit Schulleitern, Stellvertretern, Fachleitern und Verwaltungsleitern zu Fragen des Schulmanagements, der Beteiligung der mittleren Ebene bei der kollegialen Leitung der Schulen, zu einem effizienten Konferenzwesen durchgeführt worden. Steuergruppen aus Leitung, Kollegium und Verwaltung begleiten an den einzelnen Schulen die weitere Entwicklung.

Wie bereits erwähnt – die Schulen bleiben staatliche Schulen. Anders als bei den meisten deutschen Auslandsschulen und anders als vor Jahrzehnten auch hier – es gibt keinen deutschen Schulleiter. Unsere afghanischen Partner sind offen und veränderungsbereit – über Erfahrung und Übung mit einer weniger autoritären, mehr partizipativen Arbeitsweise verfügen sie indessen nicht. Die Veränderung braucht Zeit.

Ähnlich verhält es sich mit der Entwicklung der Mitgliedschaft der AEFEO. Sie soll ja auch die finanziellen Ressourcen des Vereins sichern, es sind also Beiträge zu zahlen. Auch wenn Schulgelder an öffentlichen Schulen durch Verfassungsrecht ausgeschlossen sind, ohne ein finanzielles Engagement – in erster Linie: der Eltern! – kann die Wahrnehmung aller Vorhaben auf Dauer nicht gelingen. Die Gewinnung einer großen Zahl von Mitgliedern und Förderern bleibt eine Herausforderung.

Verbesserung der Ausstattung, der Unterrichtsorganisation und der Schülerauswahl

Mit Ausnahme des Lycée Jamhuriat werden bisher die Schulen, wie die meisten der sonstigen Schulen in Kabul, in Schichten betrieben. Es ist eine der beabsichtigten Maßnahmen des Projekts, die Schulen in den Ganztagsbetrieb zu überführen. 2017, mit der ersten neuaufgenommenen Klassenstufe 4, wurde damit begonnen. Die Verteilung des Unterrichts für diesen Jahrgang auf den Ganztag macht die Versorgung mit Mittagessen, der dementsprechend größere Raumbedarf macht den Verzicht auf Neuaufnahmen in die Primarstufe erforderlich. Die Schulen werden also reine Sekundarschulen (Klassenstufen 4 bis 12).

Ein Schwerpunkt bei der Ausstattung der Schulen: Informatik und Naturwissenschaften. Der Zugang zum Internet wird geschaffen, heute unverzichtbar. Die naturwissenschaftlichen Fachräume werden, wo möglich, neu ausgerüstet und modernisiert.

Eine weitere Veränderung: der Unterricht in den modernen Fremdsprachen. Deutsch als erste Fremdsprache wird aufgegeben: Den Vereinbarungen mit der afghanischen Seite entsprechend wird dies Englisch. Es ist ja offenkundig, dass die Bedeutung dieser Sprache, sei es im wirtschaftlichen Verkehr, sei es als Voraussetzung etwa für Hochschulstudien in nahen Ländern wie Indien, weitaus größer ist. Im Sommer 2016 mussten die deutschen entsandten Lehrkräfte aus Sicherheitsgründen aus Afghanistan abgezogen werden; schon dadurch ist die Fortsetzung des Deutschunterrichts prekär und eine erfolgversprechende Vorbereitung etwa auf das Sprachdiplom kaum mehr möglich geworden. Deutsch wird in den Rang eines Wahl-Angebots zurückgestuft werden müssen.

Der Ganztagsbetrieb erfordert Veränderungen bei der Gestaltung des Unterrichts, der Verteilung der Fächer über den Tag, bis hin zu außercurricularen Angeboten, Sport, Zeiten für die Vor- und Nachbereitung, Tätigkeiten also, die zuvor Hausaufgaben waren. Mit der Überarbeitung der Stundenpläne waren Lehrkräfte und Projektberater 2016 intensiv beschäftigt; 2017 sind erste praktische Erfahrungen mit der Umsetzung gemacht worden.

Schließlich ist der Bestimmung im Memorandum zu folgen, die Zulassung neuer Schüler einem neuen Verfahren zu unterwerfen: Es verlangt das „establishment of a selection process for high-performance students". Mit Unterstützung von Experten und Fachinstituten, darunter die Universitäten in Luxemburg und Deutschland und in Frankfurt am Main das „Deutsche Institut für internationale pädagogische Forschung" (DIPF), wurden hier Testverfahren vollkommen neu entwickelt. Sie müssen ja hinsichtlich ihrer wissenschaftlichen Qualität, ihrer Transparenz und „Gerechtigkeit" zweifelsfrei sein. Für das laufende Schuljahr wurde das Verfahren erstmalig eingesetzt; zurzeit, 2018, befindet es sich im zweiten Durchgang. Es wird aus Frankfurt wissenschaftlich begleitet.

Verbesserung der Unterrichtsqualität

Zwischen 2015 und Sommer 2017 wurden umfangreiche Fortbildungen für Lehrkräfte in den Fächern Mathematik, Biologie, Chemie, Physik, Computer- und Internetnutzung sowie in allgemeiner Pädagogik durchgeführt, alle geleitet von erfahrenen Fortbildern aus Europa und unterstützt durch lokale Co-Trainer, die auf diese Weise zugleich in die Praxis von Lehrerfortbildungen eingeführt werden konnten. Fachinhalte waren dabei ebenso Gegenstand wie ihre Vermittlung im Unterricht. Fortbildungen für Lehrkräfte der modernen Fremdsprachen, die für die zweite Hälfte 2017 vorgesehen waren, konnten wegen der entstandenen Sicherheitslage dann noch nicht durchgeführt werden. Sie bleiben geplant.

Eine Herausforderung, die dabei mitbehandelt werden muss, ist die Nutzung der zusätzlich gewonnenen Unterrichtszeit. Die bisherige Praxis bestand ja weithin im Durchgehen des Fachlehrbuchs für den jeweiligen Jahrgang; die nun möglichen Ergänzungen durch Experiment, Vertiefung und mehr müssen noch eingeübt werden. Fortbildungen durch Trainer sollen durch Werkzeuge wie z.B. die Kollegiale Beratung ergänzt werden. Auch hier wird Neuland betreten, etwa, wenn die erforderliche Vertrauensbasis unter Kollegen noch geschaffen und erlebt werden will.

Infrastruktur- und Baumaßnahmen

Bis Ende 2017 konnten Baumaßnahmen, mit denen das Projekt beauftragt wurde, abgeschlossen werden. An den Mädchenschulen sind Sporthallen errichtet worden; die Schülerinnen können nun in geschützter Umgebung Sport treiben – unter freiem Himmel wäre das kulturell nicht möglich gewesen. An der Amani-Schule ermöglicht das neue Fußballfeld (mit modernem Kunstrasen) neben der Nutzung durch die Schüler auch die spätere Vermietung an Vereine und andere Nutzer – eine potentielle Einnahmequelle für die Schule.

Für alle Schüler der Ganztagsklassen wird nun Mittagessen bereitet und in der Schule eingenommen.

Und ein besonders gravierender Mangel, für uns kaum vorstellbar, wird behoben: Bisher ist, wie in den öffentlichen Schulen Kabuls allgemein, von Ende November bis Ende März unterrichtsfrei – die Schulen sind einfach zu kalt, es gibt keine Heizungen. Das Projekt hat den Einbau von Heizungen 2017 abgeschlossen, schon in diesem Winter 2017/18 werden die Schulen für mehr Wochen Unterricht und andere Aktivitäten genutzt.

Nichts ist für alle Zeit gesichert

Natürlich geht nicht jede Änderung reibungsfrei. Neu ist für Eltern, dass sie aufgerufen sind, sich auch in einem für sie zumutbaren Maß an Aufwendungen für eine bessere Bildung für ihre Kinder zu beteiligen (wir wissen gleichwohl, wie viele das durch den Besuch privater Schulen, Vorbereitungskurse für Hochschulaufnahmeprüfungen, externe Sprachkurse usw. tun!). Neu ist für Schulleitungen und Lehrkräfte, Schule in einem höheren Maße ‚selbstverantwortet' zu führen. Neu ist für Lehrkräfte, Unterricht schülerzentriert und flexibel, unter Nutzung neuer methodischen Instrumente, zu gestalten. Neu ist schließlich, auch in einem Teil der Winterwochen herangezogen zu werden. Das Bildungsministerium bietet hier seine Unterstützung an; nicht immer ist bei allen Beteiligten die erforderliche Akzeptanz ohne weiteres gegeben.

2018 wird insofern eine Zäsur bringen, als das GIZ-Projekt seine Leistungen, auch und gerade finanzieller Art, einstellen bzw. auf die AEFEO übertragen wird. Jedes Projekt ist zeitlich begrenzt, so auch dieses, und eine jede Folgemaßnahme deutscher Förderung wird sich auf die Hilfe bei der Herstellung der vollen Handlungsfähigkeit der AEFEO konzentrieren müssen. Schließlich soll sie unabhängig ihren Aufgaben nachkommen können. Aus Eigenmitteln, aber auch durch die Hilfe Dritter soll dies möglich werden. Für alle Zeit gesichert ist es nicht.

Weiterführende Informationen

Deutsche Gesellschaft für Internationale Zusammenarbeit (GIZ): https://www.giz.de/de/weltweit/358.html sowie http://www.ez-afghanistan.de/de/

Taqi Akhlaqi
(aus dem Persischen von Susanne Baghestani)
„Die Dinosaurier" – eine Kurzgeschichte über die Flucht aus Afghanistan und ihre Motive*

Ich kann nicht sagen, an welchem Ort Europas ich mich befinde. Ich kann auch nicht das Land oder die Stadt nennen. Nur so viel, dass ich in einem Flüchtlingscamp in Europa bin. Nein! Das Camp kann ich Ihnen nicht beschreiben. Auf keinen Fall! Es würde mein Leben und das meiner Familie gefährden. Verstehen Sie? Deshalb bitte ich Sie, nicht darauf zu beharren. Danke!

Die Verhältnisse hier sind unerträglich. Mit dem Mangel an Wasser und Nahrung kommen wir zurecht, was ist aber mit der Bedrohung? Wir haben unsere Heimat verlassen, um zumindest hier in Sicherheit zu sein, es scheint aber... Bitte unterbrechen Sie mich nicht! Lassen Sie mich aussprechen. Er kann jeden Augenblick auftauchen. Ich meine unseren Schleuser. Ja, die Schleuser leben mit uns im Camp. Wir haben vereinbart, dass sie uns in andere Länder bringen. Nein, ich kann nichts über unseren Schleuser sagen. Gar nichts! Ich kann nicht einmal seine Sprache oder Nationalität verraten. Bitte begreifen Sie meine Lage. Ich bitte darum. Unser aller Leben würde in Gefahr geraten. Hallo... hallo... verdammt! Verdammtes Internet! Warum bricht es ab?

Mein Vater ist erzürnt. Anscheinend wurde seine Verbindung wieder unterbrochen. Seit einigen Tagen telefoniert er sehr viel. Ich weiß nicht, mit wem. Ich muss ins Zelt gehen, es regnet. Hier regnet es häufig. Seit wir angekommen sind, fast täglich. Im Gegensatz zu unserem früheren Zuhause. Ich mag unser Zelt. Ich hatte mir schon immer gewünscht, dass wir ein kleines Zelt wie dieses hätten, in dem wir alle zusammenleben würden. In unserem alten Haus baute ich mir meist eine Hütte aus Kissen. Aber dieses Zelt ist viel besser. Es bietet auch genügend Platz für meine Eltern. Es ist, als würden wir spielen, nur ist es etwas kalt. Außerhalb des Zelts ist überall Schlamm. Als ich einmal nach draußen ging, um mit meiner Freundin zu spielen, versank ich mit einem Bein knietief darin. Als ich das Bein herauszog, blieb mein Schuh darin stecken. Dort liegt er immer noch, aber ich weiß nicht mehr, wo. Ich habe mit meinen Eltern lange danach gesucht, wir konnten ihn aber nicht finden.

Hier wohnen viele Menschen. Alle haben Zelte. Aber ich habe nur eine Freundin. Sie ist die einzige, deren Sprache ich verstehe. Meine Freundin wird heute Nacht mit ihrer Familie von hier fortziehen. Ich beginne sie schon jetzt zu

---
* Die Kurzgeschichte wurde in den zweisprachigen Erzählband „Aus heiterem Himmel/Va naangahan" der edition thetys mit weiteren Kurzgeschichten von Taqi Akhlaqi veröffentlicht.

vermissen. Sie hat es mir selbst gesagt. Sie sind dabei, ihre Habseligkeiten einzusammeln. Ihre Mutter hat heute geweint. Ich war mit meiner Mutter zu ihrem Zelt gegangen. Die Mutter meiner Freundin wollte ihr Zelt nicht verlassen. Meine Mutter ging hinein. Dann sah ich, wie die beiden weinten. Ich habe zum letzten Mal mit meiner Freundin gespielt, von morgens bis mittags. Ich hatte alle meine Dinosaurier mitgenommen.

Heute fragte ich meine Freundin:

„Warum weint deine Mutter?"

Sie sagte:

„Ich weiß es nicht. Ich glaube, sie ist krank geworden. Sie hat Bauchschmerzen."

Sie ist ein Mädchen, aber ich bin ein Junge. Ich bin fünfeinhalb. Ich habe keine Geschwister. Inzwischen bin ich so groß, dass ich das weiß.

Ich frage meinen Vater:

„Vater, warum sind die Dinosaurier ausgestorben?"

Er antwortet:

„Mein Sohn, ich habe jetzt dazu keine Geduld. Ich erzähle es dir später."

Er ist immer noch erzürnt. Ich habe mich mit meinem Vater im Zelt ausgestreckt. Ich weiß nicht, wo meine Mutter ist. Ich weiß, warum die Dinosaurier ausgestorben sind, Vater hatte es mir schon erzählt. Sie sind alle im Feuer verbrannt und gestorben. Aber ich weiß nicht, warum sie nicht geflohen sind, sie konnten doch fliegen.

„Vater, haben die fliegenden Dinosaurier auch Feuer gefangen?"

„Ja, mein Sohn."

„Warum? Sie konnten doch fliegen."

„Mein Sohn, da war zu viel Feuer. Mehrere Tage und Nächte lang gab es überall Feuer. Als die fliegenden Dinosaurier müde wurden, fielen sie ins Feuer und verbrannten. Jetzt sag eine Weile nichts, mein Sohn. Einverstanden? Ich will etwas schreiben."

Ich weiß nicht, wo das ganze Feuer hergekommen ist. Wäre doch nur ein Dinosaurier geflohen und hätte überlebt. Vielleicht ist auch noch einer am Leben geblieben.

„Vater, gibt es im Zoo hier keine Dinosaurier?"

„Hatte ich nicht gesagt, du sollst nicht reden?"

„Nimmst du mich mit in den Zoo?"

Ich weiß, dass ich nicht sprechen soll, aber es gelingt mir nicht. Ich spiele mit meinen Dinosauriern, die habe ich alle mitgebracht. Meine übrigen Tiere hat Vater verkauft. Er hat unseren gesamten Hausrat verkauft. Er sagte, ich könnte nicht alle meine Tiere mitnehmen. Aber meine Dinosaurier habe ich mitgenommen. Diesen hier liebe ich sehr. Ich meine den gutmütigen Dinosaurier.

Er ist größer als alle anderen und läuft auf vier Beinen herum. Er frisst die Blätter von den Bäumen und belästigt niemanden. Er tötet auch niemanden. Was für einen langen Hals er hat! Ich küsse ihn. Der Bär geht an unserem Zelt vorbei und zwinkert mir zu. Ich sehe, wie er fortgeht und hinter den Zelten verschwindet. Er heißt Bär, ist aber ein Mensch. Er glaubt, er sei sehr stark. Deshalb nennt er sich so. Nachdem wir das Meer überquert hatten, sind wir mit ihm hergekommen. Tatsächlich erinnere ich mich nicht mehr ans Meer. Als ich morgens erwachte, sah ich, dass wir an einem neuen Ort waren. Meine Mutter hatte mich eng umschlungen. Sie sagte, wir hätten nachts das Meer überquert. Ich war sehr betrübt und dachte, hätten sie mich doch bloß geweckt! Ich hätte unbedingt das Meer sehen und die Überfahrt erleben wollen. Ich hatte starke Kopfschmerzen und sagte:

„Mein Kopf tut sehr weh."

Ich beschwere mich:

„Sagt, warum habt ihr mich nicht geweckt? Ich wollte das Schiff sehen."

Dann hat mein Vater mich auf den Arm genommen. Ich glaube, dass ich ihm vor Empörung mehrmals mit der Faust auf den Kopf und ins Gesicht geschlagen hatte. Er hatte nichts gesagt. Wir waren weitergegangen, bis es Nacht geworden war. Viele Leute waren mit uns unterwegs. Dann lernten wir den Bär kennen. Er lud uns auf ein Auto voller Maiskörner, stieg aber selbst nicht ein. Ich durchpflügte den Mais, es war ein großes Vergnügen. Ich aß von dem Mais und schlief dort ein. Wenn ich nicht gehustet hätte, wäre es noch viel lustiger gewesen. Ich hustete viel. Meine Mutter hielt meinen Kopf umarmt und sagte, ich solle aufhören. Aber ich kam nicht dagegen an. Sie sagte, ich sei selbst schuld.

Ich grolle dem Bär. Seit gestern, als er mit meinem Vater gestritten hat, gehe ich nicht mehr zu ihm. Zuvor hatte ich ihn jeden Morgen besucht und Bonbons von ihm bekommen. Jeden Tag gab er mir und meiner Mutter ein Bonbon. Ich brachte sie ins Zelt, wo wir sie gemeinsam aufaßen. Er konnte meinen Vater von Anfang an nicht leiden. Ich fragte ihn ein paar Mal:

„Und was ist mit meinem Vater? Du musst mir auch für ihn ein Bonbon mitgeben!"

Aber es half nichts. Eines Tages sagte er:

„Dein Vater ist griesgrämig, ich kann nur deine Mutter gut leiden."

Gestern hat er meinen Vater mit der Faust geschlagen. Seine Brille ist zerbrochen. Heute früh sagte ich zu ihm:

„Du bist ein schlechter Mensch. Die Polizei wird dich verhaften."

Er lachte und erwiderte:

„Die Polizei ist mein Freund."

Ich weiß, dass er lügt. Die Polizisten werden ihn einsperren. Ich weiß nicht, wo sie sind. Wenn sie ihn finden, werden sie ihn ins Gefängnis stecken. Meine Mutter kommt herein. Sie umarmt meinen Vater. Sie flüstern miteinander. Sie wollen, dass ich es nicht höre, das weiß ich. Es wäre sehr schön, wenn ich zur Zeit der Dinosaurier leben würde. Wären sie doch nur lebendig!

„Vater, warum hat die Erde Feuer gefangen?"

Meine Eltern sitzen nebeneinander. Mein Vater weint und meine Mutter hat ihm die Hand auf die Schulter gelegt. Ich bin beunruhigt. Ich nehme mein Malheft aus meiner Tasche. Es wird allmählich dunkel und es nieselt.

„Ich habe Hunger."

„Gleich, mein Junge. Warte eine Minute, dann bringe ich dir etwas."

Das sagt meine Mutter, rührt sich aber nicht vom Fleck. Sie unterhält sich noch immer mit meinem Vater. Er schweigt. Ich möchte einen gutmütigen Dinosaurier malen. Nein! Ich werde mehrere gutmütige Dinosaurier malen, mit Bäumen und Gräsern. Wo ist mein grüner Buntstift? Meine Mutter steht auf und bringt mir ein Stück Kuchen. Sie streichelt mich und küsst mich mehrmals heftig aufs Gesicht. Ich frage sie:

„Warum weinst du?"

Sie sagt:

„Ich habe dich vermisst."

Ich bin erneut beunruhigt. Ich bin groß genug, um mich zu beunruhigen, sage aber nichts. Sie geht zu meinem Vater. Sie weinen gemeinsam. Meine Mutter sagt beinahe laut:

„Hör damit auf. Unser Sohn kann es hören."

Ich sage nichts. Meine Eltern verlassen das Zelt und schlüpfen in ihre Schuhe. Sie bleiben im Regen stehen. Ich sehe nur ihre Beine, glaube aber, dass sie den Himmel anschauen. Das tun sie für gewöhnlich in der Nacht. Sie betrachten den Himmel. In unserem alten Haus taten sie das auch immer. Dort wohnten wir alle zusammen in einem Raum. Eines Nachts erwachte ich aus dem Schlaf und bat meine Mutter um etwas Wasser. Sie antwortete nicht. Ich verlangte es erneut, merkte aber, als ich mich umsah, dass niemand im Zimmer war. Ich war sehr erschrocken und begann zu weinen. Meine Eltern kamen herein und umarmten mich. Seither geben sie besser auf mich Acht. Dennoch ist es ihre Gewohnheit. Sie lieben es, nachts den Himmel anzusehen. Ich glaube, sie betrachten die Sterne, vielleicht aber auch nicht. Heute Nacht gibt es nichts zu sehen, der Himmel ist bewölkt. Zu mir sagen sie, ich solle nicht im Regen spielen, aber sie selbst bleiben im Regen stehen. Wo ist mein grüner Buntstift? Da, ich habe ihn gefunden. Es ist kalt, ich ziehe mir die Decke über. Ich male im Liegen. Meine Eltern küssen sich. Ich höre das Geräusch. Ich höre auch die Stimme meiner Mutter:

„Wir haben keine andere Wahl... Ich liebe dich."
Mein Vater sagt ebenfalls „Ich liebe dich", er wiederholt es mehrmals.
Meine Mutter fährt fort:
„Ich kehre schnell zurück. Bitte weine nicht. Gib auf unseren Sohn Acht."
Sie geht fort, und Vater bleibt allein zurück. Mir wird übel. Ich frage ihn:
„Wohin ist Mutter gegangen?"
Mein Vater zieht seine Schuhe aus und betritt das Zelt. Ich stehe auf und frage abermals:
„Wohin ist Mutter gegangen?"
Mein Vater umarmt mich, er weint ganz laut. Ich betrachte sein Gesicht und glaube, meine Mutter sei für immer fort. Ich frage ihn nichts. Den Dinosaurier, den ich in der Hand halte, lasse ich fallen. Ich sehe erneut meinen Vater an. Es ist schon dunkel, und ich kann ihn nicht gut erkennen. Ich breche in Tränen aus und weine mit meinem Vater. Jetzt ist mir nicht mehr kalt, ich bin auch nicht hungrig. Ich schwitze nur und kann nicht sprechen. Ich weiß nicht, warum es dazu gekommen ist. Ich vermisse unser altes Haus. Dort weinte nur ich, meine Eltern taten es nie. Seitdem wir das Meer überquert haben, habe ich Erwachsene gesehen, die weinen. Seitdem wir unser Haus verlassen haben, weint meine Mutter häufig. Mein Vater tut es auch. Aber jetzt ist sie fort. Vielleicht sehe ich sie nie wieder. Daheim hatten meine Eltern erzählt, dass wir in ein neues Haus umziehen würden. Sie sagten, es läge an einem sehr schönen Ort. Sie erzählten von den dortigen Zoos und Spielsachen. Wann kommen wir dort an? Ich will nur meine Mutter wiederhaben.
„Vater!"
„Ja, mein Sohn!"
Was soll ich ihn zuerst fragen? Ich vergesse es und möchte bis zum Morgengrauen weinen. Ich löse mich von meinem Vater und lege mich hin. Ich hole tief Atem und ziehe die Decke über mich. Mein Vater weint wieder. Ich wische mir die Tränen selbst ab. Mein Bild ist noch nicht fertig. Diese Dinosaurier sind alle im Feuer verbrannt und gestorben. Sogar die geflügelten Dinosaurier. Als mein Schuh verlorenging, hat meine Mutter lange nach ihm gesucht. Sie hat mit den Händen mehrmals den Schlamm durchwühlt. Heute ist meine Freundin fortgegangen. Mit wem soll ich morgen spielen? Der Bär hat Vaters Brille zerbrochen. Ich rede nicht mehr mit ihm. Wo bleiben nur die Polizisten? Warum verhaften sie nicht die bösen Menschen? Es regnet. Sieh dir dieses lange Haar an, es gehört meiner Mutter. Die Haare fallen ihr aus. Würden sie ihr doch nicht mehr ausfallen. Ich will nicht, dass meine Mutter hässlich wird. Vater weint nicht mehr. Wo ist mein Vater? Deine Mutter wird zur Braut. Aber meine Mutter war doch schon einmal eine Braut, ich habe ihre Fotos gesehen. Sie hat meinen Vater geheiratet. Dann bin ich zur Welt gekommen. Hier gibt es viele Bäume.

Ich huste. Schlaf, mein Sohn! Schlaf ein, mein Liebling, mein Ein und Alles! Schlaf, weil alle schlafen.

Als ich meine Augen öffne, sehe ich, dass zwei Menschen draußen vor dem Zelt sitzen. Es ist sehr früh am Morgen. Ist das meine Mutter? Sie ist es. Meine Mutter ist zurückgekehrt! Ich bin überglücklich. Meine allerliebste Mutter. Ich habe dich so lieb! Sie hat ihren Kopf auf Vaters Schulter gelegt und spricht sehr leise. Ich soll es nicht hören. Sie möchten, dass ich nicht aufwache. Sie sagt:

„Es ist vorbei. Heute wird er uns von hier wegbringen. Endlich geht diese Reise zu Ende."

Mein Vater flüstert:

„Verfluchter Bär! Ich werde ihn töten!"

„Bitte zerstöre nicht alles. Um unseres Sohnes willen."

„Ich kann es nicht vergessen. Es bricht mir das Herz. Es bringt mich um."

Ich bin sehr froh, meine Mutter wiederzusehen, kann aber nicht sprechen. Ich will lieber meine Eltern betrachten. Sie weinen nicht. Meine Mutter streichelt meinen Vater. Ich weiß nicht, wohin sie gegangen war. Ich glaube, wir werden von hier fortgehen, und bin sehr froh. Ich weiß nicht, was ich ohne meine Freundin hätte tun sollen. Hoffentlich gehen wir irgendwo hin, wo es keinen Schlamm gibt. Mein Vater erhebt sich und raucht eine Zigarette. Zwei Frauen nähern sich uns. Mein Vater entfernt sich. Die beiden Frauen kommen zu meiner Mutter und umarmen sie. Sie scheinen betrübt zu sein. Aber meine Mutter weint nicht. Sie sagt nur:

„Es ist vorbei. Heute gehen wir fort. Wir konnten nicht länger hierbleiben. Wir sind seit zwei Monaten hier. Das wisst ihr doch. Wenn unser gesamtes Geld nicht bei ihm gewesen wäre, hätten wir vielleicht fliehen können."

Ich stehe auf und umarme meine Mutter von hinten. Sie freut sich sehr. Sie überhäuft mich mit Küssen. Ich frage nicht, wo sie vergangene Nacht war. Frage nicht, warum sie mich verlassen hat. Warum Vater weinte. Sie sagt ebenfalls nichts, sie küsst mich nur. Ich betrachte ihr hübsches Gesicht, schlinge meine Arme um ihren Hals und küsse sie.

Ich frage sie:

„Liebe Mutter, wann erreichen wir unser neues Haus?"

Sie antwortet:

„Sehr bald, mein Sohn, sehr bald!"

13. Sonboleh 1394
4. September 2015
Kabul, Afghanistan

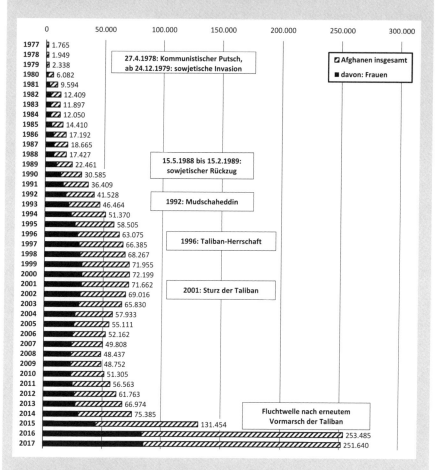

Quelle: Statistisches Bundesamt, GENESIS-Datenbank (https://www-genesis.destatis.de/genesis/), Code-Nr. 12521-0002 (= Ausländer: Deutschland, Stichtag, Geschlecht/ Altersjahre/Familienstand, Ländergruppierungen/Staatsangehörigkeit). Daten aufgrund des Ausländerzentralregisters bis zum Stand vom 31.12.2017. Bis 31.12.1989: früheres Bundesgebiet.

Seit dem kommunistischen Putsch und dem Einmarsch sowjetischer Truppen in Afghanistan im Dezember 1979 kam es zu mehreren größeren Fluchtwellen aus dem Land. Bis zum Rückzug der Sowjetunion im Jahre 1989 stieg die Zahl der Flüchtlinge langsam, jedoch permanent. Nach dem kurz danach ausbrechenden Bürgerkrieg in den 1990er Jahren sowie der Machtübernahme der Taliban 1996 stieg die Zahl der Menschen, die das Land verließen, dramatisch an, um erst nach dem Fall der Taliban 2001 wieder auf das Niveau der 1990er Jahre zu sinken.

Seit dem erneuten Erstarken der Taliban ab 2015/16 kam es zu einer Fluchtbewegung aus dem Land, wie sie vorher noch nicht zu beobachten war.

Hassan Ali Djan und Veronica Frenzel
Angekommen und außen vor? Afghanen in Deutschland

Als sein Vater starb, war Hassan Ali Djan elf Jahre alt. Als ältester Sohn musste er von nun für seine Mutter und die vier Geschwister sorgen. Ein Jahr arbeitete er in dem kleinen Bergdorf in Afghanistan als Hirte und Diener. Doch weil das Geld nicht reichte, brach er ein Jahr später nach Teheran auf, um dort auf Baustellen zu arbeiten. Nach vier Jahren beschloss er, nach Europa zu gehen. Er sah weder in seiner Heimat eine Perspektive auf ein würdiges Leben noch im Iran, wo die Diskriminierungen für ihn als Mitglied des Volkes der Hazara jedes Jahr schlimmer wurden.

Ankommen

Fühlt sich so der Tod an? In meinem Inneren spüre ich einen Eisklotz. Meine Muskeln gehorchen nicht, Hände und Füße sind taub.

Wenn ich nicht tot bin, denke ich, dann kehre ich jetzt heim. In die Berge von Zentralafghanistan, in mein Heimatdorf Almitu. Zu meiner Mutter, zu meinen jüngeren Geschwistern, den drei Schwestern und den drei Brüdern. Mehr als vier Jahre zuvor bin ich dort aufgebrochen, im Frühjahr 2001. Seitdem habe ich alles getan, um meiner Familie und mir ein besseres Leben zu verschaffen. Ich habe es weit geschafft. Aber alles ist anders, als ich es mir vorgestellt habe.

Ich liege im Ersatzreifen eines Lastwagens unter der Ladefläche, eingerollt wie ein Embryo, zwei Tage schon.

Der Laster ist gerade am Zielort angekommen, über mir wird der Laderaum ausgeräumt. Es ist ein Tag Mitte Oktober im Jahr 2005. Ich habe keine Ahnung, in welchem Land ich mich befinde. Erst am folgenden Tag werde ich erfahren, dass ich in Deutschland bin, in einem Industriegebiet im Nordwesten von München.

Nach endlosen Minuten schaffe ich es, meinen Kopf aus dem Reifen zu winden, dann die Arme, dann die Beine. Ich falle auf Beton. Der Aufprall tut weh. Tot bin ich also nicht.

Mit meinen Mitbewohnern aus der Unterkunft mit der U-Bahn zu einem grünen Park, zum Fußballspielen. Nicht weit von der Haltestelle kicken schon ein paar Jungs auf einer großen Grünfläche, vier Jacken markieren die Tore. Es ist kühl, die Luft ist so klar, wie ich sie zuletzt in Almitu erlebt habe. Wir warten am Spielfeldrand, bis der Ball ins Aus geht, verteilen uns dann auf die beiden Mannschaften. Ich laufe dem Ball hinterher, verteidige ihn, werfe mich vors Tor, blockiere die Gegenspieler. Mein Kopf ist leer. Schon lange habe ich mich nicht mehr so gut gefühlt.

In einer Spielpause erzählen die anderen Jungs, dass sie schon mehrere Jahre in Deutschland leben. Ein paar arbeiten in Supermärkten, ein paar putzen, ein paar spülen in Restaurants Geschirr.

Und einer erzählt, dass er gerade den Schulabschluss macht, dass er nächstes Jahr eine Ausbildung zum Automechaniker beginnen wird. Ich horche auf. Ich habe das Gefühl, dass er mir gerade den Schlüssel genannt hat für meine Zukunft. Wenn ich eine Ausbildung machen kann, dann kann ich wirklich ein besseres Leben haben. Dann kann ich ankommen in diesem Land, kann ein erfolgreiches Leben führen, wie ein Europäer, dann kann ich mir etwas aufbauen. Dann kann ich noch viel mehr erreichen, als ich jemals für möglich gehalten hätte.

„Was muss ich tun, um in die Schule zu gehen? Ist es schwierig? Kostet es was?" Ich bestürme den Jungen mit Fragen. Ich verstehe, dass ich nur eine Aufenthaltserlaubnis brauche, um all das machen zu können. Und ich verstehe auch, dass es schwierig ist, eine zu bekommen.

Bloß nicht verrückt werden!

Um acht Uhr öffnet sich endlich die Tür des Zimmers, in dem die Anhörung stattfindet. Schon seit zwanzig Minuten stehe ich davor. Ein Mann mit Hemd und Anzughose kommt heraus, lächelt freundlich, streckt mir seine Hand entgegen, macht ein Zeichen, ich solle hineingehen. In dem Zimmer sitzt auf einem Stuhl in einer Ecke schon der Dolmetscher, ein großer Afghane mit strengem Blick, um die fünfzig. Er steht auf, als er mich sieht, wir schütteln uns die Hände.

Der deutsche Beamte will zuerst wissen, warum ich meine Heimat verlassen habe. Ich antworte, was ich mir überlegt habe. Dass ich Zuhause in Almitu keine Möglichkeiten hatte, meiner Verantwortung nachzukommen, meine Familie zu ernähren. Dass es auch im Iran sehr schwierig war, für die Familie zu sorgen. Ich sage auch, dass ich nach Europa gekommen bin, weil ich etwas erreichen will. Dass ich zur Schule gehen, eine Ausbildung machen will.

In den folgenden Tagen weckt mich morgens immer wieder der Gedanke an die Anhörung. Jeden Tag gehe ich noch vor dem Frühstück zu dem Schwarzen Brett, das in einem Flur im Erdgeschoss hängt, gleich neben dem Zimmer, in dem wir die Essenspakete bekommen. Jeden Morgen hängt dort ein Angestellter des Heims einen Zettel auf mit den Namen der Bewohner, die Post bekommen haben, zum Beispiel Briefe von der Ausländerbehörde oder die Ergebnisse der Anhörung. Vor der Türe treffe ich immer einen Afghanen, der lesen kann und der mir sagt, ob mein Name dabei ist. Obwohl ich ahne, dass es noch lange dauern wird, bis ich eine Antwort von der Ausländerbehörde bekomme, bin ich jedes Mal wieder enttäuscht, dass mein Name nicht auf dem Zettel steht.

Nach einem Fußballspiel, etwa zwei Wochen nach der Anhörung, beschließe ich, mir eine Beschäftigung zu suchen. Mir ist klar: Nur so verhindere ich, über dem Warten auf Post von der Ausländerbehörde verrückt oder schwermütig zu werden, so wie viele meiner Mitbewohner. Ich weiß, dass ein paar Bewohner die Küchen und Toiletten im Heim putzen, dass sie sogar ein wenig Geld dafür bekommen, eine Aufwandsentschädigung. Ich bitte den Afghanen, der das Bad in meiner Etage sauber hält, den Angestellten des Asylbewerberheims zu sagen, dass ich auch putzen will. Nur eine Woche später habe ich einen der Jobs. Von da an putze ich jeden Morgen nach dem Frühstück die Küche auf meiner Etage. Ich wische die Arbeitsflächen, fege den Boden, leere die Mülleimer. Erst am Nachmittag schaue ich nach, ob ich einen Brief bekommen habe.

Als ich eines Morgens vor dem Schwarzen Brett stehe, ist kein Afghane in der Nähe, den ich fragen könnte, ob mein Name auf der Liste steht. Ich klopfe an der Tür zum Zimmer der Angestellten des Asylbewerberheims, niemand öffnet. Ich starre auf die Liste. Auf Buchstaben, die ich nicht entziffern kann. Und in diesem Moment weiß ich endlich, wie ich mich wirklich ablenken werde. Ich werde Deutsch lernen. Ich werde kein Taubstummer mehr sein, ich werde eine Beschäftigung haben, ein Ziel.

Deutschland gibt mir eine Chance!

Ein paar Wochen nachdem ich den Abschiebebescheid bekommen habe, erklärt die Deutschlehrerin eines Vormittags, der Unterricht würde jetzt nicht mehr in der Unterkunft stattfinden, sondern in einer Schule. Von jetzt an werde ich in eine echte Schule gehen. In eine Schule, wo ich irgendwann auch meinen Schulabschuss machen kann. Ich beginne jetzt, mein Leben in Deutschland vorzubereiten. Minutenlang kann ich verdrängen, dass ich noch nicht mal weiß, ob ich in Deutschland bleiben kann.

Kurz darauf entdecke ich meinen Namen auf der Liste am Schwarzen Brett. Es ist Herbst 2006. Sofort ist da ein einen Angestellter der Unterkunft, er bringt mir einen dicken, großen Umschlag. „Ist es ein gutes Zeichen, dass das Kuvert ganz anders aussieht als beim letzten Mal?", denke ich sofort. Und: Ich habe meinen Freund Arif gar nicht gefragt, wie der Brief aussah, in dem seine Duldung kam.

Wie immer lächelt Sabine, die Sozialarbeiterin, als sie mich sieht, diesmal vorsichtig. Sie weiß sofort, wieso ich hier bin. Ich drücke ihr den weißen Umschlag in die Hand. Sie beugt sich über das Schreiben, blättert. Ich lasse ihr Gesicht nicht aus den Augen, versuche in ihrem Ausdruck zu lesen. Sie lächelt. Immer breiter. Sabine strahlt. Keine Frage: Sie freut sich. Ein Glücksgefühl steigt in mir hoch. Sollte ich es wirklich geschafft haben? Sollte ich wirklich eine Aufenthaltserlaubnis bekommen haben? Schließlich blickt sie auf und nickt. Und ich verstehe: Ich darf bleiben, ich habe keine Duldung bekommen, keinen zweiten Abschiebebescheid. Kein Afghane muss diesmal übersetzen. Ich verstehe auch so: Ich kann zur Schule gehen, eine Ausbildung machen, eine Arbeit suchen. Ich kann mir ein Leben aufbauen in Deutschland. Ich kann all das machen, was ich mir in den vergangenen Monaten ausgemalt habe. Der Richter hat für mich entschieden. Deutschland gibt mir eine Chance.

Später erfahre ich von Sabine, dass in dem Brief steht, dass ich in Deutschland bleiben darf, weil in Afghanistan Krieg herrscht und weil ich minderjährig bin. Mein Freund übersetzt aus meinen Papieren: „Dem 17-jährigen afghanischen Staatsbürger ist nicht zuzumuten, in sein Heimatland zurückzukehren. Einem Einzelnen ist es faktisch unmöglich, sich eine eigene Existenz aufzubauen, sich einen Lebensunterhalt zu verdienen."

Einem Einzelnen? Und was ist mit der Verantwortung gegenüber meiner Familie? Ich bin erstaunt. Spielt das alles keine Rolle? Ist nur der Krieg wichtig? Und dann muss ich plötzlich an Arif denken. Wieso habe ich eine Aufenthaltserlaubnis bekommen und er eine Duldung? Auch Arif ist minderjährig, auch er kommt aus Afghanistan. Es kann doch nicht einfach Glück gewesen sein, dass ich bleiben kann? Es passt nicht zu dem, was ich bisher von Deutschland dachte. Es muss einen Grund geben. Ich grüble. Liegt es daran, dass sein Asylbewerberheim so abgeschieden liegt? Dass er keine Hilfe von Sozialarbeitern in Anspruch nehmen konnte, dass er keinen Kontakt mehr zu seinem Vormund in München hatte? Dass er nicht in die Schule gehen kann?

Erst viel später werde ich verstehen, dass es wirklich Schicksal war, dass ich eine Aufenthaltserlaubnis bekommen habe und keine Duldung.

Und wenn Wille nicht reicht?

„Was macht 10 plus 11?", fragt die junge Frau. Es ist mein erster Schultag, meine erste Mathestunde. Das ist einfach, denke ich, das haben mir schon meine Eltern beigebracht, das habe ich schon tausend Mal auf den Basaren von Almitu und von Teheran gerechnet. Ein wenig gelangweilt antworte ich: „21". „Schreib die Gleichung bitte an die Tafel", verlangt die Lehrerin freundlich und gibt mir ein Stück Kreide. Gleichung? Noch nie gehört. Ich schreibe 10 11 21 auf die dunkelgrüne Tafel. „Was hast du da geschrieben?", fragt mich die Mathelehrerin, irritiert. „10 und 11 macht 21", antworte ich. „Aber was ist mit den Zeichen?", fragt sie. Zeichen? Ich zucke vorsichtig mit den Achseln, lege die Kreide auf das Pult, gehe langsam zurück zu meinem Platz. Die Lehrerin ergänzt das Plus- und das Gleichheitszeichen, schaut mich an. „Kennst du das?", fragt sie, herausfordernd. „Habe ich noch nie gesehen", antworte ich, trotzig. Ein paar meiner Mitschüler kichern.

Nur wenige Wochen vor diesem ersten Schultag hat mich die Lehrerin aus dem Deutschkurs beiseite genommen. Ich könne jetzt beginnen, mich auf den Hauptschulabschluss vorzubereiten, sagte sie. Sie weiß, dass ich als Analphabet nach Deutschland gekommen bin. „Die Schule wird viel Arbeit für dich", sagte sie. „Aber ich sehe deinen Willen. Ich bin sicher: Du schaffst das." Ich freute mich einfach, dass es endlich losgehen sollte. Für mich gab es ja gar keinen Zweifel daran, dass ich es schaffen würde. Ich war sicher: Es ist nur eine Frage des Arbeitsaufwandes und der Energie, und ich wusste: Ich bin bereit, viel zu arbeiten, und Energie habe ich eher zu viel als zu wenig. Ich antwortete, dass ich in jedem Fall den Schulabschluss machen würde.

Doch an diesem ersten Schultag ahne ich schon, dass es schwieriger wird, mein Ziel zu erreichen, als ich es mir vorgestellt habe. Dass Energie und Arbeitswille nicht reichen könnten.

Noch bevor ich mir das Mittagessen zubereite, stelle ich mich in die Schlange vor den Büros der Sozialarbeiterinnen. „Ich brauche Hilfe", sage ich zu Bettina, als ich an der Reihe bin. „Ich brauche jemanden, der mir in Mathe hilft, ich schaffe sonst die Schule nicht." Ich bin aufgeregt, spreche wieder ein wenig zu laut. „Ich werde sehen, was ich tun kann", verspricht Bettina.

Von da an vergeht kein Nachmittag, an dem ich nicht mindestens zwei Stunden mit einem Studenten über Matheaufgaben sitze. Ein paar Wochen später verteilt die Mathe-Lehrerin wieder die Bögen für eine Schulaufgabe. Als ich an der Reihe bin, schaut sie mich mit sorgenvollem Blick an. Zwei Monate sind seit der allerersten Mathematik-Schulaufgabe vergangen. Seitdem habe ich keinen Test mehr mitgeschrieben. „Heute zeige ich Ihnen, wie man eine Mathe-Schulaufgabe schreibt", sage ich zu ihr und lächle. Zum ersten Mal fühle ich mich vorbereitet. Sie lacht und antwortet: „Na dann bin ich gespannt."

Ich kann wirklich alle Aufgaben lösen. Als allererster in der Klasse gebe ich die Schulaufgabe zurück. Die Lehrerin schaut mich fragend an, ich lächle, triumphierend. Sie schaut die Blätter durch, sieht, dass ich alles ausgefüllt hatte, lächelt zurück, macht eine anerkennende Kopfbewegung, legt die Blätter auf das Pult und blickt wieder ins Klassenzimmer. Die anderen schreiben noch.

Meine Familie braucht mich

„Weißt du schon? Mohamed fliegt nach Afghanistan, schon in ein paar Wochen!", ruft mir einer der Jungs entgegen, als ich nach langer Zeit wieder mal auf dem improvisierten Fußballplatz im Ostpark kicke. Mohamed ist einer der Veteranen unter uns Fußballern, er hat schon seit ein paar Jahren eine Aufenthaltserlaubnis und einen Job als Koch. Er ist der erste von uns, der nach Hause fährt. Fast sieben Jahre hat er seine Familie nicht gesehen. Genauso lange wie ich jetzt. Den ganzen Nachmittag kann ich an nichts anderes denken. Mohamed kommt aus derselben afghanischen Provinz wie ich, sein Heimatdorf liegt nur zwei Autostunden von Almitu entfernt. Halbherzig kicke ich den Fußball hin und her, meine ganze Aufmerksamkeit gilt Mohamed und seiner Reise.

In letzter Zeit habe ich nicht oft an meine Familie gedacht, auch nicht an Afghanistan. Wenn ich an Zuhause denke, mache ich mir meistens Sorgen, ich frage mich, ob genug zum Heizen da ist, ob alle gesund sind. Und weil ich ja doch nichts ändern kann an der Situation in Almitu, habe ich den Gedanken jedes Mal beiseitegeschoben. Jetzt aber ist Afghanistan plötzlich ganz nah. Zum ersten Mal frage ich mich, wie lange es wohl noch dauern wird, bis ich selbst nach Hause zurückkehren kann. Seit langer Zeit habe ich wieder Heimweh.

„Auf der Universität können wir ein Stipendium fürs Ausland bekommen", ruft meine älteste Schwester aufgeregt in den Hörer, als ich sie wenig später anrufe. Dann wird ihre Stimme plötzlich leiser, sie klingt fast ängstlich. „Damit wir uns auf die Uni vorbereiten können, brauchen wir aber mehr Geld. Wir müssen nach Kabul ziehen." Schnell schiebt sie hinterher: „Wenn wir das nicht tun, waren die ganzen Jahre auf der Schule vergeblich." Sie hält kurz inne, so kurz, dass ich keine Zeit habe, zu antworten, fleht: „Bitte!"

Vier Jahre lang hat sie jetzt die Schule besucht. Gemeinsam mit meiner zweitjüngeren Schwester und meinem zweitältesten Bruder besucht sie gerade die höchste Klasse der Schule in Almitu. Schon ein paar Mal hat sie angedeutet, dass die drei danach studieren wollen, jetzt spricht sie das erste Mal konkret davon. Sie hat von einem der Lehrer in Almitu erfahren, was sie tun müssen, um an die Universität zu gehen. Zwei Jahre lang müssen sie in Kabul einen Vorbereitungskurs besuchen. Abhängig von ihrer Note in der Abschlussprüfung können sie dann Studienort und Fach wählen.

„Natürlich geht ihr nach Kabul und macht diesen Vorbereitungskurs", antworte ich sofort. „Erkundige dich mal, wie viel eine Wohnung für euch drei in

Kabul kostet und wie viel ihr fürs Essen braucht. Ruf mich wieder an, wenn du es weißt." Ich weiß: Die drei sind auf mich angewiesen.

Ich habe noch nicht aufgelegt, da überlege ich schon, wo ich sparen könnte. Auf den Döner könnte ich verzichten, den ich mir manchmal abends hole, wenn ich zu müde zum Kochen bin. Mehr fällt mir aber nicht ein. Andere unnötige Ausgaben habe ich einfach nicht. Nach einer Weile ist mir klar: Ich muss mir einen Nebenjob suchen.

Ich muss meine beiden Leben verbinden

„Wisst ihr schon, ob ihr in eurem Ausbildungsbetrieb übernommen werdet?" fragt der Schuldirektor meine Klasse. Ich antworte nicht. Ich weiß es nicht. Ich habe meinen Chef in der Elektriker-Firma, in der ich eine Lehre mache, nicht gefragt, er hat nichts gesagt. „Alle, die noch nicht mit ihren Chefs darüber gesprochen haben, wie es weitergeht, sollten das schleunigst tun", drängt der Direktor. „Wenn ihr nicht übernommen werdet, müsst ihr euch jetzt eine neue Stelle suchen." Auch in den nächsten Tagen spreche ich meinen Chef nicht darauf an, wie es weitergeht. Ich will ihn nicht drängen.

Eine Woche später ruft er mich ins Büro. „Ich will dir etwas zeigen", sagt er. Ein dickes Buch liegt aufgeschlagen auf seinem Schreibtisch. Er zeigt auf das Buch, sagt: „Das ist das Lohngruppen-Register der Industrie- und Handelskammer." Er tippt auf eine Stelle in dem Buch. „Schau dir das mal genauer an." Ich beuge mich über die aufgeschlagene Seite. Dort, wo sein Finger liegt, steht: „Gesellengehalt".

„Es ist Zeit, nach Afghanistan zurückzukehren." Der Gedanke kommt sofort. Und er erschreckt mich. In den ganzen acht Jahren in München habe ich nie wirklich darüber nachgedacht, nach Hause zu fahren. Den Wunsch, meine Familie zu sehen, habe ich immer wieder verdrängt, zuletzt so erfolgreich, dass ich zuletzt gar nicht mehr daran gedacht habe. Jetzt ist er in mein Bewusstsein gedrungen, ich kann ihn nicht mehr wegschieben. Und die Vorstellung, noch lange zu warten, ist kaum auszuhalten. Ich will mit eigenen Augen sehen, ob es meiner Familie gut geht, ich will meine Mutter sehen, meine Geschwister. Jetzt, sofort. Ich will meine kleinste Schwester sehen, die ein Baby war, als ich aus Almitu fortging, und die jetzt vierzehn Jahre alt ist, will mit meinen älteren Geschwistern sprechen, mehr als die fünf Minuten am Telefon. Und mir wird klar, dass mein zweites Leben nur mit dem ersten funktioniert. Ich muss die beiden verbinden.

Literaturhinweis

Djan, Hassan Ali: Afghanistan. München. Ich. Meine Flucht in ein besseres Leben. In Zusammenarbeit mit Veronica Frenzel. Freiburg i. Br. [u.a.] 2015

Bildnachweis

Abb. 1a–e: Atkinson, James: Sketches in Afghaunistan. London 1842, Library of Congress, Washington/DC
Abb. 2–3: Wikimedia Commons
Abb. 4–5: Library of Congress, Washington/DC
Abb. 6: Punch, 30. November 1878, University of Chicago Library, Chicago/Ill.
Abb. 7: Bundesarchiv 183-2009-0113-500, Fotograf o.A.
Abb. 8: Punch, 25. Januar 1911, University of Pennsylvania Online Library
Abb. 9: Gossmann, Lionel: The Passion of Max von Oppenheim. Archeology and Intrigue in the Middle East from Wilhelm II to Hitler. Princeton University Library 2013, S. 93 (Creative Commons)
Abb. 10: Wikimedia Commons
Abb. 11–13: www.phototeca-afghanica.ch
Abb. 14: Privatarchiv Werner Müller
Abb. 15a–20: www.phototeca-afghanica.ch
Abb. 21: Privatarchiv Volker Bausch
Abb. 22–23: Privatarchiv Werner Müller
Abb. 23a: Wikimedia Commons
Abb. 24–25: Privatarchiv Werner Müller
Abb. 26: Privatarchiv Dr. Broder Sax Fedders
Abb. 27: Privatarchiv Farid Suma
Abb. 28: Privatarchiv Werner Müller
Abb. 29: Privatarchiv Farid Suma
Abb. 30: www.phototheca-afghanica.ch
Abb. 31: Privatarchiv Werner Müller
Abb. 32: Scherl/Süddeutsche Zeitung Photo
Abb. 33a–b: www.phototheca-afghanica.ch
Abb. 34: Bundesarchiv 102-05-499, Fotograf: Pahl, Georg
Abb. 35: www.phototheca-afghanica.ch
Abb. 36: ETH-Bibiothek, Wikimedia Commons
Abb. 37: Berliner Tageblatt und Handelszeitung vom 26. Februar 1928
Abb. 38–39: www.phototheca-afghanica.ch
Abb. 40: British Museum, AN27433001
Abb. 41: Wikimedia Commons
Abb. 42: www.historicwings.com
Abb. 43: Scherl/Süddeutsche Zeitung Photo
Abb. 44: Scherl/Süddeutsche Zeitung Photo
Abb. 45: British Museum, AN2734001
Abb. 46: British Museum AN27444001
Abb. 47–51: Privatarchiv Dr. Broder Sax Fedders
Abb. 52: www.phototheca-afghanica.ch
Abb. 53–54: Privatarchiv Dr. Broder Sax Fedders
Abb. 55a–56: Privatarchiv Dr. Broder Sax Fedders
Abb. 57a–d: Privatarchiv Dr. Katharina Balke-Rogge
Abb. 58: Bundesarchiv 1461970-070-01, Fotograf: Hofmann, Heinrich

Abb. 59: Bundesarchiv 101III-Alber-064-03A, Fotograf: Alber, Kurt
Abb. 60: Bundesarchiv 237-473, Fotograf: Stephan, Hans Eberhard
Abb. 61: Privatarchiv Nasher
Abb. 62: Privatarchiv Dr. Broder Sax Fedders
Abb. 63: Shutterstock.com, Krovakov
Abb. 64: Privatarchiv Volker Bausch
Abb. 65: Privatarchiv Said Farid Suma
Abb. 66–67: Privatarchiv Volker Bausch
Abb. 68: Deutsche Gesellschaft für Internationale Zusammenarbeit (GIZ), Eschborn
Abb. 69: Shutterstock.com, Truba7113
Abb. 70: Shutterstock.com, Knitl
Abb. 71: Shuttershock.com, Wandel Guides
Abb. 72: Shuttershock.com, o.A.
Abb. 73: Privatarchiv Fatema Nawaz
Abb. 74a–e: Library of Congress, Washington/DC
Abb. 75–83: Privatarchiv Volker Bausch
Abb. 84–89: Rada Akbar, Kabul, 2015
Abb. 90: dpa picture alliance/Associated Press
Abb. 91: Privatarchiv Volker Bausch
Abb. 92–93: Privatarchiv Volker Bausch
Abb. 94–99c: Privatarchiv Volker Bausch
Abb. 100: Bundesarchiv B145 00101192, Fotograf: Wegmann, Ludwig
Abb. 101: Bundesarchiv 0091764, Fotograf: Müller, Simon
Abb. 102a–g: Privatarchiv Reinhard Schlagintweit
Abb. 103–106: Privatarchiv Nasher
Abb. 107: Bundesarchiv 183-T906-0036, Fotograf : Siebahn, Manfred
Abb. 108: Bundesarchiv 183-1987-0430-020, Fotograf: Gahlbeck, Friedrich
Abb. 109: Bundesarchiv 183-1982-0520-027, Fotograf: Mittelstädt, Rainer
Abb. 110: Bundesarchiv 183-1988-0315-016, Fotograf: Lehmann, Thomas
Abb. 111a–b: Privatarchiv Jürgen Hein
Abb. 112: Privatarchiv Volker Bausch
Abb. 113–116: Privatarchiv Sultan Karimi

Autorenangaben

Rada Akbar ist 1988 in Afghanistan geboren. 2004 schloss sie ihr Kunststudium ab. Ihre Karriere begann Akbar als malende Künstlerin. Doch schon bald begann sie damit, das alltägliche Leben der afghanischen Bevölkerung mit der Kamera zu dokumentieren. 2009 wurde ihr Dokumentarfilm „Shattered Hopes" über das Schicksal afghanischer Frauen für das Panorama-Hindukusch Filmfestival ausgesucht. Heute nutzt Rada Akbar unterschiedliche künstlerische Wege sich auszudrücken. Ihre Bilder und Fotos werden international ausgestellt.

Taqi Akhlaqi, geboren 1986 in Afghanistan, verließ während des Bürgerkriegs zusammen mit seiner Familie das Land und lebte im Iran. 2005 kehrte er nach Kabul zurück, wo er bis heute lebt. Er veröffentlichte mehrere Kurzgeschichten, zuletzt den Band „Aus heiterem Himmel/Va naangahaan", der 2018 in der edition thetys erschien.

Dr. Susanne Baghestani, geboren in Teheran, studierte Vorderasiatische Archäologie und Assyriologie, lebt in Frankfurt/Main. Seit 1996 übersetzt sie Belletristik aus dem Persischen (Iran, Afghanistan), darunter Autor*innen wie Abbas Maroufi, Atiq Rahimi und Fattaneh Haj-Seyed-Javadi. Übersetzungen von persischer und afghanischer Lyrik, Feuilletontexten (Farsi, Englisch), sowie Dokumentarfilmen und Dramen (Farsi, Französisch).

Volker Bausch, ausgebildeter Pädagoge mit insgesamt 18 Jahren Auslandserfahrung als Lehrkraft/Bildungsmanager u.a. 2002–07 für die Zentralstelle für das Auslandsschulwesen in Afghanistan, 2011–16 war er Direktor der Point Alpha Stiftung und Geschäftsführer der Point Alpha Akademie.

Hassan Ali Djan wurde 1989 in Almitu, Afghanistan, geboren. Mit 16 Jahren floh er über die Türkei und Griechenland nach München, wo er auch heute noch lebt. Seit 2015 besitzt er die deutsche Staatsbürgerschaft. Neben seiner Arbeit als Elektriker hält er Vorträge, vor allem zum Thema Integration, an Schulen, im Bayerischen Landtag und an Universitäten.

Veronica Frenzel ist freie Journalistin in Berlin. Sie schreibt für den Tagesspiegel, vor allem für das Reportage-Ressort und das Sonntagsmagazin, für das Gesellschaftsressort des Stern, für Fluter, Greenpeace Magazin, außerdem für die Verlage Herder und Eichborn. Vor allem über Flucht, Vertreibung und alles, was dahinter steckt. Sie besuchte die Deutsche Journalistenschule in München, studierte dort Geschichte und Politikwissenschaften, lebte und arbeitete mehrere Jahre in Spanien.

Mathias Friedel, M.A., Referatsleiter in der Hessischen Landeszentrale für politische Bildung in Wiesbaden.

Paul F. Glause war der Leiter des Projekts „Stärkung der von Deutschland geförderten Schulen in Kabul" der Deutschen Gesellschaft für Internationale Zusammenarbeit (GIZ) GmbH mit Sitz in Eschborn bei Frankfurt. Auftraggeber ist das Auswärtige Amt. Das Projekt hat eine Gesamtlaufzeit von 2014 bis 2018 mit einem Finanzvolumen von ca. 12 Mio. Euro.

Sultan Karimi, Soziologe, Dolmetscher und Autor, er war als Übersetzer u.a. für die deutsche Aufbauhilfe in Afghanistan tätig, Leiter der Mediothek Afghanistan e.V. in Berlin und Kabul, einer NGO, die sich seit 1993 um die Schulbuch- und Literaturversorgung des Landes bekümmert.

Dr. Alexander Jehn, Direktor der Hessischen Landeszentrale für politische Bildung in Wiesbaden.

Dr. Gunter Mulack, Jurist und Islamwissenschaftler, Botschafter a.D., war 1971–2008 im Auswärtigen Dienst tätig, zunächst mit Stationen u.a. in Ägypten, Libanon, Kuwait und Jordanien. Ab 1991 war er deutscher Botschafter in Kuwait und Bahrain, dann 1999–2002 in Syrien und 2005–2008 in Pakistan. Seit 2008 ist er Direktor des Deutschen Orient-Instituts in Berlin.

Irene Salimi übernahm 1989 nach Abzug des letzten deutschen Geschäftsträgers und aller Botschaftsangehörigen als Diplomatin des Auswärtigen Amtes die Verwaltung der deutschen Liegenschaften in Kabul bis zur Einsetzung des ersten Botschafters in der Nach-Talibanzeit 2002. Sie unterstützte maßgeblich die Gründung eines Kinderhospitals unter deutscher Leitung, das 2003 eröffnet wurde und ihren Namen trägt (www.irene-salimi-kinderhospital.org).

Reinhard Schlagintweit trat 1952 in den Auswärtigen Dienst ein. Von 1958 bis 1961 war er Legationsrat an der Deutschen Botschaft in Kabul; nach mehreren weiteren Auslandsaufenthalten unter anderem in Bangkok, New York und Riad leitete er von 1980 bis zum Eintritt in den Ruhestand 1993 die politische Abteilung in der Zentrale des Auswärtigen Amtes für Asien, Afrika, Lateinamerika und den Mittleren Osten. Ab 1993 führte er als Geschäftsführender Stellvertretender Präsident die Geschäfte der Deutschen Gesellschaft für Auswärtige Politik. Von 1993 bis 2005 war er Vorsitzender des Deutschen Komitees für UNICEF.

Thomas Schmid, Germanist, Anglist und Politologe, seit Ende der 1970er Jahre als Verlagslektor und später als Journalist tätig, u.a. für die taz und Die Zeit. Redakteur der Wochenpost (Berlin) und der Hamburger Morgenpost; seit 1996 Redakteur bei der Tageszeitung Die Welt und dort seit 2006 Chefredakteur der Welt bzw. dann der Welt-Gruppe; zwischenzeitlich (2000–2006) Leiter des politischen Ressorts der FAS in Frankfurt. Zuletzt war Schmid 2010–2014 Herausgeber der Welt-Gruppe und ist nunmehr als freier Autor und Journalist tätig.

Dr. Rangin Dadfar Spanta wurde in Westafghanistan geboren. 1982 erhielt er politisches Asyl in der Bundesrepublik Deutschland und war in den 1990er Jahren Dozent für Politikwissenschaften an der RWTH Aachen. Dr. Spanta war von 2006–2010 Außenminister der Islamischen Republik Afghanistan und bis Oktober 2014 Nationaler Sicherheitsberater des Präsidenten.